Hermann Aschwer

TRIATHLON-TRAINING

Vom Jedermann zum Ironman

Meyer & Meyer Verlag

Die Deutsche Bibliothek – CIP-Einheitsaufnahme

Aschwer, Hermann:
Triathlontraining – vom Jedermann zum Ironman
/ Hermann Aschwer.
– 2., unveränd. Aufl. – Aachen : Meyer und Meyer, 1996
ISBN 3-89124-177-1

2., unveränderte Auflage 1996
Titelfoto: Horst Müller, Düsseldorf; Helmut Baur, Roth
Fotos Innenteil:
Helmut Bauer 13, 23, 49, 55, 75, 102, 137, 139;
M. Schumann 66, 141; G. Kröger 183; Polar 30, 200; Zipp 60, 197; Kettler 83
Alle übrigen Fotos und Zeichnungen aus dem Privatarchiv des Autoren.
Umschlaggestaltung: Walter Neumann, N&N Design-Studio, Aachen
Umschlagbelichtung: frw, Reiner Wahlen, Aachen
Satz: Times New Roman; Josef Velz KG, Aachen
Druck: Druckerei Queck, Jüchen
Printed in Germany
ISBN 3-89124-177-1

TRIATHLON-TRAINING

Vom Jedermann zum Ironman

Inhaltsverzeichnis

Vorwort

Hermann umarmt mich, wir geben uns die Hand und schweigen. Jeder sieht die Tränen des anderen - es ist alles gesagt. Trotzdem bist Du alleine - aber nicht einsam, reduziert auf Dich selbst. Du siehst in zwei mitfühlende hawaiianische Frauengesichter und merkst gar nicht, daß sie Dich immer noch stützen, ja fast tragen. Du wirst sanft unter die Palmen gelegt, fühlst Dich gestreichelt, beinahe liebkost. Wunderschöne Kindheitserinnerungen werden wach. Überall liegen sie, die blumenbekränzten Hawaii-Finisher, zu fast hilflosen Kindern mutiert. Vor Sekunden bist Du noch durch eine Röhre lärmender Menschenmassen geschwebt, jetzt ist um Dich herum eine unwirkliche Ruhe, der Übergang ist fast gespenstisch.

Mehrfach haben Hermann und ich diese fast unwirkliche Szenerie auf Hawaii erlebt. Hawaii ist die höchste Stufe triathletischen Seins - wenn nur nicht die verdammten Qualifikationen wären. Nur die machen Dich fertig und fressen Dich auf.

Ich habe aufgehört, Hermann will es immer wieder wissen ...

Freunde sind wir geblieben.

Er ist einer der letzten Dinosaurier des Triathlons, von Anfang an dabei. Wer glaubt, Hermann könne nicht aufhören, der irrt. Er macht Schluß, wenn er alles gesagt hat und er hat noch viel zu sagen und zu schreiben.

Er macht nicht nur sein „Abenteuer Hawaii", sondern läßt auch andere dran teilhaben, gibt Hilfen, ist immer ansprechbar. Von der pragmatischen Überzeugung getragen, daß der „IRON" Dich psychisch und physisch stark macht fürs ganze Leben. Sein Motto: „Einmal Iron, immer Iron", in jeder Situation Deines Lebens.

Hermann ist weder Philosoph noch ein Phantast. Weil er Realist ist, gibt er Dir fünf Jahre Zeit, vorausgesetzt, daß Du den von ihm hier in diesem Buch beschriebenen Weg gehst. Daß dieser Weg nicht immer nur Spaß macht, sondern manchmal auch sehr weh tut - auch das sagt er Dir offen ins Gesicht.

Vielleicht hast Du auch mal das Glück, daß Du mit einem hawaiianischen Lei bekränzt und mit der Medaille um den Hals von „einem Hermann" im Ziel umarmt wirst und empfindest nicht nur Freude und Stolz, sondern vielleicht - am Ende dieses langen Weges - auch ein bißchen Demut.

Georg Kroeger
Hawaii-Finisher 1987, 1988, 1989

Erfolgreich Triathlon

Ich wünsche jedem der mittlerweile 200.000 deutschen Frauen und Männer, die den Triathlon aus eigener Erfahrung her kennen, daß sie bzw. er bei allen Wettkämpfen „finisht“. Dieses bedeutet soviel wie: Du hast es geschafft, Du hast den Wettbewerb erfolgreich beendet.

Das sich im Zielbereich einstellende Glücksgefühl ist es wert erkämpft zu werden.

Da die Frauen den Männern im Triathlon um nichts nachstehen und ebensolche großartigen Leistungen erbringen, meine ich im nachfolgenden Text immer von Triathleten sprechen zu dürfen. Damit sind selbstverständlich die Frauen und Männer stets gemeinsam angesprochen.

Immer mehr Menschen jeder Altersstufe sehen die Vorzüge, ihr Leben aktiv zu gestalten. Diese positive Entwicklung macht sich nicht nur bei Reiseveranstaltern in der Form bemerkbar, daß immer mehr Menschen sich in Ihrer Freizeit und in den schönsten Wochen des Jahres einen Aktivurlaub wünschen, vor allem trifft dieser Trend auf den Triathlonsport in Deutschland zu.

Schlagzeilen wie „Triathlon, der absolute Wahnsinn“ oder „Triathlon, die Lust an der Qual“ und andere völlig unsachgemäße Überschriften sind mittlerweile zum größten Teil aus den Schlagzeilen der deutschen Presse verschwunden. Heute wird zwar noch vielfach etwas staunend, jedoch anerkennenswert über die sportlichen Leistungen der Triathleten berichtet.

Gerade im Zusammenhang mit dem Hawaii-Triathlon, bei dem in erster Linie über die zwei deutschen Superathleten Wolfgang Dittrich und Jürgen Zäck berichtet wird, muß man feststellen, daß die Presseartikel in den letzten Jahren sachlicher und damit auch überzeugender geworden sind.

Die mittlerweile jährlich weit über einhundert deutschen Hawaii-Finisher und deren Regionalpresse sorgen ebenfalls für eine Aufwertung in den Medien. Die immer häufiger werdenden Fernsehberichte, tun ein Übriges.

Die Leistungen der Triathleten werden bewundert, häufig diskutiert und nicht immer, aber immer öfter nachvollzogen.

Wer in Roth trotz des „Sauwetters“ 1992 wiederum die 100.000 begeisterten Zuschauer erlebt hat, der ist sich sicher: Im nächsten Jahr wird der ein oder andere Zuschauer selbst versuchen, zu den Finishern eines Triathlon-Wettkampfes zu gehören. Es muß und darf auch zu Beginn keine 226-km-Distanz sein, aber ein Jedermann-Triathlon hat ebenfalls seine Reize. Um dieses Ziel zu erreichen, sind für echte Anfänger nur einige Monate Ausdauertraining erforderlich. Wer sich allerdings an den Kurz-, Mittel- oder gar den Ultratriathlon begeben will, der benötigt dazu einige Jahre durchdachten Trainings.

Auf diesem interessanten Weg möchte ich Sie, liebe Leser, begleiten, sei es als Freizeit-, Wettkampf- oder Leistungssportler. Dabei geht es mir stets darum Empfehlungen zu geben, die auch in die tägliche Trainings- und Wettkampfpraxis umgesetzt werden können.

Die Trainingsgrundlagen gelten generell für alle Triathleten.

Die fünf Stufen vom Jedermann zum Ironman sind für die Athleten gedacht, die als Anfänger beginnen und sich schrittweise ihren Traum vom Ironman erfüllen wollen. Triathleten, die sich auf der Kurz- oder Mitteldistanz wohl fühlen und damit ihren sportlichen Traum verwirklichen, erhalten auf ihrer entsprechenden Stufe viele Tips, Ratschläge und Anregungen zu ihrem Training. Gleiches gilt für sogenannte Quereinsteiger.

Ausführliche Trainingspläne für die Jedermann-, Kurz-, Mittel- und Ultradistanz erleichtern die Aufstellung eigener Pläne.

Um seine individuellen Möglichkeiten im Triathlon voll ausschöpfen zu können, erfährt der Leser ausführliches über die so entscheidenden Grundlagen des gesamten Triathlontrainings mit den unterschiedlichsten Trainingsformen, Trainingsarten, der weitsichtigen Trainingsplanung und dem so wichtigen mentalen Training. Weiterhin gehören Empfehlungen zur richtigen Ausrüstung, Ernährungsweise, zu selbst durchzuführenden Leistungsmessungen, den wichtigsten Blutwerte für Triathleten und die Vermittlung möglicher Verletzungsquellen dazu.

Ich möchte nun aber noch einmal auf den Finisher-Gedanken eingehen. Erstes Anliegen sollte es für jeden Triathlonteilnehmer sein, zu „finishen". Dieses bedeutet soviel wie: „Du hast das und dein Ziel erreicht oder Du hast es geschafft"

Dieses oberste Gebot hat natürlich dort seine Grenzen, wo die Gesundheit gefährdet ist. Bei einem Triathlon gefinisht zu haben, bedeutet selbst für mich nach mehr als 100 Wettkämpfen eine große Ehre.

Der Begriff „finishen" sollte überhaupt viel breitere Verwendung im Sport finden. Hierfür bieten sich alle Sportarten mit Ausnahme der Mannschaftssportarten an. Ich war beispielsweise 1984 beim Boston Marathonlauf sehr beeindruckt, als ich nach der Veranstaltung von vielen Passanten zum Lauf mit: „You are finished"? befragt wurde. Aus Deutschland war man es gewohnt sofort nach der Zeit gefragt zu werden. Nach nur einer kurzen Antwort wie „Yes I have" kamen freundliche, anerkennende Worte. Niemand in den Staaten fragt nach der Wettkampfzeit.

Gleiches gilt auch für Hawaii. Warum sollte diese sportliche Gangart unter der Prämisse des olympischen Gedankens nicht auch bei uns möglich sein?

Wir Triathleten sollten da weiterhin für viele andere Sportarten eine Vorbildfunktion einnehmen. Gleiches gilt, wenn im Zusammenhang mit dem Triathlon von „schlagen, besiegen, nieder machen" oder ähnlichen kriegerischen Ausdrükken gesprochen wird. Warum kann es nicht heißen: hinter mir gelassen, gesiegt, hatte nur noch z.B. 4 Athleten vor mir, usw.

Ebenso persönlich unwohl fühle ich mich bei dem Wort Wettkampf. Für geeigneter halte ich die Begriffe Wettbewerb oder einfach Triathlon. Wettkampf hört sich vielfach nach Kampf um die Wette an, aus Kampf wird dann sehr schnell der „Krampf". Versteht man allerdings hierunter den Kampf mit sich selbst, dann finde ich dieses OK. Der Triathlon sollte aber niemals ein Kampf gegen andere sein.

Damit möchte ich unter keinen Umständen den Leistungsgedanken verurteilen, sondern wirklich die sportlich faire Leistung unterstreichen, die selbst in der Spitze nicht gegen andere erbracht werden muß. Vielmehr sollten Topleistungen so gese-

Erfolgreich kann jeder sein.

hen werden, daß diese mit den anderen Athleten erbracht werden und nicht gegen diese. Welchen Stellenwert hätte ansonsten der Sieg in einem Triathlon, wenn der Wettkampf nur von einem einzigen absolviert würde. Der Sieger in einem Wettbewerb braucht die sportliche Konkurrenz, die er besiegen, nicht aber schlagen oder niedermachen muß.

Nicht der Sieg, sondern der bereits erwähnte olympische Gedanke sollten eindeutig im Vordergrund stehen.

Die Damen beim Triathlon zeigen die Freude und Zufriedenheit nach Erreichen der Ziellinie wesentlich deutlicher als die meisten männlichen Kollegen.

Hier stellt sich die Frage: Was bedeutet eigentlich Erfolg in einem sportlich interessanten Wettkampf wie dem Triathlon?

Haben ihn nur die wenigen Siegertypen, die aufgrund ihres optimalen Umfeldes das Glück haben bei all ihren Wettkämpfen ganz vorne zu landen oder zu siegen?

Die Antwort eines erfahrenen, begeisterten und ehrgeizigen Triathleten heißt nein, eindeutig nein. Im Triathlon ist jeder Athlet in der Lage seine sportliche Betätigung zu einem Erfolg zu führen. Für mich ist derjenige im Triathlon erfolgreich, der sein selbst gestecktes Ziel oder auch nur sein selbst vorgegebenes Teilziel erreicht. Sei es, daß das Ziel lautet: 5 km am Stück zu traben, beim Jedermanntriathlon zu finishen, beim Kurztriathlon, Ultratriathlon, Marathonlauf, Radrennen, Schwimmwettbewerb das Ziel zu erreichen, einen Mittelfeldplatz zu belegen, in der Altersklasse mitzumischen oder einfach eine persönliche Schwimm-, Rad-

oder Laufbestzeit zu erzielen. Egal wie das selbstgesteckte Ziel auch heißen mag, wer es erreicht, ist ein erfolgreicher Athlet.

Die Betonung liegt allerdings auf „selbstgestecktes" Ziel. Dabei sollten wir Athleten so selbstbewußt sein, daß wir uns unsere persönlichen Erfolge nicht durch Besserwisserei oder durch die Medien schmälern lassen.

Ein Negativbeispiel erster Güte hierfür war die teilweise absurde Berichterstattung von den olympischen Sommerspielen 1992. Wenn es nach einigen dieser Journalisten ginge, so waren bei der Olympiade nur die jeweiligen Olympiasieger erfolgreich. Bereits der Silbermedailliengewinner war ein kleiner Versager. Ganz zu schweigen von denen, die es gewagt hatten im Vor- oder Zwischenlauf auszuscheiden. „Unser" Medaillenspiegel war schließlich von der Zahl der gewonnenen Goldmedaillien abhängig. Ich kann mir nicht vorstellen, daß diese Berichterstatter jemals selber aktiv Sport getrieben haben. Mir ist bei diesem mehr als kleinkarierten Journalismus immer sehr unwohl.

Jeder Sportinteressierte kann erahnen, wieviele Athleten sich weltweit auf diese Spiele vorbereitet haben. Sie haben jahrelang keine Kosten und Mühen gescheut, um sich intensiv auf Barcelona vorzubereiten. Haben Beruf, Studium, Freunde und einiges andere mehr vernachlässigt, damit sie ihre Chancen wahrnehmen konnten. Wer dann bereits in den QualifikationswettKÄMPFEN - hier war es wirklich Kampf - Bruchteile von Sekunden, Zentimetern ja Millimetern zu kurz kam und ausgeschieden ist, müßte nach diesem Tenor ebenfalls ein erfolgloser Sportler sein. Für mich ein Wahn.

Für mich ist zusammengefaßt derjenige ein wirklich erfolgreicher Triathlet, der seine selbst gesteckten persönlichen Ziele erreicht. Nicht erfolgreich sind demnach Menschen, die ihre selbstgesteckten Ziele nicht erreichen und die die sportlichen Konkurrenten als persönliche Konkurrenten ansehen. Die Gründe liegen vielfach im falschen Ansatz. Das angestrebte Ziel wird deutlich zu hoch angesetzt.
Beispiele aus der Praxis hierzu:
- Das wöchentliche Trainingspensum wird in der Planung so hochgeschraubt und kann dann aus zeitlichen oder sonstigen Gründen gar nicht durchgezogen werden.
- Die erwartete Plazierung bei einem Triathlon wird mit Platz 1-3 vorgegeben, obwohl man eigentlich in der Regel einen der Plätze 40-50 belegt.

Der Erfolg, und zwar unser individueller Erfolg ist die Grundlage für den Spaß, den wir alle beim Triathlon haben sollten. Damit eng verknüpft ist die Motivation für diesen Triathlonsport.
Gründe, den Spaß am Triathlonsport zu verlieren, sind kurz gesagt folgende:
- Trainiert wird zu einseitig, zu viel, zu wenig, stets allein.
- Der Erwartungsdruck ist zu groß, die Ziele sind zu hoch gesteckt.
- Der Start bei zu vielen Wettkämpfen, wobei jeder mit voller physischer und psychischer Kraft absolviert wird.
- Unrealistische persönliche Einschätzung.
- Der Sport wird zu ernst genommen.

Bei all unserer Begeisterung für den so faszinierenden Triathlon sollten wir nicht vergessen: „In erster Linie soll der Sport Spaß machen, das physische und psychische Wohlbefinden steht im Vordergrund. Außerdem gibt es noch sehr viel wichtigere Dinge in unserem Leben als Schwimmen, Radfahren und Laufen.“

In diesem Sinne wünsche ich allen sporttreibenden Menschen, vor allem den Triathleten das rechte Augenmaß und viel Spaß an unserem faszinierenden Sport. Für spezielle Triathlonfragen stehe ich weiterhin allen meinen eifrigen Lesern zur Verfügung und hoffe, daß sich mit diesem Buch die umfangreichen Kenntnisse die beim Triathlon wünschenswert sind, vermehren.

Auf diesem Wege darf ich ein aufrichtiges Dankeschön an die große Familie der Triathleten aussprechen für die vielen, vielen interessanten Stunden, die ich in den vergangenen 10 Triathlonjahren mit Euch verbringen durfte und konnte. Diese Zeit, die dazugewonnenen zahlreichen Freunde und Bekannte haben mir unschätzbares gegeben.

Euer
Hermann!

Meine Anschrift:
H. Aschwer, Ameke 40, 4406 Drensteinfurt 2

Triathlon, der Ausdauersport

Der Begriff Ausdauer wird in der Sportwissenschaft sehr vielfältig definiert. Vereinfacht kann man „Ausdauer" als die Fähigkeit bezeichnen, über einen längeren Zeitraum eine bestimmte Belastung ohne einen wesentlichen Leistungsabfall bewältigen zu können. Für Untrainierte bedeutet dieses eine Belastung von mindestens 5 Minuten unter Beanspruchung von mindestens 1/6 bis 1/7 der Gesamtkörpermuskulatur.

Die drei klassischen Ausdauersportarten Schwimmen, Radfahren und Laufen treffen beim Triathlon zusammen. Beim Duathlon sind es Radfahren und Laufen.

Nicht von ungefähr werden Triathleten als „die Könige des Ausdauersports" bezeichnet.

Diese drei Ausdauersportarten eignen sich in besonderer Weise als Gesundheits- und Leistungssport. Der Gesundheitssport hat das Ziel, den Körper gesund zu machen und gesund zu erhalten. Der Leistungssport hat das Ziel, dem Körper eine Leistung oder gar Höchstleistung abzuverlangen.

Gesundheit wird von der Weltgesundheitsorganisation als ein Zustand
körperlichen,
geistigen und
sozialen Wohlbefindens definiert.

Alle drei Sportarten, um die es beim Triathlon geht, können das soziale Wohlbefinden beeinflussen. Ganz sicher wird auch das geistige Wohlbefinden gefördert. Zur Erhaltung des körperlichen Wohlbefindens sind Schwimmen, Radeln und Laufen ideal.

Diese Aspekte beinhalten ebenso den Begriff der Fitneß, der mit Gesundheit, Leistungsfähigkeit, Sportlichkeit und Wohlbefinden gleichgesetzt wird.

Bevor jedoch jemand Triathlon betreibt oder betreiben möchte, hat er sich mit der Frage nach dem Sinn der Sportart auseinandergesetzt. Erst wenn der Sportler einen Sinn in seiner Freizeitbetätigung sieht, ist er bereit, für seine Überzeugung einzustehen und auch gewillt, unweigerlich auftretende Probleme und Schwierigkeiten zu meistern.

Bei der Diskussion über die Sinnhaftigkeit ist allerdings zu bedenken, daß diese für jeden Sportler anders geartet und auch anders gewichtet ist.

Der Triathlonsport bietet - wie kaum eine andere Sportart - eine Vielzahl von persönlichen Erfahrungsmöglichkeiten:

- vielseitige Erlebnisqualitäten wie Alleinsein, Training in Gruppen, in verschiedenartigen Landschaften, unter wechselnden Witterungsbedingungen, in gelöster Trainingsstimmung, in angespannter Wettkampfatmosphäre, in unterschiedlicher Trainingsgeschwindigkeit, mit dem Gefühl der Stärke zu Beginn des Trainings und dem Gefühl des Ermüdens zum Trainingsschluß;
- unterschiedliche Leistungsanforderungen und damit das Erlebnis von Erfolgen und Niederlagen;
- das Kennenlernen der radtechnischen Erneuerungen;

- gemeinsames Training von Jugendlichen, Erwachsenen, Frauen, Männern, Menschen unterschiedlichen Alters und unterschiedlicher Herkunft;
- Verbesserung der Schwimm- oder Radtechnik;
- das bewußte Erleben von Fortschritten beim regelmäßigen Training;
- das gemeinsame Erleben von Wettkämpfen d.h. die vielseitigen Erfahrungen vor und während eines Wettkampfes, wie: sich auf einen Triathlon systematisch vorzubereiten, die Wettkampfanspannung zu erleben und zu ertragen, die Regeln des Triathlons zu kennen und einzuhalten, allein und innerhalb einer Mannschaft zu starten, Mißerfolge, Niederlagen und gute Leistungen hinzunehmen, andere Leistungen anzuerkennen.

Sporttreiben zum Zwecke körperlichen Wohlbefindens ist nur möglich, indem man seine Dauerleistungsfähigkeit steigert. Der Mensch ist kein Sprinter, sondern ein Dauerleister. Alltagsstreß ist nicht durch kurzfristige Maximal-Anstrengungen zu bewältigen, sondern nur durch langandauernde Leistungsbereitschaft. Aus diesem Grunde werden Ausdauersportarten bereits durch Krankenkassen gefördert. Vorbeugen ist besser und billiger als Heilen.

Der körperliche Anteil an der Gesundheit wird weitgehend durch die Leistungsfähigkeit des Herz-Kreislauf Systems bestimmt. Selbstverständlich muß die „Orthopädie“ stimmen, die Beweglichkeit nicht verkümmern und auch ein gewisses Maß an Schnelligkeitsvermögen vorhanden sein.

Daß unser Leben eine enorme Dauerleistung für das Herz und den Kreislauf ist, verdeutlichen folgende imposante Zahlen. Bei einem durchschnittlichen Erwachsenen schlägt das Herz (Ruhepuls 80, bei der Arbeit 100 Schläge pro Minute) in einem Jahr:

42 Mill. + 2,1 Mill = 44,1 Millionen mal.

Bei einem gut trainierten Triathleten (Ruhepuls 50, bei der Arbeit 70 + 1 Stunde täglich Sport mit Puls 130) insgesamt:

26,3 Mill. + 2,1 Mill. + 1,7 Mill. = 30,1 Millionen mal.

Demnach schlägt das Herz eines im Schnitt täglich 1 Stunde trainierenden Triathleten 14.000.000 mal weniger in einem Jahr als das Herz eines Untrainierten.

Es ist unumstritten, daß ein vernünftiges Triathlontraining die Ausdauer im hohen Maße schult, wenn viele Muskelgruppen gleichzeitig über einen längeren Zeitraum an der Bewegung beteiligt sind.

Das „biologische Alter“, der Zustand, in dem sich der Mensch gesundheitlich befindet, wird nicht bestimmt durch die Fähigkeit große Lasten tragen zu können, nicht durch die Fähigkeit im Sprint gut auszusehen, nicht durch die Fähigkeit komplizierte Bewegungen an Turngeräten vollführen zu können und schon gar nicht durch eine künstlich herbeigeführte Gesichtsbräune. Die Qualität unserer Gesundheit wird vielmehr bestimmt durch eine gute Ausdauerleistungsfähigkeit.

Der bekannte Kreislaufforscher und Sportmediziner Prof. Hollmann faßt seine wissenschaftlichen Erkenntnisse folgendermaßen zusammen:

„Durch ein geeignetes körperliches Training gelingt es 20 Jahre lang 40 Jahre alt zu bleiben.“

Dr. Ernst van Aaken, der weltweit anerkannte „Laufpapst", propagierte: „Durch Ausdauertraining 20 Jahre jünger".

Nach Hollman wirkt ein Ausdauertraining den Alterungsvorgängen entgegen, Herz, Kreislauf, Atmung, Stoffwechsel, Muskulatur und hormonelles System bleiben leistungsfähig. Der Mensch erhält sich jünger als es seinem chronologischen Alter entspricht.

Berg/Keul haben in Untersuchungen festgestellt, daß 65- bis 70jährige Langläufer das gleiche Sauerstoffaufnahmevermögen wie 20- bis 30jährige Sportstudenten aufwiesen. Da die Sauerstoffaufnahme ein Maß für das Leistungsvermögen ist, ergibt sich die Tatsache, daß also 65jährige Ausdauersportler eine ähnlich hohe sportliche Leistung erbringen wie 30jährige untrainierte.

Durch ein vielseitiges Ausdauertraining wie es im Triathlon der Fall ist, kann jeder Mensch folgende Vorzüge genießen:

- Verbesserung der Gesundheit
- Verbesserung der eigenen Leistungsfähigkeit
- Vorbeugung gegen Krankheiten
- Körperliche und geistige Frische
- Erhaltung jugendlicher Vitalität
- Mehr Lebensfreude

Psychologische Aspekte im Triathlon

Kann man sich einen Triathleten vorstellen, der nur mit seinem Körper schwimmt, radelt und läuft und der seine Seele dabei zu Hause läßt?

Dies können wirklich nur Roboter. Bei einem Menschen, der aus Leib und Seele besteht, läßt sich beides nicht voneinander trennen. Triathlon aktiviert den gesamten Menschen. Bei jedem Training profitiert jede Körperzelle von der vermehrten Sauerstoffzufuhr. Der Triathlet kann sich intensiver mit sich selbst und seiner Umwelt befassen. Nicht nur der Körper, sondern auch die Seele und der Geist kommen in Bewegung. Der Triathlet fühlt sich als „Einheit".

Körper und Geist befinden sich in Symbiose, im Gleichklang und wirken zusammen zum gegenseitigen Nutzen.

Nach kurzer Trainingszeit erwärmt sich der Körper, man fühlt sich wohler, ist aufmerksamer, spürt wie sich Verspannungen lösen. Mit dem gleichmäßigen und tiefen Atmen kommen befreiende Gefühle. Ängste werden gemildert und verschwinden oft ganz. Die Grundstimmung verändert sich zur positiven Seite hin, damit wächst die Lebensfreude. Als jemand der durch Felder, Wiesen und Wälder radelt, läuft oder im See schwimmt, fühlt man sich als Teil dieser Natur. Dieses ist ein sehr erhabenes und tiefgreifendes Gefühl. Regelmäßiges Ausdauertraining formt und verändert den Menschen in seiner Gesamtheit. Beim Triathlon ist eben der Mensch in seiner Ganzheit gefordert: der Körper, der Geist und die Seele. Das Fühlen und Denken spielen eine ebenso bedeutende Rolle wie die reine körperliche Betätigung.

Jeder Athlet, vorausgesetzt er trainiert regelmäßig, macht seine eigenen nachhaltigen körperlichen (physischen) und seelisch-geistigen (psychischen) Erfahrungen. Selbstverständlich gibt es bei Sportlern Unterschiede in der bewußten Wahrnehmung. Der eine registriert sehr viel, der andere weniger.

Neben den zuvor genannten, überwiegend physischen Vorteilen des Traithlons beeinflussen die drei Ausdauersportarten auch den psychischen Bereich in folgender Weise nachhaltig:

Mit der verbesserten körperlichen Leistungsfähigkeit steigen im gleichen Maße
- das Selbstvertrauen,
- das Selbstwertgefühl,
- das Denken,
- die Lebensenergie und damit auch
- die Liebe und die Liebesfähigkeit,
- das Durchhaltevermögen,
- das Meistern von Schwierigkeiten.

Kurz: Ausdauertraining erhöht die Lebensqualität.

Wie zuvor erwähnt, lassen sich die Vorzüge des Triathlons nur dann erleben, wenn man regelmäßig und gut dosiert trainiert. Für alle Ausdauersportarten benötigt der Sportler ein wenig Geduld, um entspannt trainieren zu können. Erst dann stellen sich die individuell mehr oder weniger stark ausgeprägten Erlebnisse und Erfahrungen ein.

Grundlagen des Triathlontrainings

Der Triathlon stellt eine Addition dreier Ausdauersportarten dar. Nicht umsonst spricht man im Zusammenhang mit dem Triathlon, wenn es um die Ultradistanz geht von den „Königen des Ausdauersports".

Unter Ausdauer versteht man die Fähigkeit, längerandauernde, über einen möglichst langen Zeitraum dosierte Belastungen ohne wesentlichen Leistungsabfall bewältigen zu können.

Zu der reinen Ausdauer kommen für einen Triathleten noch die Eigenschaften der Schnelligkeit, der Kraft, der Gelenkigkeit und der Koordination, also der Technik, hinzu.

Für die sportliche Leistung eines Triathleten ist es wichtig, all diese Hauptbeanspruchungsformen gezielt und im richtigen Verhältnis zueinander zu trainieren. Ein Sportler, der in einem erheblichen Maße Ausdauertraining betreibt, verliert an Kraft und Schnellkraft. Umgekehrt setzt ein allzu intensives Krafttraining die Ausdauerfähigkeit in einem gewissen Maße herab. Trotz allem, für das Schwimmen, das Radfahren und das Laufen wird ein gewisser Kraftanteil benötigt.

Alle drei Ausdauerdisziplinen haben jedoch eines gemeinsam, man benötigt für sie eine hohe Grundlagenausdauer.

Grundlagenausdauer

Die Grundlagenausdauer stellt die Basis für die Entwicklung und Ausprägung von spezieller Ausdauer dar. Diese Basis wird durch Training mit niedriger Intensität bei großem Umfang geschaffen. Für den Triathlon erfolgt der Aufbau der Grundlagenausdauer im Winter und in der ersten Phase des Vorbereitungszeitraumes. Dieses Training kann in der eigentlichen Sportart stattfinden, muß aber nicht unbedingt. So kann die organische Basis für das Radfahren auch durch lange und ruhige Läufe bzw. Skilanglauf geschaffen werden. Mit einer guten Grundlagenausdauer ist jeder Triathlet in der Lage, im weiteren Saisonverlauf mit zunehmender Geschwindigkeit und mehr Kilometern zu trainieren, ohne daß er sich dabei überlastet.

Das Training der Grundlagenausdauer soll in erster Linie die aerobe Ausdauer verbessern.

Die allgemeine aerobe Ausdauer ist gekennzeichnet durch das Arbeiten unter „steady-state" Bedingungen, d.h. daß die ausreichende Versorgung des beanspruchten Muskels mit Sauerstoff bei einer dynamischen Belastung gewährleistet ist. Es besteht ein Gleichgewicht zwischen Energieverbrauch und Energieangebot. Der entscheidende Faktor hierbei ist das maximale Sauerstoffaufnahmevermögen. Je größer dieses maximale Sauerstoffaufnahmevermögen ist, umso größer ist die aerobe Ausdauer.

Die allgemeine anaerobe Ausdauer ist dagegen die Fähigkeit, mit einer Sauerstoffschuld eine hohe Belastungsintensität beibehalten zu können. Die anaerobe

Ausdauer wird auch mit Begriffen wie „Schnelligkeitsausdauer", „Stehvermögen" oder „Tempohärte" umschrieben.

Aerobe Ausdauer im Triathlon

Grundlagenausdauer soll im Bereich der aeroben Schwelle (2 mmol Laktat) stattfinden. Die Belastungsintensität ist dabei so zu wählen, daß die Pulsfrequenz zwischen 130 und 140 Schlägen pro Minute liegt. Belastungen mit weniger als 130 Schlägen pro Minute aktivieren nur ungenügend das Herz-Kreislauf-System, sie haben nur regenerativen Charakter.

Beim Schwimmen wird die aerobe Ausdauer am besten durch folgende Trainingsformen mit mittlerer Belastung ausgeführt:

Distanzschwimmen 1 bis 3 Kilometer,

Zeitschwimmen z.B. 1 Stunde oder 30 Minuten,

Intervalle 50 m flott - 50 m locker ohne Serienpause. Kein Maximal-Puls.

Gleichzeitig bietet dieses Dauertraining die Möglichkeit den eigenen Schwimmstil und das Gefühl für das Wasser zu verbessern (Selbstkontrolle).

Aerobes Training beim Radfahren

Dauertraining von 30-120 km, Pulswerte je nach Konstitution des Triathleten 140-150.

Intervalltraining z.B. 15 Min. ruhig, 15 Min. zügig, 15 Min. ruhig, 15 Min. zügig, ... Pulswerte bis 80% des Maximalpulses.

Maximalpuls etwa 220 - Lebensalter.

Aerobes Training beim Laufen

Dauerlauf zwischen 10 und 30 km im ruhigen, gleichmäßigen Tempo.

Nach Dr. van Aaken LSD Lauf „long slow distance" Lauf.

Möglich ist auch hier ein leichtes Intervalltraining z.B. 20 Min. ruhig, 10 Min. zügig, 20 Min. ruhig, 10 Min. zügig ....

Anaerobe Ausdauer im Triathlon

Während des anaeroben Trainings ist der Sauerstoffverbrauch bei der hohen Belastung größer als die Sauerstoffaufnahme. Für kurze Zeit funktionieren die Muskeln, indem sie chemische Prozesse nutzen, die es ermöglichen, Sauerstoff innerhalb des Muskels selbst freizusetzen. Die Menge an Sauerstoff, die auf diese Weise verfügbar ist, ist ziemlich begrenzt. Große Mengen Schadstoffe bauen sich auf, die

Muskeln werden hart und tun weh. Die Bewegung wird dadurch verständlicherweise langsamer. Nach dieser anaeroben Belastung muß der Sauerstoff an die Muskeln regelrecht zurückbezahlt werden. Aus diesem Grunde spricht man von einer Schuld, einer Sauerstoffschuld.

Der Hauptzweck des Tempotrainings liegt darin, das anaerobe Gefühl zu erfahren. Falls bei dieser Trainingsform genügend Erholungspausen eingelegt werden ist unser Körper in der Lage damit fertig zu werden. Triathleten, die sich auf die Kurzdistanz spezialisieren wollen, müssen häufiger durch Intervalltraining in diesen anaeroben Bereich vordringen als Triathleten, die sich auf die Ultradistanz vorbereiten.

Beim anaeroben Intervalltraining ist eine Überprüfung durch Pulsmessung während des Trainings empfehlenswert. Entscheidend hierbei ist jedoch, ob die derzeitige anaerobe Schwelle bekannt ist. Diese läßt sich mittels Pulsmessung nach Conconi in etwa bestimmen. Näheres dazu unter Leistungsmessungen bei Triathleten.

Vor jedem Intervalltraining muß ein zirka zehnminütiges Einschwimmen, Laufen oder Radfahren durchgeführt werden. Dadurch gewöhnt sich der Körper an die jeweilige Belastung. Intervalle mit geringer Intensität beinhalten viele Wiederholungen. Erhöhen sich Belastungsgrad und Distanz, so verringert sich die Anzahl der Intervalle und verlängert sich die Dauer der Zwischenruhephasen.

Anaerobes Training

Schwimmen: Einschwimmen, Intervalle, Ausschwimmen.
z.B. 5 x 200 m, mit jeweils 60 Sekunden Pause,
2 Serien: 5 x 200 m mit 60 Sekunden Pause, Serienpause 2 Min.
Pyramidenschwimmen 50 m - 100 m - 150 m - 200 m - 250 m - 200 m - 150 m - 100 m - 50 m mit jeweils 30 Sekunden Pause.
3 Serien à 10 x 100 m mit je 30-40 Sek. Pause, Serienpause 2 Min.
oder 4 x 4 x 50 m, Pause 5 Sek., Serienpause 60 Sek.
Diese letzte Variante ist eine sehr harte Angelegenheit und erfordert eine gute Technik und Kondition.

Radfahren: Einfahren, Intervalle, Ausfahren.
z.B. Gesamtstrecke 40 km, 4 Abschnitte à 5 km Tempo, Erholungspausen jeweils 5 Minuten lockeres Kurbeln.
Gesamtstrecke 40 km, 1, 2, 3, 4, 5 km Tempo jeweils gleiche Strecke locker kurbeln.
Gesamtstrecke 50 km, 2, 3, 4, 5, 6, 7, 8 Minuten Tempo, jeweils gleiche Zeit locker kurbeln.

Laufen: Einlaufen, Intervalle, Auslaufen.
z.B. 6 x 1000 m im 10-km-Bestzeittempo, Trabpause 5 Min. bis Puls 120,
2 x 1000 m, 2 x 2000 m im 10-km-Bestzeittempo, Trabpause 5 Min.
1, 2, 3, 4, 5, 4, 3, 2, 1 Min. Tempo, jeweils gleiche Zeit sehr locker traben,
2-3 x 5000 m je 5 Minuten Gehpause.

Das Fahrtspiel als Intervalltraining

Das Intervalltraining mit seinen ständigen Wiederholungen und festgelegten Strecken ist nicht bei jedem Triathleten beliebt. Fahrtspiel stammt von dem schwedischen „Fartlek“, was soviel wie „Spiel mit Tempo“ bedeutet. Es ist eine einfache natürliche Art des Tempotrainings und kann in jeden Lauf eingebaut werden.

Während eines Laufes beschleunigt man bis zum nächsten Haus, zum Ende des Waldes, zum nächsten Bau, zu irgendeiner selbstgesteckten Marke. Nachdem diese Tempophase vorüber ist, folgt lockeres Laufen oder gar Traben bis zur Erholung. Wenn man wieder Lust verspürt, beginnt das Spielchen von vorn. Das Tempo bestimmt der Athlet selbst. Fahrtspiel ist intensiv, frei von Zwängen und ohne vorgeschriebene Streckenlängen und Tempo. Der Triathlet läuft so, wie er an dem Tag gerade Lust verspürt schnell zu laufen. Fahrtspiel ist Tempoarbeit, aber spielerisch und kreativ. Zudem hat es den großen Vorteil, daß diese sehr kurzweilige Variante keine abgemessene Strecke oder 400 m Bahn benötigt.

Lockeres Auslaufen und leichtes Stretching beendet das Fahrtspiel.

Ruhiges ausdauerndes Training bildet die Basis für jeden Triathleten.

Leistungsmessung bei Triathleten

Wer seinem Körper besondere Leistungen abverlangt, der muß wissen, was man sich überhaupt zumuten darf. Das kann für den einen ein vorderer Platz beim Ironman auf Hawaii sein, für den anderen die Bewältigung eines Jedermann-Triathlons. Muskeln und Organe des Menschen stellen ihre Leistungsfähigkeit auf den Alltagsbetrieb ein und der ist bei den meisten Menschen mit wenig körperlicher Arbeit verbunden. Wer mehr von seinem Körper verlangt, muß ihn allmählich daran gewöhnen.

Den eigenen Leistungsstandard kann am besten ein Arzt beurteilen. Er testet Herz, Kreislauf, Stoffwechsel und Gelenke und kann dabei Schäden feststellen, von denen der Athlet möglicherweise nichts ahnt, die aber bei stärkerer Belastung zu einem gesundheitlichen Risiko werden.

Dieses gilt nicht nur für Anfänger, sondern auch für fortgeschrittene Leistungssportler.

Deshalb: Wer Triathlon betreibt, sollte sich einem ärztlichen „Check up“ unterziehen. Je höher die körperliche Belastung und je älter der Triathlet ist, desto wichtiger ist die regelmäßige sportmedizinische Kontrolle. Für Hochleistungssportler ist ein „Check up“ längst zur Selbstverständlichkeit geworden. Zugegeben, Spitzenathleten haben es da einfacher. Für sie gibt es sportmedizinische Untersuchungsstellen, oft sind es die sportmedizinischen Institute von Universitäten, und auch haben diese Topathleten meist die medizinische Betreuung und Beratung vor Ort.

Die überwiegende Mehrheit der Triathleten muß sich selbst einen Arzt suchen, und nicht immer wird er einen finden, der zusätzlich noch Sportmediziner ist. Ideal ist es in den Triathlonvereinen, die einen Triathleten in ihren Reihen haben, der gleichzeitig fundierte sportmedizinische Kenntnisse besitzt.

Eine Blutanalyse mit den für Triathleten wichtigen Ergebnissen (s. Kapitel Blutbefunde) kann ansonsten auch der Hausarzt durchführen. Zur Not weiß er auf jeden Fall an welchen Spezialisten man sich im Zweifel wenden kann.

Für die einfachste und zugleich aufschlußreichste Grunduntersuchung fehlen in der Praxis des Hausarztes häufig die Geräte. Deshalb ist das Aufsuchen eines Sportmediziners sehr empfehlenswert. (Zu finden sind Sportmediziner in den „Gelben Seiten“ eines Telefonbuches unter „Arzt - Sportmedizin“.)

Will der Athlet nun beim Triathlon möglichst schnell schwimmen, radfahren und laufen, also leistungsorientiert seine Wettbewerbe bestreiten, so muß das Training entsprechend gestaltet werden. Trainingswissenschaftler haben herausgefunden, daß neben dem Trainingsumfang und der Trainingshäufigkeit die Intensität die entscheidende Rolle für das Ausdauertraining spielt.

Für den Anfänger im Ausdauersport ist es fast egal wie er trainiert, jedes Bewegungstraining führt irgendwie zu einer meßbaren Leistungssteigerung. Irgendwann kommt dann der Zeitpunkt, wo der größere Trainingsaufwand zu keiner Verbesserung mehr führt. Nunmehr müssen Trainingsumfang und -intensität dem sportlichen Ziel entsprechend präzise festgelegt werden. Will man die Grundlagenausdauer und den Fettstoffwechsel trainieren, so liegt die optimale Trainingsintensität im Bereich der aeroben Schwelle.

Soll jedoch die Schnelligkeitsausdauer verbessert werden, so ist die anaerobe Schwelle das entscheidende Kriterium.

Um diese Schwellenwerte festzustellen, gibt es zwei unterschiedliche Verfahren; den Ergometertest und den Conconitest.

Ergometertest

Ergometrie ist die Messung der körperlichen Arbeitsleistung. Erg ist die physikalische Maßeinheit der Arbeit. Zur Messung verwendet man ein Fahrradergometer oder ein Laufband. Beide Geräte lassen sich auf verschiedene Belastungen einstellen.

Auf dem Fahrradergometer hat man die Möglichkeit, ohne Belastungsunterbrechung folgende Messungen durchzuführen:
- die körperliche Leistung in Watt,
- die Pulsfrequenz,
- den Blutdruck,
- den Milchsäuregehalt (Laktatkonzentration) im Blut.

Für Triathleten ist besonders ein Leistungsvergleich zu früheren Ergometertests interessant, daher sollte dieser mindestens einmal im Frühjahr durchgeführt werden. In Verbindung mit solch einer sportmedizinischen Untersuchung ist eine Blutanalyse zu empfehlen. Für die Beurteilung der maximalen Leistungsfähigkeit muß sich der Triathlet bei diesem Test voll verausgaben. Das bedeutet in der Regel, daß nach einem Ruhe-EKG die Belastung auf dem Fahrradergometer beginnend mit 100 Watt nach je 3 Minuten um 50 Watt gesteigert wird. Solange, bis der Athlet seine Leistungsgrenze erreicht hat. Alle erforderlichen Messungen werden während der Belastung durchgeführt, auch die Blutentnahme aus dem Ohrläppchen zur Bestimmung der Laktatkonzentration.

Die Beurteilung der Leistungsfähigkeit erfolgt durch den Quotienten: Maximalleistung in Watt, dividiert durch das derzeitige Körpergewicht in kg. Mein persönlicher Wert liegt Anfang März seit Jahren bei 5,0 (400 Watt/80 kg).

Das Institut für Sportmedizin der Universität Münster beurteilt die Leistungsfähigkeit wie folgt:

„Die normale Leistungsfähigkeit eines Mannes im Alter von 20-30 Jahren liegt bei ungefähr 3 Watt/kg, die einer Frau gleichen Alters bei 2,5 Watt/kg. Die Werte reduzieren sich um 1 % für jedes Lebensjahr über 30.

Die Leistungsorientierung:

3 Watt/kg - nicht ausdauertrainiert,
4 Watt/kg - gut trainierter Breitensportler,
5 Watt/kg - sehr guter Ausdauersportler,
6 Watt/kg - absoluter Spitzensportler."

Um seine eigene Belastbarkeit richtig einordnen zu können, sind Vergleichsdaten aus dem täglichen Leben interessant.

Für einen 70 kg Normalgewichtigen gilt:
25 Watt ganz langsames Gehen,
50 Watt normales Gehen,
75 Watt schnelles Gehen,
100 Watt lockeres Traben.

Die tägliche Belastung, auch im Beruf - ohne ausgesprochene körperliche Belastung - überschreitet 75 Watt nicht.

Die Messung des Milchsäuregehaltes (Laktatkonzentration) im Blut erfolgt beim Ergometertest jeweils in den letzten 15 Sekunden der dreiminütigen Belastungsstufe. Für die Intensität des Ausdauertrainings ist der Milchsäuregehalt im Blut bei dem Wert 4 mmol/l besonders wichtig. Er wird als sogenannte aerob-anaerobe Schwelle bezeichnet.

Die bei diesem Wert erzielte Leistung in Watt auf dem Fahrradergometer oder in km/h auf dem Laufband wird als Schwellenwert bezeichnet und ist ein Maß für die Grundlagenausdauer. Der Schwellenwert kann also Auskunft über den Trainingszustand bzw. über die aerobe Ausdauerleistungsfähigkeit geben. Bei Untrainierten ist der Schwellenwert niedriger als bei Trainierten. Laut Uni Münster liegt der Schwellenwert für untrainierte Männer im Bereich von 2,5 Watt/kg.

Eine Laktatkonzentration von 2 mmol/l wird als aerobe Schwelle, eine von 4 mmol/l als anaerobe Schwelle definiert.

Conconitest

Eine Laktatmessung ist eine aufwendige und kostspielige Angelegenheit, die zudem nur an relativ wenigen Instituten durchführbar ist. Wird sie unmittelbar nach Tagen harten Trainings durchgeführt, so täuscht sie eine Leistungssteigerung vor. Der Grund liegt in den mehr oder weniger entleerten Glykogenspeichern.

Eine Methode die jeder Triathlet selbst durchführen kann, vorausgesetzt er besitzt einen Pulsmesser, ist der sogenannte Conconitest. Dieser, nach dem italienischen Biophysiker Professor Conconi benannte Test, führt ebenso wie die aufwendige Laktatmessung zur Ermittlung der anaeroben Schwelle. Dieser Test läßt sich sowohl vom Läufer auf der Laufbahn als auch vom Radfahrer auf der Straße durchführen. Zudem läßt er sich in 30-40 Minuten abwickeln und liefert direkt verfügbare Ergebnisse, die sofort in die Trainingspraxsis umgesetzt werden können.

Auf der Laufbahn geht man wie folgt vor: Voraussetzungen zur Durchführung sind eine 400-m-Bahn, eine Stoppuhr, ein Pulsmesser und zwei Personen zum Aufschreiben der Daten. Mit einem Polar Accurex Pulsmesser ist man neuerdings gar in der Lage, diese Messungen ganz allein durchzuführen.

Der Conconitest auf der Laufbahn soll jedoch mindestens zwei Tage nach dem letzten intensiven Training, nicht im Laufe der Verdauung und natürlich in Wettkampfkleidung durchgeführt werden.

Der Test mit den einfachen Pulsmessern läuft wie folgt ab:

Vor dem Test 3-4 km einlaufen. Dabei soll der Puls nicht über 130 ansteigen. Meßpunkte im Stadion: 200-m- und 400-m-Marke. Das Anfangstempo ist sehr lokker. Athleten die 38 Minuten und schneller auf 10 km laufen können, beginnen mit 60 Sekunden für die ersten 200 m. Ansonsten sollte mit 70 Sekunden begonnen werden. Alle weiteren 200 m wird das Tempo allmählich gesteigert, jeweils 2 Sekunden schneller, bis eine Tempoverschärfung nicht mehr möglich ist.

An den 200-m-Punkten werden die aktuellen Laufzeiten und die - vom Athleten den Betreuern zugerufenen - Pulswerte registriert. Aus den regelmäßig aufgenommenen Daten läßt sich die Geschwindigkeit v = s/t berechnen. Bei einer Strecke von 200 m und der Umrechnung von m/s in km/h ergibt sich folgender Wert:
v = 200 x 3,6/Zeit für den 200-m-Abschnitt;
z.B. $v^1 = 200 \times 3{,}6/60 = 12$ km/h;
$v^2 = 200 \times 3{,}6/58 = 12{,}41$ km/h.

Diese Ergebnisse werden in ein Koordinatenkreuz eingetragen. Auf der waagerechten Achse (Abzisse) die Geschwindigkeit in km/h, auf der senkrechten Achse (Ordinate) die dazugehörigen Pulsschläge. Die sich daraus ergebenden Punkte werden mit Hilfe eines Lineals verbunden. Es ergeben sich jedoch zwei Geraden. Eine steilere im unteren, eine flachere im oberen Bereich.

Bis zum Schnittpunkt der beiden Geraden arbeitet der Körper aerob, darüber anaerob.

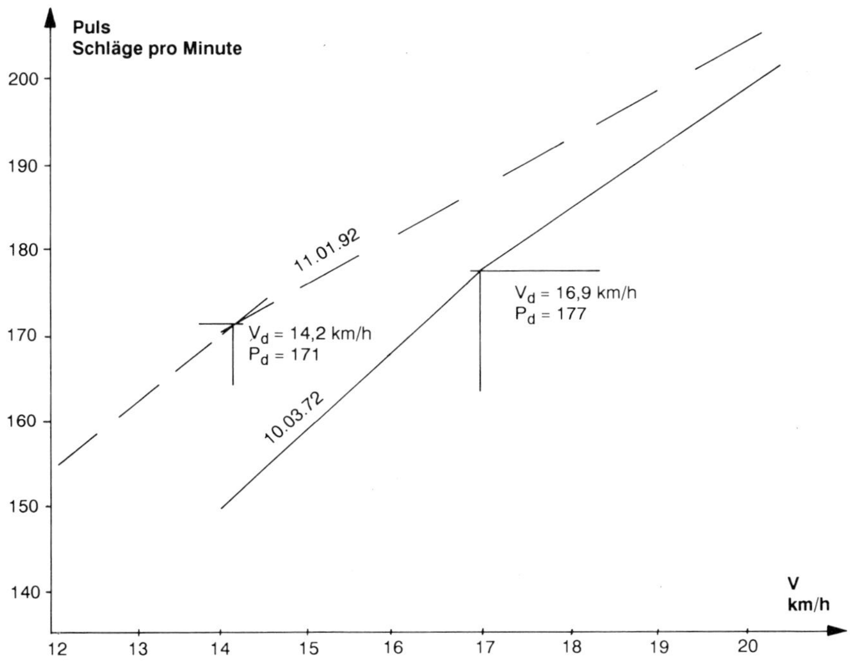

Herzfrequenz-Leistungskurven des 31jährigen Frank Schumann

Conconi-Test

11.1.92			
Lauf. Zeit	t 200 m Zeit	Puls	km/h $v = \frac{720}{t}$
0:59	59s	156	12,20
1:54	55	161	13,09
2:49	55	159	13,09
3:43	54	162	13,33
4:37	54	165	13,33
5:30	53	167	13,58
6:21	51	171	14,11
7:10	49	173	14,69
7:57	47	176	15,32
8:43	46	179	15,65
9:27	44	185	16,36
10:09	42	187	17,14
10:51	42	190	17,14
11:32	41	193	17,56
12:11	39	195	18,46
12:50	39	197	18,46
13:28	38	200	18,94
14:05	37	202	19,50

10.3.92			
Lauf. Zeit	t 200 m Zeit	Puls	km/h $v = \frac{720}{t}$
0:57	57s	143	12,63
1:48	51	153	14,12
2:39	51	151	14,12
3:28	49	153	14,69
4:17	49	157	14,69
5:04	47	164	15,32
5:49	45	166	16,00
6:34	45	172	16,00
7:17	43	173	16,74
8:00	43	176	16,74
8:41	41	181	17,56
9:22	41	186	17,56
10:01	39	189	18,46
10:39	38	191	18,95
11:15	36	195	20,00

Conconi bezeichnet die am Schnittpunkt der beiden Geraden gefundene Herzfrequenz als pd Wert und die Geschwindigkeit als vd Wert.

Das bedeutet, daß ein Lauftempo bis zum Schnittpunkt über einen längeren Zeitraum ohne Muskelübersäuerung aufrecht erhalten werden kann.

Dieser Test ist in regelmäßigen Abständen etwa alle 4 Wochen zu wiederholen, um bei Verbesserung (Verschiebung nach rechts) das Training beizubehalten, oder bei Stagnation und Verschlechterung (Verschiebung nach links) das Trainingsprogramm zu ändern.

Conconitest mit dem Radergometer

Dieser läuft wie folgt ab: 15 Minuten einfahren. Mit 15 km/h oder 75 Watt beginnen. Belastung 3 Minuten konstant halten. Am Ende der Belastungsstufe Puls und Geschwindigkeit oder Wattzahl notieren. Steigerung um 3 km/h oder 25 Watt bis zur völligen Erschöpfung. Auswertung wie vorher.

Conconitest mit dem Rad auf der Straße

Ermittlung der anaeroben Schwelle ist auch auf einer 30 bis 60 Sekunden großen Radrunde möglich.

Die anaerobe Schwelle stellt die obere Grenze der aeroben Kapazität dar. Je höher diese anaerobe Schwelle liegt, desto schneller ist der Triathlet; auch über eine längere Zeit. Grob geschätzt liegt die anaerobe Schwelle etwa bei 85 % der Maximalleistung. Das dieses wirklich nur eine grobe Schätzung ist, zeigt das beigefügte Beispiel.

Ein Training unterhalb oder an der anaeroben Schwelle garantiert eine maximale Verbesserung der körperlichen Leistungsfähigkeit. Eine Belastung über diese Grenze hinaus führt in kurzer Zeit zu übergroßer Erschöpfung. Es kann also ein schmaler Grat zwischen optimaler Trainingsintensität und Übertraining sein.

Liegt die anaerobe Schwelle sehr dicht bei der Maximalbelastung z.B. 181:174, so liegt eine hohe Grundlagenausdauer vor, eine sehr gute Form also. Hier wird die Energie sehr lange auf aerobem Weg bereitgestellt. Ist die Differenz der Pulswerte relativ groß z.B. 181:150 so liegt eine verbesserungswürdige Grundlagenausdauer vor. Wie dieses geschehen kann, dazu mehr im Kapitel: Grundlagenausdauer.

Sportliche Deutung der möglichen Conconi-Kurven

Bei untrainierten oder im Schnelligkeitsausdauerbereich sehr gut trainierten Athleten wird die anaerobe Schwelle auf einer niedrigeren Belastungsstufe liegen als bei sehr gut Ausdauertrainierten. Wer in regelmäßigen Abständen an einem Conconitest teilnimmt und die aufgetragenen Leistungskurven vergleicht, dem können sich folgende Änderungen zeigen:

- Flacher Kurvenverlauf
  Ein flacherer Kurvenverlauf zeigt eine verbesserte Grundlagenausdauer an. Die anaerobe Schwelle tritt erst bei einer größeren Leistung (Geschwindigkeit) auf.
- Steilerer Kurvenverlauf
  Dieser kann erfolgen, wenn nach einem überwiegend aeroben Grundlagentraining zu einem intensiven anaeroben Training übergegangen wird.
- Rechts-Linksverschiebung
  Eine Rechtsverschiebung stellt eine Leistungsverbesserung, eine Linksverschobene stellt eine Leistungsminderung dar.
- Kein Knick
  Ende November 1991 zeigte meine persönliche Kurve keinen Knick auf. Es deutet auf eine mangelnde Schnelligkeitsausdauer und fehlende anaerobe Kapazität hin. In der Regenerationsphase kein Wunder.

Trainingsempfehlungen nach Conconi

Conconi und Lenzi haben für den Langstreckenlauf Belastungsintensitäten nach erfolgtem Conconitest berechnet.

Der Pulswert an der anaeroben Schwelle wird als 100 % angesetzt.

Trainingsmittel:	langer Dauerlauf	70- 80 %	90 - 150 Minuten
	langsamer Dauerlauf	80 %	50 - 90 Minuten
	mittlerer Dauerlauf	85- 90 %	30 - 50 Minuten
	schneller Lauf	95 %	20 - 30 Minuten
	Tempolauf	97-103 %	10 - 20 Minuten.

Nach K. Hottenrott sind nun folgende Herzfrequenz- und Geschwindigkeitswerte im Wettkampf möglich:

Wettkampf	Vd in %	Pd in %
Marathon	88	92
10 km	94	100
5 km	100	102

Bei den von K. Hottenrott untersuchten 65 Testpersonen hatten sich alle Sportler speziell auf ihren Wettkampf vorbereitet und dabei die o.g. mittleren Prozentwerte erreicht.

Für einen 10-km-Lauf heißt das also: Bei optimaler Vorbereitung sollte der Pulswert genau 100 % des zuvor im Test ermittelten Pd Wertes liegen. Die Laufgeschwindigkeit sollte dabei 94 % vom Vd betragen.

Für den 31jährigen Frank Schumann hätten die Vorgaben bei einem 10-km-Lauf am 15.3.1992 wie folgt gelautet:

Pulswert 100 % von 177 = 177

Laufgeschwindigkeit 94 % von 16,9 km/h = 15,89 km/h

Welche Trainingsintensitäten wie oft für einen Triathleten gewählt werden sollen, richtet sich nach der Trainingsphase und der aktuellen Form des Athleten.

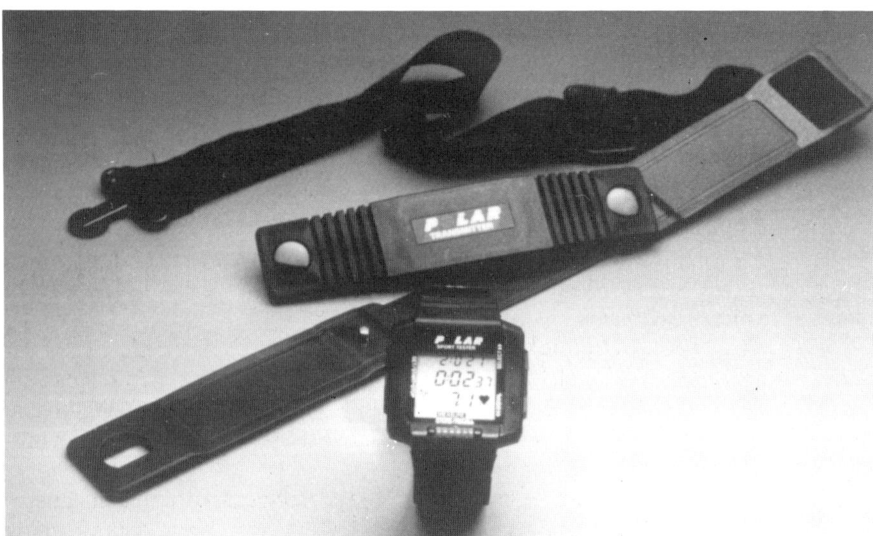

Präzise Pulsmessung mit Hilfe eines Pulsfrequenzmessers

Trainingsformen

Es gibt Triathleten, die sich regelmäßig im Training gerne fordern und daraus ihre Leistungen schöpfen. Andere trainieren nur nach Gefühl und lassen alles auf sich zukommen. Schließlich gibt es Sportler, die alles sehr locker sehen und eben so gut sind, wie sie es mit ihrer eigenen Methode sein können.

Training nach Gefühl

Sich im Triathlontraining allein auf sein Gefühl zu verlassen, ist in zweifacher Weise mehr als riskant.

Einmal läuft der Athlet Gefahr, durch monotones und zu langsames Training seine sportlichen Möglichkeiten nicht ausschöpfen zu können. Dieser Fall tritt eigentlich seltener auf. Weitaus häufiger tritt der andere Fall auf; das Training wird über weite Strecken zu intensiv durchgeführt. Vornehmlich in der jüngeren Triathlongeneration versteht man unter einem Ausdauertraining ein „powern" vom ersten bis zum letzten Kilometer. Das Ergebnis ihrer womöglich täglich erschöpfenden Trainingseinheiten ist ein regelmäßiges Enttäuschtsein nach Wettbewerben. Die Einzelzeiten im heiß herbei gesehnten Triathlon sind keinesfalls besser als im normalen Training. Der Grund liegt auf der Hand. Diese Athleten „verschießen ihr gesamtes Pulver bereits im Training" und können sich dann im Wettbewerb nicht mehr steigern.

Diese Erscheinungen treten sehr häufig bei Alleintrainierenden auf, oder dann, wenn das Leistungsgefälle innerhalb einer regelmäßig trainierenden Gruppe nicht beachtet wird und sich alle nach dem stärksten Athleten ausrichten. Klar, die anderen wollen oder „müssen" sich beweisen. Zumindest im Training möchten sie genauso schnell sein wie ihr Topathlet.

Mit solch einer Einstellung wird man nicht lange Freude am Ausdauersport haben. Wo bleibt denn da der Spaß, wenn jeder Lauf, jede Radausfahrt zu einer Tempobolzerei ausartet?

Andere, Alleintrainierende fühlen sich ständig unter Druck gesetzt und meinen, nur durch hartes, intensives Training werde ich schneller und packe den großen Konkurenten noch. Diese Leute sind nicht nur oft verletzt, sie brennen regelrecht physisch und psychisch aus.

Erfolgversprechend zu trainieren und sich dabei nur auf sein Gefühl zu verlassen ist also ein sehr riskantes Spiel, es sei denn der Triathlet macht sich durch Pulsmessungen in regelmäßigen Abständen ein genaues Bild über sein Belastungsniveau im Training. Eine weitere Möglichkeit besteht darin, seine Trainingseinheiten mittels abgestufter Intensität zu absolvieren.

Beide Hilfsgrößen und eine ausreichende Menge Selbstkritik lassen ein ausgewogenes Training zu. Für Anfänger dürfte dieses Unterfangen besonders schwierig sein. Es sei denn, diese noch unerfahrenen Athleten gelangen an einen Trainingspartner der sowohl die Erfahrung als auch das Fachwissen besitzt.

Training nach abgestufter Intensität

Bei dieser Trainingsform entspricht die jeweilige Bestleistung in der entsprechenden Disziplin 100 %.

Beispiele:

Schwimmen:	1000 m in 15 Min. = 1:30 Min. je 100 m
	1000 m in 20 Min. = 2:00 Min. je 100 m
Radfahren	40 km in 1:00 h = 40 km/h
	40 km in 1:06 h = 36,36 km/h
Laufen	10 km in 35:00 Min. = 3:30 Min./km
	10 km in 40:00 Min. = 4:00 Min./km

Grundlagenausdauertraining wird im Bereich 65-90 % der jeweiligen Bestzeit absolviert. 10 km Laufen in 40:00 Min. = 4:00 Min./km mit 90 % Intensität bedeutet einen Kilometerschnitt von 4,44 Min., das entspricht 4:26 Min./km.

Bei einer Intensität von 70 % wären das 5:43 Min./km (s. Tabelle 1).

Grundlagenausdauertraining ist mit langen Trainingsstrecken gekoppelt. Nach Neumann/Pfützner sind damit im Schwimmen mehr als 2000 m, im Radfahren mehr als 80 km und beim Laufen mehr als 20 km gekoppelt. Überlange Einheiten werden dabei in der niedrigsten Intensitätsstufe (65-70 %) absolviert.

Intervalltraining erfolgt im Bereich 100 %, z.B. 6 x 1000 m laufen, 10 x 100 m schwimmen, 5 x 3 km radfahren.

Das Training des Fettstoffwechsels soll in dem Intensitätsbereich 65-70 % durchgeführt werden.

Um die Stufen nicht nur zahlenmäßig sondern auch von der Sprachweise zu unterscheiden, gehe ich bei den Trainingsplänen von folgender Staffelung aus:

100 % = Wettkampftempo
95 % = sehr hartes Training
90 % = hartes Training
85 % = sehr flottes Training
80 % = flottes Training
75 % = lockeres Training
70 % = ruhiges Training
65 % = sehr ruhiges Training

Welche Intensitäten sind im Wettbewerb möglich?

Diese sind selbstverständlich von den Streckenlängen abhängig.

Auf der Kurzdistanz sind dies:
beim Schwimmen >= 95 %, beim Radfahren >= 95 % und beim Laufen 90 %.

Auf der Mitteldistanz sind dies:
beim Schwimmen 90 %, beim Radfahren 90 % und beim Laufen 90 %.

Auf der Ultradistanz sind dies:
beim Schwimmen 90 %, beim Radfahren 90 % und beim Laufen 80 %.

Tabelle 1:

Laufen

Bestzeit über	10000 m:	35:00	40:00	45:00 Minuten
Zeiten pro	1000 m:	3:30	4:00	4:30
Intensitäten in %	100	3:30	4:00	4:30
	95	3:40	4:12	4:43
	90	3:51	4:24	4:57
	85	4:01	4:36	5:10
	80	4:12	4:48	5:24
	75	4:22	5:00	5:37
	70	4:33	5:12	5:51
	65	4:43	5:24	6:04

Schwimmen

Schwimmbestzeiten über	1000 m:	14:00	18:00	22:00 Min.
Intensitäten in %	100	14:00	18:00	22:00
	95	14:42	18:54	23:06
	90	15:24	19:48	24:12
	85	16:06	20:42	25:18
	80	16:48	21:36	26:24
	75	17:30	22:30	27:30
	70	18:12	23:24	28:36
	65	18:54	24:18	29:42

Radfahren

Radbestzeiten über 40 km:		40	38	36	34 km/h
Intensitäten in %	100	40,0	38,0	36,0	34,0
	95	38,0	36,1	34,2	32,3
	90	36,0	34,2	32,4	30,6
	85	34,0	32,3	30,6	28,9
	80	32,0	30,4	28,8	27,2
	75	30,0	28,5	27,0	25,5
	70	28,0	26,6	25,2	23,8
	65	26,0	24,7	23,4	22,1

Beim Training nach abgestufter Intensität sind natürlich auch die Trainingswochen zu sehen. Wer sich also nicht nur auf sein Gefühl verlassen möchte, aber auch keinen Pulsmesser zur Verfügung hat, sollte auch eine Abstufung der Trainingswochen in Bezug auf die Trainingsintensität vornehmen. Diese ist von dem Trainingszeitraum abhängig.

Ich möchte, was die Intensität und den Trainingsumfang angeht, drei Kategorien von Trainingswochen bilden:
„N" - die „normale" Trainingswoche
„H" - die „harte" Trainingswoche
„R" - die „regenerative" Trainingswoche

Zu Beginn des Jahres, während des Vorbereitungszeitraumes wechseln N- und R-Wochen einander ab.

Beginnend mit N:R über N:N:R bis N:N:N:R.

Hierbei benötigt der Athlet natürlich auch ein wenig Fingerspitzengefühl um sicherzustellen, daß die Gesamtbelastung aus Training, Beruf und privater Verpflichtungen nicht zu hoch wird. Während des Blocktrainings treten dann auch erstmals H -Wochen auf. Dann aber im Verhältnis: N:H:R, bzw. H:H:R bei einem zweiwöchigen Trainingsaufenthalt in südlichen Gebieten.
Für den Wettkampfzeitraum gilt: N:H:R.
Nach Triathlonwettbewerben sollte es dann lauten:
Nach einem Kurztriathlon: R:N:H,
Nach einem Mitteltriathlon: R:R:N:H
Nach einem Ultratriathlon: R:R:R:N:H

Nähere Einzelheiten gehen aus den Trainingsplänen hervor.

Training nach Pulsmessung

Mit einer regelmäßigen Pulskontrolle, also Messung der Herzfrequenz, läßt sich das Training eines Triathleten am einfachsten steuern. Unser Training stellt an unseren Körper erhöhte Anforderungen. Der gesamte Organismus paßt sich diesen veränderten Bedingungen an. Beobachten läßt sich diese Tatsache an: Herz, Kreislauf, Blut, Lunge, Muskulatur und dem Stoffwechsel. Das Triathlontraining bringt aber nur dann eine Anpassung des Organismus, wenn eine bestimmte Reizschwelle erreicht wird. Eine zu hohe Belastung kann Verletzungen verursachen und auf die Dauer zu physischen (körperlichen) und psychischen Schäden führen.

Wie stark soll man sich als Triathlet belasten, um den größtmöglichen Trainingseffekt zu erzielen? Als Meßstab dient dabei die maximale Leistungsfähigkeit, diese ist ablesbar an der Herzfrequenz. Je mehr Schläge pro Minute, umso mehr Arbeit leistet der Herzmuskel. Als Vergleich: Die Durchschnittsbelastung eines Menschen beträgt ca. 30 % seiner maximalen Leistungsfähigkeit. Für eine Leistungserhöhung muß mit einer Intensität von 50-80 % trainiert werden.

Einflüsse auf die optimale Herzfrequenz haben: das Alter, die Kondition, das Geschlecht, die Herzgröße und die gesamte Konstitution des Athleten.

Der Herzschlag kann wie folgt gemessen werden:

- Am Puls: Zwei oder drei Finger werden auf die Innenseite des Handgelenkes unterhalb des Daumens gelegt, z.B. wird 15 Sekunden lang der Pulsschlag gezählt und dieser Wert mit dem Faktor 4 multipliziert. Das Ergebnis liefert nun den Pulsschlag in einer Minute.
  Beispiel: Bei einer Ruhepulsmessung werden in 15 Sek. 12 Pulsschläge gezählt. Dieses ergibt einen Ruhepuls von 12x4 = 48 Schlägen pro Minute.
  Nach einem Trainingslauf werden in 15 Sek. 35 Pulsschläge gezählt.
  Dieses ergibt einen Belastungspuls von 35x4 = 140 Schlägen pro Min.
- Am Hals: Mittel-und Zeigefinger werden seitlich an den Hals gelegt, etwas unterhalb des Kiefers.
- Mit einem Pulsmeßgerät: Diese Messung mit einem sog. Pulscoach liefert die genauesten Werte. Nicht nur bei Top-Athleten setzt sich diese Methode immer mehr durch. Diese Geräte, Kostenpunkt ab 199,- DM, bieten die Möglichkeit während des Trainings die Pulswerte jederzeit ablesen zu können. Darüber hinaus kann man die selbstvorgegebene minimale und maximale Herzfrequenz mittels Piepton anzeigen lassen. Noch kostspieligere Geräte lassen sich gar nach einer Trainingseinheit an einen Computer anschließen, um die Herzfrequenz graphisch anzuzeigen.

Ruhepuls

Der Ruhepuls eines Triathleten hängt sehr stark mit der Herzgröße zusammen. Bei einer Herzgröße von 500-600 cm^3 beträgt der Ruhepuls 75, bei 700-800 cm^3 62, bei 950-1000 cm^3 nur noch 50 und bei 1000-1050 cm^3 gar 45 Schläge in einer Minute. Bei Ruhepulswerten unter 40 beträgt die Herzgröße mehr als 1100 cm^3.

Da Frauen ein kleineres Herz als Männer haben, ist ihre Herzfrequenz in Ruhe und bei Belastung höher.

Der Ruhepuls wird frühmorgens bei vollständiger Ruhe im Bett gemessen. Untrainierte gesunde Menschen haben einen Ruhepuls von 65-80. Gut ausdauertrainierte Athleten haben Werte unter 60, im Mittel gar 40-50 Schläge in der Minute.

Allerdings besteht kein direkter Zusammenhang zwischen einem niedrigen Ruhepuls und der sportlichen Leistungsfähigkeit.

Die Kontrolle des Ruhepulses sollte von jedem Triathleten besonders während der Haupttrainingsphase regelmäßig überprüft werden. Liegt dieser um 4-5 oder gar um 10 Schläge pro Minute höher als normal, so ist unbedingt nur ein regeneratives Training zu empfehlen. Anders sieht die Situation in Hawaii aus. Dort ist aufgrund der klimatischen Bedingungen mit einem erhöhten Ruhepuls zu rechnen.

Die Pulswerte beim Schwimmen sind durchschnittlich um 10-20 Schläge in der Minute niedriger als beim Radfahren und Laufen. Schwache Schwimmer erreichen oft aufgrund ihrer mangelnden Technik keine hohen Pulswerte.

Beim Radfahren differieren die Pulswerte durch Wind oder Anstiege stärker als beim Laufen.

Die Pulswerte gelten im Triathlon also als Maßstab für die Belastung. Bis zu einer bestimmten Pulsfrequenz gewinnt der Körper seine Energie mit Hilfe von Sauerstoff „aerob“. Oberhalb dieser Grenzfrequenz erfolgt die Energiegewinnung ohne Sauerstoff „anaerob“. Dieses erfolgt unter Produktion von Milchsäure (Laktat), die sich im Muskel ablagert und zur Ermüdung führt.

Durch richtiges Training kann diese Schwelle nach oben verschoben werden. Das bedeutet, daß die Muskulatur erst später ermüdet. Der Athlet kann eine höhere Leistung über einen längeren Zeitraum erzielen.

Der optimale Trainingsreiz erfolgt unterhalb dieser Grenzfrequenz. Diese ist wiederum vom Alter abhängig.

Die Tabelle 2 gibt Richtwerte dazu an.

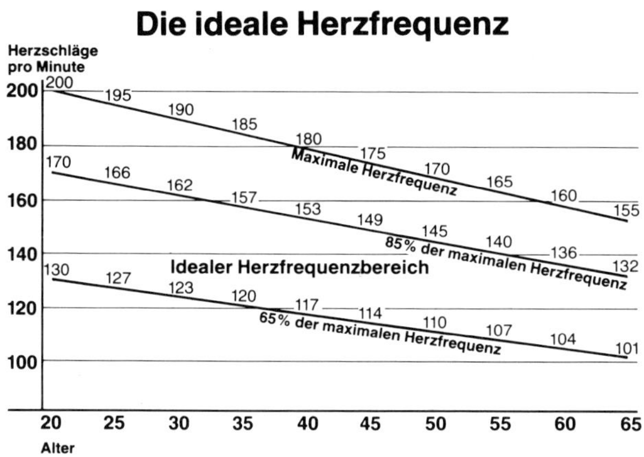

Tabelle 2

Der aerobe Bereich umfaßt nun etwa den Bereich zwischen 65 und 85 % der maximalen Herzfrequenz, der anaerobe Bereich die Pulswerte zwischen 85 und 100 % der maximalen Herzfrequenz.

Also: aerober Bereich: ca. 65-85 % des maximalen Pulswertes,
anaerober Bereich: ca. 85-100 % des maximalen Pulswertes.

Der anaerobe Teil des Trainings ist bei Athleten, die die Kurzdistanz wettbewerbsmäßig betreiben höher als für die Langdistanzler. Auch für Senioren sollte der anaerobe Anteil des Trainings geringer sein. Einfluß auf den anaeroben Anteil des Trainings haben ferner die Anzahl der Trainingsjahre und die Anzahl der Trainingseinheiten. Aber Achtung! Mit der Zunahme der Trainingsintensität steigt auch die Verletzungsgefahr.

Zusammenfassung:
Die für Triathleten so wichtige Bestimmung der anaeroben Schwelle läßt sich mit Hilfe eines Pulsmessers (genaue Bezeichnung: Herzschlagfrequenz-Meßgerät) annähernd im Training selbst bestimmen.

Der Einsatz eines Pulsmessers schließt nicht aus, daß zugleich auch das Gefühl beim Training mitbeachtet werden soll!

Nicht bei jeder Trainingseinheit ist ein Pulsmesser erforderlich!

Niemals stumpfsinnig nach einer Herzfrequenzformel (z.B. 85 % des Maximalpulses) trainieren!

Je länger die Trainingseinheit andauert, umso geringer muß der Pulswert sein!

Zur Verdeutlichung ein Zahlenbeispiel:
Annahme: Durch Conconitest sind die Näherungswerte bestätigt worden. Mit welchen Pulswerten sollte a) ein 25jähriger Athlet und b) ein 45jähriger Athlet trainieren?

a) Näherungswert: maximaler Puls = 220 - Lebensalter = 220 - 25 = 195.
   Faustformel: anaerobe Schwelle = 85% von 195 = 166 = pd 100%
   Trainingsempfehlungen nach Conconi:
   5000-m-Lauf mit Puls 166 (Tempodauerlauf)
   Verbesserung der aeroben Ausdauer bzw. Grundlagenausdauer
   Zeitdauer bis 1 Stunde: 85 % von 166 = 141
   Zeitdauer über 1 Stunde: 80 % von 166 = 133
   Regeneration bis 45 Min. 75 % von 166 = 124
b) Näherungswert: max. Puls = 220 - 45 = 175
   Faustformel: anaerobe Schwelle = 85 % von 175 = 149 = pd 100 %
   Trainingsempfehlungen nach Conconi:
   5000-m-Lauf mit Puls 149 (Tempodauerlauf)
   Verbesserung der aeroben Ausdauer bzw. Grundlagenausdauer
   Zeitdauer bis 1 Stunde: 85 % von 149 = 127
   Zeitdauer über 1 Stunde: 80 % von 149 = 119
   Regeneration bis 45 Min. 75 % von 149 = 112

Mit welcher Herzfrequenz und welcher Geschwindigkeit kann man nun verschiedene Laufwettkämpfe bestreiten?

Nach der erwähnten Untersuchung von K. Hottenrott von der Universität Marburg sind das bei optimaler Vorbereitung:

Marathonlauf: 92 % vom Pd und 88 % von Vd
10 km Lauf: 100 % vom Pd und 94 % von Vd
5 km Lauf: 102 % vom Pd und 100 % von Vd
100 % Pd = Pulswert an der anaeroben Schwelle
Vd ist die dazugehörige Laufgeschwindigkeit.

Die Erholung, oder die kleine Regeneration

Mit der „kleinen Regeneration“ ist die Pause zwischen den Trainingsreizen gemeint. Im Gegensatz zum Übergangszeitraum in dem die große Regenerationsphase stattfindet.

Die Pause zwischen zwei Trainingseinheiten spielt für den Triathleten eine enorm wichtige Rolle. In dieser Zeit soll sich der Körper von dem letzten Training erholen. Ist diese Pause zu kurz, führt dieses unweigerlich zum Übertraining. Zu lange Pausen führen zur Leistungsminderung. Beides ist für leistungsbezogene

Athleten von Nachteil. Die Kunst des ausgewogenen Triathlon-Trainings liegt für jeden im Finden des richtigen Verhältnisses von Trainingsbelastung und Erholung. Harte und leichte Trainingstage müssen sich abwechseln. Harte und leichte Trainingswochen müssen sich ebenso abwechseln. Beim Finden des richtigen Verhältnisses sind nicht nur die reinen Trainingseinheiten zu berücksichtigen, sondern auch Dinge wie berufliche, familiäre und sonstige private Belastungen. Also das gesamte Umfeld eines Athleten.

Ein ausgewogenes Trainingsprogramm zusammenzustellen ist von daher ein recht schwieriges Unterfangen. Aus diesen Gründen sind auch die nachfolgenden Trainingsvorschläge von jeder Triathletin und jedem Triathleten auf seine persönlichen Möglichkeiten umzumünzen.

Folgende Merkmale kennzeichnen ein ausgewogenes Trainingsprogramm:

a) der morgendliche Ruhepuls ist annähernd konstant,

b) die vorhandene Motivation zum Training.

Regeneration nach Wettkampf und Training

Die Regeneration oder schnelle Erholung ist für einen Triathleten von großer Bedeutung. Wer sich schnell regeneriert, der ist frühzeitig in der Lage sein normales Trainingspensum wieder aufzunehmen. Er trainiert effektiver und ist daher leistungsfähiger als andere, die bereits nach einem harten Training eine mehrtägige Erholungszeit brauchen.

Nach Beendigung der sportlichen Belastung müssen die verbrauchten Energiereserven so schnell wie möglich wieder aufgefüllt werden. Abgebautes Eiweiß muß wieder aufgefüllt werden. Durch Schweißverluste ist der Wasser- und Elektrolythaushalt gestört. Milchsäure und Harnstoff, die Stoffwechselabbauprodukte, sollten möglichst schnell wieder abgebaut werden. Eine ausreichende Ruhezeit führt zur völligen Regeneration. Die natürliche Erholungszeit läßt sich durch geeignete Maßnahmen verkürzen. Bei der Flüssigkeitszufuhr nach dem Wettbewerb ist darauf zu achten, daß durch Schweißverluste nicht nur Wasser, sondern auch wichtige Mineralstoffe dem Körper wieder zugeführt werden z.B. Mineralwasser + Apfelsaft + Brottrunk.

Durch einen Triathlon oder ein intensives Training dicht an der anaeroben Schwelle von rund eineinhalb Stunden sind die Glykogenvorräte im Körper erschöpft. Durch eine anschließende Mischkost dauert die Wiederauffüllung der Glykogenspeicher ungefähr 3 Tage, bei kohlenhydratreicher Ernährung (s. Kapitel: Ernährung von Triathleten) dauert die so wichtige Auffüllung nur noch einen Tag. Nach 2 bis 3 Tagen sind die Speicher bei einer kohlenhydratreichen Kost sogar überfüllt, was man als „Superkompensation“ bezeichnet.

Die ermüdeten und erschöpften Muskeln werden durch die Bildung von Milchsäure und Harnstoffen schlechter durchblutet. Leichte bis mittelschwere Aktivitäten nach der sportlichen Belastung fördern die Sauerstoffversorgung und damit die Durchblutung der ermüdeten Muskulatur.

Aus diesen Gründen ist eine aktive Regeneration wesentlich wirkungsvoller als eine passive. Sinnvoll ist daher, sich nach einem Triathlon ca. 15 Minuten locker auszutraben, 30 Minuten locker auszuradeln und abschließend einige leichte Dehnübungen durchzuführen. Wer die Möglichkeit hat, innerhalb der ersten drei Stunden nach der intensiven Belastung ein Ermüdungsbad von 34-37 Grad, 20 Minuten lang zu nehmen, eine Sauna oder einen Wirlpool aufzusuchen, sollte dieses tun. Die physikalischen Reize sorgen für eine bessere Durchblutung der Muskulatur und damit für eine kürzere Regenerationszeit.

Nach einem Wettbewerb sollen in den darauffolgenden Tagen nur Trainingseinheiten mit sehr geringer Intensität ausgeführt werden. Schwimmen und Radfahren sind gegenüber dem Laufen zu bevorzugen, da diese Sportarten den Körper weniger belasten. Schwimmen weist die kürzeste Regenerationszeit auf, da im Wettbewerb relativ kurze muskuläre Belastungen auftreten.

Wer seinem Körper keine Regeneration gönnt, zudem sein Training zu schnell steigert und viele Wettbewerbe bestreitet, dem wird über kurz oder lang das Problem des Übertrainings verfolgen.

Übertraining

Wer Triathlon leistungsbetont betreibt, sollte sich mit dem Risiko des Übertrainings auseinandersetzen.

Unter Übertraining versteht man eine deutliche Leistungsminderung, ohne organisch krank zu sein. Feststellbar ist Übertraining anhand der Harnstoffkonzentration im Blut. Liegt dieser Wert über 50, so ist der Athlet übertrainiert.

Besonders gefährdet sind Athleten, die:
- zu hart trainieren,
- mit zu hoher Intensität trainieren,
- sich keine ausreichende Regeneration gönnen,
- zu viele Wettbewerbe bestreiten,
- ihre beruflichen und privaten Belastungen bei der Trainingsgestaltung nicht mitberücksichtigen,
- keine ausreichend breite Basis für ihr intensives Training besitzen, also die Grundlagenausdauer vernachlässigt haben,
- den Sport zu „ernst“ nehmen.

Typische Symptome für ein Übertrainingzustand sind:
- erhöhter Ruhepuls um 10-15 Schläge, erhöhter Blutdruck,
- Unkonzentriertheit, Depressionen,
- ungewohnt fahriges Verhalten, Unfähigkeit zur Entspannung,

- Nachtschweiß, Durchfall, Verstopfung,
- häufiges Auftreten von Erkältungen, Fieber,
- Kraftlosigkeit beim Training,
- Störungen beim Einschlafen,
- unruhiger Nachtschlaf,
- Trainingsunlust, Gleichgültigkeit,
- Muskel- und Gelenkschmerzen,
- Infragestellen des sportlichen Trainings,
- Appetitlosigkeit, Gewichtsverlust,
- Leistungsabfall trotz gesteigerten Trainings.

Welche Maßnahmen sind nun erforderlich, um aus dem Zustand des Übertrainings herauszukommen, und was ist erforderlich, damit es nicht zum Übertraining kommt?

Ohne eine feste Rangfolge anzugeben, kommen dafür folgende Punkte infrage:
- Nur noch regenerativ trainieren, d.h. im unteren Intensitätsbereich 50-60 %,
- mehr Ruhetage einlegen,
  Grundsatz: „Sport soll doch Spaß machen“ ernst nehmen,
- mit mehr Freude trainieren, nicht mit Gewalt,
- sich einer ruhig trainierenden Trainingsgruppe anschließen,
- „Tapetenwechsel“ praktizieren, d.h. Urlaub oder Kurzurlaub einlegen,
- Wettbewerbe erst nach mehrmonatiger Vorbereitung mit Training im unteren und mittleren Intensitätsbereich bestreiten,
- Verzicht auf Alkohol und Nikotin,
- im Wettkampfzeitraum den Umfang bis auf 50 % reduzieren,
- Regenerationswochen nach Wettbewerben unbedingt einhalten,
- Trainingsbuch führen, damit ist eine Kontrollmöglichkeit gegeben,
- Übergangszeitraum lang genug wählen, für jedes Lebensjahrzehnt einen Monat,
- ausreichend Schlaf, mindestens 7 Stunden,
- abwechslungsreich trainieren,
- nicht jeden Triathlon „toternst“ nehmen, es gibt wichtigere Dinge im Leben als Triathlon,
- die Triathlonsaison nicht noch durch andere Wettbewerbe verlängern (Crossläufe, Marathonläufe) und wenn, dann nur „just for fun“,
- nicht zuviel Triathlonwettbewerbe in einer Saison bestreiten,
- nicht jeden Triathlon bis zum „Anschlag“ absolvieren,
- auch mal ohne ein schlechtes Gewissen eine Trainingseinheit ausfallen lassen können,
- nach Verletzungen langsame Erhöhung der Trainingsbelastung.

Trainingsaufzeichnungen

Für jeden Triathleten sollten Trainingsaufzeichnungen einfach zur Routine werden. Während es für den Triathlon selbst nicht von Bedeutung ist, ist es doch als Hilfsmittel zum Erreichen optimaler Trainingsfortschritte sehr wichtig. Hat man die Trainingseinheiten und früheren Wettbewerbsvorbereitungen aufgeschrieben, so kann man über Jahre hinweg sein Training zurückverfolgen und besser entscheiden, wie man am besten trainiert und seine Wettbewerbe plant. Wenn man beispielsweise übermäßig müde ist, so lassen sich aus den Trainingsaufzeichnungen mögliche Gründe ablesen und durch eine rechtzeitige Veränderung des Trainingspensums die negativen Folgen ausschalten.

Trainingsaufzeichnungen helfen einem dabei, Fehler nicht zweimal zu machen. Gleichzeitig vermitteln sie ein beruhigendes Gefühl wie angespartes Geld auf einem Sparbuch. Jeder Schwimm-, Rad- und Laufkilometer stellt ein Guthaben dar, das jährlich Zinsen in Form von verbesserten Triathlonergebnissen bringt.

Nicht nur der Trainingsumfang ist bei den Eintragungen wichtig, sondern auch die Intensität. Weiterhin sind hin und wieder auch Daten wie das Körpergewicht und die Pulsfrequenz wichtig.

Sowohl beim Puls als auch beim Gewicht sollte man von der gleichen Tageszeit ausgehen, z.B. Gewicht morgens nach der Morgentoilette, Ruhepuls vor dem Aufstehen.

Unter Bemerkungen sollte alles das aufgeschrieben werden, was wichtig ist und mal sein könnte wie Witterungsangaben - Wind, Regen, Steigungen, neue Schuhe oder spätes Zubettgehen.

Die Wochenleistungen sollten niemals sprunghaft ansteigen, daher ist die Angabe von großer Wichtigkeit.

Trainingsplanung

Triathlontraining, das durch Monotonie in der Intensität und im Umfang gekennzeichnet ist, ermöglicht dem Athleten keine wesentlichen Leistungssteigerungen. Dagegen verzeichnen Athleten, die das Jahr in Zeiträumen mit unterschiedlichen Trainingsumfängen und -intensitäten unterteilen, wesentliche Leistungssteigerungen. Ein systematischer Jahresaufbau beinhaltet drei unterschiedlich lange Zeiträume:
- Vorbereitungszeitraum
- Wettkampfzeitraum
- Übergangszeitraum

Die einzelnen Zeiträume sind für unterschiedlich ambitionierte Triathleten auch unterschiedlich lang.

Anfängern ist folgende zeitliche Aufteilung zu empfehlen:

Vorbereitungszeitraum:	Februar - Mai	4 Monate
Wettbewerbszeitraum:	Juni - September	4 Monate
Übergangszeitraum:	Oktober - Januar	4 Monate

Wettkampfsportlern ist folgendes zu empfehlen:

Vorbereitungszeitraum:	Februar - Mai	4 Monate
Wettkampfzeitraum:	Juni - Oktober	5 Monate
Übergangszeitraum:	November - Januar	3 Monate

Leistungssportlern ist folgendes zu empfehlen:

Vorbereitungszeitraum:	Januar - Mai	5 Monate
Wettkampfzeitraum:	Juni - Oktober	5 Monate
Übergangszeitraum:	Nov. - Dez.	2 Monate.

Seniorensportler, die insgesamt eine längere Regeneration als jüngere Athleten benötigen, sollen pro Lebensjahrzehnt einen Monat für den Übergangszeitraum ansetzen. Durch diesen längeren Übergangszeitraum erhält man sich auch leichter die Motivation für die nächsten Sportlerjahre. Zum Glück ist ja der Ausdauersport die Sportart, die jeder gesunde Mensch bis ins hohe Alter aktiv ausüben kann, dies gilt insbesondere für den Triathlon.

Ich habe immer noch die Bilder von der Siegerehrung der WM Muskoka, Kanada vom September 92 vor Augen. In der M70 stiegen drei amerikanische Triathleten auf das Podest mit einem Elan, den ich mir heute bei vielen 20jährigen wünschen würde.

Eine andere Möglichkeit ist es, nach einigen intensiven Jahren ein sogenanntes aktives Ruhejahr einzulegen.

Vorbereitungszeitraum

Der erste Abschnitt des Vorbereitungsraumes dient der Schaffung der Grundlagenausdauer. Diese bildet die Basis für das intensive Training im zweiten Abschnitt und dem Wettkampfzeitraum. Bei geringer bis mittlerer Belastungsintensität wird der Umfang systematisch gesteigert. Trotz allem muß auf die angesprochene Erholung und Regeneration geachtet werden. Trainiert wird überwiegend nach der Dauermethode. Aufgrund der Witterungsbedingungen wird überwiegend Laufen und Schwimmen trainiert. Skilanglauf und Radfahren auf der Rolle verbessern ebenfalls die Grundlagenausdauer.

Die allgemeine Kondition kann in diesen Monaten ebenso durch Kraftausdauertraining verbessert werden.

Aufgrund der bei uns herrschenden Witterung empfiehlt es sich für ambitionierte Triathleten, das Winter-Frühjahrstraining in sogenannten Blöcken zu unterteilen. Dieses Blocktraining kann wie folgt aussehen: Januar Schwimmonat, Februar Laufmonat, März Radmonat. Denkbar ist es auch, alles um einen Monat zu verschieben, oder den Lauf- und Schwimmonat auszutauschen. Näheres dazu bei den Trainingsempfehlungen.

Eine Bemerkung vorweg noch zum Training in der schwächsten Disziplin. Diese ist bevorzugt zu trainieren, gerade im Vorbereitungszeitraum. Nur hat die Sache zumeist einen Haken: Diese Disziplin macht in der Regel am wenigsten Spaß. Dagegen gibt es ein einfaches Rezept:

Trainiere die schwächste Disziplin unbedingt in einer geeigneten Gruppe. Hier überwindet man die Anfangsschwierigkeiten leichter, weil die Motivation in der Gruppe größer ist und man selbst durch lockere Gespräche von der eigenen Unlust abgelenkt wird. Sobald man jedoch einen gewissen Standard in seiner schwächsten Disziplin erreicht hat, beginnt die Sache echt Spaß zu machen.

Die größten Aussichten auf den angesprochenen Erfolg hat man, wenn die schwächste Disziplin mindestens 3mal wöchentlich trainiert wird.

Der zweite Abschnitt des Vorbereitungszeitraumes (6-8 Wochen) wird gekennzeichnet durch Reduzierung des Umfanges und Steigerung der Intensität. Intervalltraining, beim Laufen auch das Fahrtspiel oder vereinzelte Volksläufe kommen als neue Trainingsvarianten dazu. Beim Radfahren darf man in der Gruppe auch schon mal die ein oder andere „Ortsschildwertung" ausfahren.

Kurztriathleten üben auch den Trikotwechsel. Kombinationstraining, vor allem der Wechsel Rad-Laufen wird ab April mit ins Trainingsprogramm übernommen. Damit sollen die Übergänge im Wettbewerb besser verkraftet werden.

Mögliche Varianten beim Kombinationstraining Rad-Laufen:
- kurze, flotte Radeinheit + langer, lockerer Lauf,
- lange, lockere Radeinheit + kurzer, flotter Lauf,
- kurze, flotte Radeinheit + kurzer, flotter Lauf.

Wichtig in dem gesamten Vorbereitungszeitraum ist der Wechsel zwischen Wochen mit normaler, harter und regenerativer Belastung (s. Trainingsformen).

Während des gesamten Vorbereitungszeitraumes ist einmal pro Woche ein Training mit überlanger Dauer, jedoch mit geringer Intensität, durchzuführen. Dieses gilt nicht unbedingt für Anfänger.

Infrage kommt ein langer Lauf oder eine Radeinheit über mehrere Stunden. Hier soll besonders die für Ausdauersportler so wichtige Fettverbrennung trainiert werden,

z.B. Kurztriathlon: 20 km Laufen oder 80 km Radfahren,
Mitteltriathlon: 25 km Laufen oder 100 km Radfahren,
Ultratriathlon: 28-30 km Laufen oder 130-150 km Radfahren.

Wettkampfzeitraum

Der Wettkampfzeitraum oder Wettbewerbszeitraum umfaßt bei ambitionierten Triathleten 4 bis 5 Monate im Jahr. Er beginnt Ende Mai mit den ersten Freibadtriathlon-Veranstaltungen und erstreckt sich bis in den September. Für die, die das große Ziel Hawaii angehen bis in den Oktober. Kein Triathlet kann während dieser gesamten Zeit in Hochform sein. Demnach ist es ratsam sich zwei oder maximal drei Triathlon-Höhepunkte zu setzen.

In dem ersten Abschnitt dieser Phase werden Aufbauwettbewerbe bestritten. Diese geben dem Athleten die Möglichkeit neben der Form, dem Material auch noch verschiedene Taktiken und Ernährungsgewohnheiten auszuprobieren. Zwischen den ersten Test-Triathlons wird teilweise noch intensiv trainiert, mit Ausnahme der letzten drei Tage. Harte Trainingseinheiten wechseln mit lockeren, harte Wochen mit normalen und lockeren oder regenerativen Wochen. Nach jedem Wettbewerb ist auf ausreichende Regeneration zu achten. Diese ist natürlich abhängig von der Triathlonlänge, vom Trainingszustand und vom Wettbewerbsalter.

Athleten mit einem sehr guten Trainingszustand regenerieren schneller als andere. Jüngere Athleten regenerieren ebenfalls schneller als ältere. Mitentscheidend ist auch die Wettkampfintensität. War diese anstatt der üblichen 100 % nur etwa 90 %, so ist die Erholungszeit deutlich kürzer.

Die Regeneration nach einem Kurztriathlon für gut ausdauertrainierte Athleten-etwa eine Woche. Hiernach kann wieder normal trainiert werden, noch nicht hart. Das gilt jedoch keineswegs für Anfänger. Bei einem Mitteltriathlon sind zwei bis drei Wochen Regeneration erforderlich, bei einem Ultratriathlon gar drei bis vier Wochen. In dieser Zeit sollte selbstverständlich nicht an weiteren Wettbewerben teilgenommen werden.

Obwohl ich diesen Sachverhalt kenne, habe ich persönlich in dieser Hinsicht auch schon „gesündigt".

Die Anzahl der jährlichen Wettbewerbe richtet sich in erster Linie nach der Streckenlänge. Aber ebenso nach Trainingszustand, Alter und Einstellung. Mit der Einstellung meine ich folgendes: Es gibt eine Reihe von Triathleten, die bestreiten Wettbewerbe absolut locker und man merkt ihnen regelrecht die Freude am Triathlon an. Dazu gehört auch, einfach Freude daran zu haben, sich mit anderen im fairen Wettstreit zu messen, sie nicht zu bekämpfen. Andere Athleten sind dagegen sehr verbissen, glauben, daß der Triathlon das Wichtigste auf der Welt sei und setzen sich psychisch ungeheuer unter Druck. Sie verkennen völlig, daß unser Sport doch Spaß machen soll.

Hat man im Laufe der Saison seine Form gefunden und diese im Wettbewerb bestätigt, so wird zwischen den weiteren Triathlonteilnahmen weitgehend locker trainiert. Der Trainingsumfang sinkt.

Übergangszeitraum

Die wirklich ruhigen Monate für einen Triathleten beginnen unmittelbar nach dem letzten Saisonwettbewerb. Da dieser Triathlon zumeist auch den letzten Saisonhöhepunkt darstellt, ist jetzt die „Luft heraus". Jeder Triathlet freut sich auf die nächsten lockeren Trainingsmonate. In dieser Übergangszeit sollte keiner auf die Idee kommen und noch schnell die beginnende Cross-Saison im Laufen anzuhängen. Vielleicht geht solch ein Unterfangen ein oder zwei Jahre gut. Irgendwann holt sich jedoch der Körper seine Ruhephasen in Form von oft langwierigen Verletzungen.

Der Triathlet braucht ganz einfach nach Abschluß einer kräftezehrenden Saison seine große Regeneration. Nun bleibt Zeit und Muße sich um Hobbys zu kümmern, die im Laufe der Jahre aus zeitlichen Gründen zu kurz gekommen sind. Zu diesen Hobbys sollten vornehmlich die zwischenmenschlichen Beziehungen gehören, also verstärkter Kontakt zu Freunden, Bekannten und selbstverständlich der eigenen Familie.

Der Übergangszeitraum ist bei unterschiedlich ambitionierten Triathleten verschieden lang. Anfänger und Senioren sollten sich eine längere „Auszeit" gönnen als junge, professionell trainierende Athleten.

Kurz, der Triathlet sollte sich während dieser Zeit sowohl physisch als auch psychisch erholen und dadurch neue Kräfte und Motivation für die nächste Saison sammeln. Der Faktor der Motivation wird sehr häufig unterschätzt. Wer nicht motiviert ist, kann nicht leistungsfähig sein. Die Motivation ist eine der Voraussetzungen, um erfolgreich Triathlon zu betreiben. Sie schafft die Bereitschaft für das systematische Training.

Trainiert wird spielerisch locker und auch vom Umfang her minimal. Einige Kilogramm Winterspeck sind bei vielen Triathleten das äußere (richtige) Zeichen für eine gute Regeneration. Selbstverständlich ist die umfangreiche Ernährung aus der Saisonvorbereitungszeit ebenfalls zu reduzieren, da auch der Bedarf an täglicher Energie stark zurückgeht. Nicht unterlassen sollte man eine kritische Nachbetrachtung der gesamten Saison. Fragen wie: War die Vorbereitung richtig, die Saisonhöhepunkte richtig gesetzt, die Triathlonergebnisse meinen Möglichkeiten angemessen, das Training vom Umfang und der Intensität her richtig, ist mir die Dreiteilung von Beruf, Privatleben und Sport angemessen gelungen, usw. Fragen über Fragen, die selbstkritisch zu beantworten sind.

Nicht zu vergessen die alles überragende Frage: Standen Aufwand und Nutzen für mich persönlich im richtigen Verhältnis?

Um diese hoffentlich ehrlichen Antworten nicht zu vergessen, sollten diese schriftlich im Trainingsbuch festgehalten werden.

Ohne tägliche Trainingsaufzeichnungen sind die genannten Fragen nicht zu beantworten.

Trainings- und Wettkampftips

Schwimmen

Die technisch aufwendigste Disziplin des Triathlons ist das Schwimmen. Ein Schwimmer mit guter Technik verbraucht wesentlich weniger Energie als einer, der vorwiegend mit Kraft schwimmt. Das Techniktraining sollte, wenn eben möglich, unter Anleitung eines Schwimmtrainers nach dem Aufwärmen in ausgeruhtem Zustand erfolgen. Steht kein Trainer zur Verfügung, so sollte aus den Reihen der Triathleten ein geeigneter Mann das Training von außen beobachten und erforderliche Korrekturen veranlassen.

Da heute beim Triathlon fast ausschließlich das Kraulschwimmen betrieben wird, gehe ich im folgenden näher auf die Grundtechnik des Kraulens ein. Wie die Umstellung vom Brustschwimmen zum Kraulen erfolgreich durchgeführt werden kann, habe ich ausführlich bereits im „Handbuch für Triathlon" auf den Seiten 45 bis 55 beschrieben. Ebenso über die Vor- und Nachteile des Kraulschwimmens. Daher sollen an dieser Stelle Punkte genannt werden, auf die jeder Triathlet achten sollte und die ständig einer Überprüfung bedürfen. Dies sind:

- den Körper lang machen, d.h. möglichst hoch und waagerecht im Wasser liegen,
- Bauch einziehen;
- Gesicht bis zur Stirn ins Wasser eintauchen;
- mit hohem Ellenbogen schwimmen;
- Hand knapp über dem Wasser nach vorne führen und diese leicht nach außen drehen;
- Überwasserbewegung muß entspannt und locker sein;
- Fingerspitzen tauchen zuerst ein, etwas außerhalb der Körperachse; der Arm ist dabei gestreckt;
- Handabdruckfläche soll stets maximal sein;
- die Schulter des Zugarmes geht tiefer ins Wasser und bewirkt eine Verstärkung des Druckes;
- der Armzug soll nach dem Wasser „fassen" langsam in umgekehrter S-Form beginnen und immer schneller werden;
- die Bewegung wird von der Hand geführt, der Ellbogen bleibt „stehen", er darf nicht nach hinten ausweichen;
- in Höhe des Schultergelenkes setzt die Druckphase ein;
- am Ende des Armzuges drückt die Hand noch auf Hüfthöhe nach hinten;
- Arm sollte im Idealfall fast gestreckt sein: Daumen-Mitte-Oberschenkel;
- man sollte nur ruhiges, stehendes Wasser fassen, d.h. man zieht sich praktisch am Wasser entlang und drückt sich zum Schluß von ihm ab;
- der Kopf wird nur zur Seite gedreht; er soll nicht von der Körperachse weggedreht werden;
- wird der Kopf zu hoch gehalten, sinken die Hüfte und die Beine entsprechend tiefer und bieten somit einen höheren Widerstand;
- im Freigewässer deshalb nur nach jedem 5-10 Zug einen kurzen Blick auf das fixierte Ziel werfen;
- Beinschlag beim Triathlon nur als Stabilisator einsetzen; daher die Füße überstrecken und die großen Zehen leicht nach innen drehen;
- Dreieratmung verbessert die Wasserlage.

Wer keinen Schwimmtrainer zur Verfügung hat, dem bleiben folgende Möglichkeiten, seine Schwimmtechnik kontrollieren zu lassen:

Wechselweise stellt sich einer aus der Trainingsgruppe für einige Zeit an den Beckenrand und kontrolliert und korrigiert seine Mitschwimmer.

Unter Sportskollegen sollte man auch die Möglichkeit nutzen bei Unterwasserbeobachtungen mögliche Fehler dem anderen mitzuteilen.

Letztlich bleibt uns Triathleten die Möglichkeit sehr gute Schwimmer beim Training zu beobachten, sich diese eventuell perfekte Kraultechnik einzuprägen, um sie später im eigenen Training zu visualisieren. Das heißt; den perfekten - soweit es das überhaupt gibt - Schwimmstil vor dem inneren Auge ablaufen zu lassen, um es dann auf die eigenen tatsächlichen Bewegungen zu übertragen.

Eine weitere Methode ist das Üben der Bewegungsabläufe vor dem Spiegel. Erfahrungen von Trainern haben gezeigt, daß Schwimmer vor dem Spiegel die gleichen Fehler machen wie im Wasser. Hier vor dem Spiegel kann man auch Techniktraining betreiben und selbst kontrollieren, ob sich z.B. die Hand unter der Körperlängsachse befindet oder der Ellbogen vorne stehenbleibt, oder die Druckphase bis zur Streckung der Arme durchgeführt wird.

Letztlich gibt es in unserer hochtechnisierten Welt auch noch die Videokamera. Nachdem einige Bahnen per Video von einem Außenstehenden aufgenommen worden sind, gilt es sich diese Aufnahmen noch in derselben Trainingseinheit auf einem Bildschirm anzuschauen.

So kann man sich selbst kritisieren und, was besonders wichtig ist, sofort verbessern. Fehler muß man unmittelbar nach Erkennen ausmerzen sonst schleifen sie sich immer tiefer ein.

Wer richtig schwimmt, kommt vor allem mit guten Pulswerten aus dem Wasser und kann in den darauffolgenden Disziplinen seine Chancen voll ausspielen.

Durch folgende Rechnungen wird jedem Triathleten klar, warum es sich lohnt, ständig an seiner Technik zu feilen, um möglichst wie ein Delphin durchs Wasser zu gleiten.

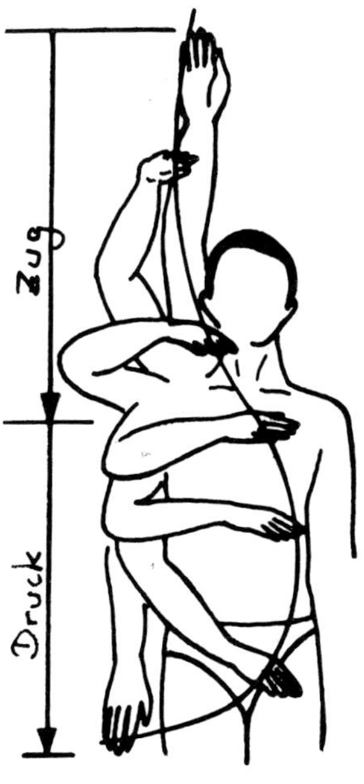

Süßwasser besitzt eine Dichte von 1,00 kg je Liter, der Mensch nach dem Ausatmen eine Dichte von 1,05. Durch das Einatmen vergrößert sich sein Volumen bei gleichem Gewicht, so daß die Dichte dann nur noch ca. 0,97 beträgt. In dieser Phase kann ein Mensch nicht untergehen, es sei denn größere Teile wie Kopf und Schultern liegen oberhalb des Wassers. Der Auftrieb im Wasser ist bekanntlich am größten, wenn sich alle Körperteile im Wasser befinden. Ein Mensch mit relativ viel Körperfett besitzt eine kleinere Dichte als ein schlanker, sehniger. Fett hat nun einmal eine kleinere Dichte als Muskelgewebe.

Bei meinen 1,87 m und 77 kg (im Sommer) habe ich persönlich auf 1500 m 802 Körperlängen zurückzulegen, bei 3860 m gar 2064.

Mit jeder Körperlänge muß ich also 77 kg Wasser beiseite schieben.

Die richtige Armbewegung von unten betrachtet

Auf 1500 m ergeben sich dabei Wassermassen von 77 kg x 802 = 61754 kg, also knapp 62 Tonnen.

Auf 3860 m sind das 77 kg x 2064 = 158928 kg = 158,928 Tonnen.

Also, knapp 62 Tonnen auf einer Kurzstrecke und 159 Tonnen auf der Ultrastrecke. Ist es nach diesen Zahlen noch ein Wunder, daß Schwimmen so eine langsame Fortbewegungsart ist?

Die Berechnungen für die als Schwimmer aufzubringende Kraft sieht dagegen etwas anders aus. Hierbei müßten die Reibungs-, Frontal- und Wirbelwiderstände noch mitangesetzt werden.

Die kleine Spielerei mit Zahlen über die vom Schwimmer zu verschiebenden Wassermassen soll verdeutlichen, wie wichtig es ist, den Frontalwiderstand durch eine gute Wasserlage möglichst gering zu halten. Tiefes Absinken des Unterkörpers durch zu hohe Kopfhaltung und ein seitliches Abknicken der Hüften vergrößern den Frontalwiderstand und verringern damit die Geschwindigkeit im Wasser.

Schwimmtraining

Die erste Disziplin im Triathlon, das Schwimmen, ist für viele Triathleten oft die ungeliebte Sportart. Daher wird sie häufig trainingsmäßg stiefmütterlich behandelt. Ich selbst gehöre leider auch zu dieser Kategorie von Triathleten. Anstatt der 7 km pro Woche, bringe ich es gerade auf die Hälfte im Jahresdurchschnitt. Habe aber für die nächste Saison Besserung gelobt, weil mir die Vorteile des Schwimmens beim Schreiben dieses Buches wieder richtig deutlich geworden sind. Leider klafft häufiger zwischen dem Wissen und dem Tun einer Sache eine Lücke.

Nicht von ungefähr schwimmen Top-Leute wie Kalli Nottrodt u.a. 15-20 km in der Woche.

Die Vorteile eines umfangreichen Schwimmtrainings:

- Verletzungsgefahr durch Überlastung der Gelenke, Bänder und Sehnen ist deutlich geringer als beim Radfahren und vor allem beim Laufen.
- Kurzzeitige anaerobe Belastung im Wasser verschiebt die aerob-anaerobe Schwelle weiter in den oberen Pulsbereich und ermöglicht dem Körper auf dem Rad oder beim Laufen eine höhere Leistungsfähigkeit.
- Neben der Möglichkeit die Technik zu verbessern und schnellere Schwimmzeiten zu erzielen, führt umfangreiches Schwimmtraining dazu jede Schwimmstrecke im Triathlon als Leichtigkeit anzusehen und dann mit Volldampf auf die Rad- und Laufstrecke zu gehen.
- Beim Schwimmen ist also nicht nur die Frage wichtig: „Wann komme ich aus dem Wasser?“, sondern auch „Wie komme ich aus dem Wasser?“

Nicht verkennen darf man bei all den guten Tips und Ratschlägen, daß es für viele Athleten sehr zeitaufwendig ist ein geeignetes Schwimmbad, das eventuell 20 und mehr Kilometer vom Wohnort entfernt liegt, regelmäßig in der Woche aufzusuchen. Aufgrund ungünstiger Arbeits- und Öffnungszeiten ist oft nur schwimmen in überfüllten Bädern möglich. Bei Athleten, die solch ungünstige Bedingungen vorfinden, ist es verständlich, wenn diese sagen:

„Ich trainiere im Schwimmen nur das Notwendigste und konzentriere mich mehr auf das Lauf- und Radtraining."

Dieses häufig ungünstige Umfeld widerspricht aber in keiner Weise den Vorteilen eines umfangreichen Schwimmtrainings. Sie sind halt Realität und jeder Athlet hat leider, oder als Trost für alle Triathleten, Gott sei Dank, mit irgendwelchen ungünstigen Bedingungen in seinem Umfeld zu kämpfen.

Welche Schwimmöglichkeiten sollte der Triathlet nutzen?

- Trainingsgruppen im Schwimm- oder Triathlonverein.
- Die frühen Morgenstunden. Viele Bäder haben bereits ab 6 Uhr geöffnet, zudem wird zu dieser Zeit in der Regel sehr diszipliniert geschwommen.
- Abendstunden ab 19 Uhr.
- Im Sommer bieten sich vielfach Seen an. Aus Sicherheitsgründen stets zu zweit oder dritt schwimmen. Anfänger, die sich im Freigewässer unsicher fühlen oder gar Angst haben, sollten im Freibad ihr Training absolvieren. Um diese Ängste im Freiwasser abzubauen eignet sich häufiges Schwimmen im Nichtschwimmerbereich oder ruhiges „Baden" in Begleitung eines Schlauchbootes bzw. Luftmatratze.

Der leistungsorientierte Triathlet sollte den Kraulstil beherrschen. Die Vorteile sind vielfältig:

- Schnellste Schwimmart.
- Sicherste Schwimmart beim Massenstart, da der Platzbedarf geringer als beim Brustschwimmen ist.
- Schonung der Beinmuskulatur für das Radfahren und Laufen.

Als Nachteil kann man eine nicht so optimale Orientierung anbringen.
Zum Umstellen vom Brust- zum Kraulstil bietet sich der Übergangszeitraum oder ein Sommerurlaub an einem Badesee an.

In einem Freibad hat man die Möglichkeit seinen Armzug selbst zu beobachten.

Weitere Tips und Hinweise zum Schwimmtraining

Das Einüben des Dreierzuges ist ebenfalls in der wettbewerbsfreien Zeit ratsam. Der Dreierzug, d.h. nach jedem 3. Atemzug wird abwechselnd nach rechts und nach links geatmet. Auch an diese effektivere Schwimmtechnik kann man sich in den Wintermonaten jenseits allen Leistungsdrucks gewöhnen. Die Voraussetzung dafür ist ein sehr kräftiges und gleichmäßiges Ausatmen unter Wasser während der Tauchphase. Der Dreierzug bringt Vorteile in der besseren Orientierung und in einer günstigeren Wasserlage. Beim Erlernen sollte ohne Uhr und ohne jeglichen Druck geschwommen werden, allerdings schon zügig um nicht in der Hüfte abzuknicken oder sich hängenzulassen.

Denke daran: Das Autofahren erlernt man auch nicht bei Tempo 130!

Generell gilt folgendes für die ganze Saison:

- Die Effektivität des Armzuges kann durch einfaches Zählen der Schwimmzüge pro Bahn kontrolliert werden.
- Nie gegen das Wasser arbeiten, sondern mit ihm.
- Möglichst Schwimmpartner suchen die gleich schnell sind.
- Zur Kontrolle der eigenen Technik auch mal einige Bahnen im Vierer- und Fünfer-Zug zurücklegen. Diese Atemübungen sind wichtig und erleichtern den Dreier-Zug. Kontrolle des eigenen Armzuges unter Wasser.
- Ob bei Sprints, lockerem Dauerschwimmen oder baden, stets auf optimale Technik achten.
- Schwimmpaddels geben im Training ein gutes Gefühl für eine saubere Zug- und Druckphase.
- Beim Schwimmen versuchen, stets locker zu bleiben. Auch mal bewußt lockere Bahnen ziehen. Oft sind diese gar nicht so langsam.
- Stets abwechslungsreich trainieren, d.h. innerhalb einer Woche nie zweimal die gleichen Intervalle schwimmen.
- Niemals in einen einheitlichen Trott verfallen. Wer immer die gleichen Streckenlängen mit derselben Geschwindigkeit absolviert, wird nie schneller.
- Aufwärm- oder Ausschwimmübungen eignen sich gut für spezielle Armzug-Übungen.
- Ein- und Ausschwimmen mit Lagenwechsel.
- Kurz vor dem Ausschwimmen 1 x 50 m als Trainingswettbewerb einlegen.
- Mindestens jede zweite Woche eine lange Ausdauereinheit einlegen, z.B. 1500 m, 2000 m, 2 x 1000 m, 3 x 1000 m. Entweder wie im Triathlon mit möglichst

gleichmäßigem Tempo, oder jeweils die erste Hälfte einer Bahn verstärkt kraftvoll, die zweite Hälfte dagegen ruhiger und länger ziehen. Ein Fahrtspiel im Wasser über Frequenzänderungen.
- Schwimmen, wenn eben möglich, in der Gruppe trainieren. Stets allein schwimmen kann mittel- und langfristig demotivieren.
- Freiwasserschwimmen nutzen für ruhiges Ausdauerschwimmen, nie alleine draußen schwimmen. Intervalle durch Zählen der Armzüge, z.B. 50 Züge flott, 25 Züge locker.
- Neoprenanzüge nur bei kühler Wassertemperatur und ein paar Mal vor Wettbewerben im Training tragen. Ständiges Trainieren im Neoprenanzug verschlechtert die Schwimmzeiten beim Triathlon, da die Trainingseffektivität nicht hoch genug ist.

Trainingsvorschläge:

Generell gilt: Stretching + 300 m ein + Training + 200 m aus + Dehnung.
Intervalle: 8 x 200 m Wechsel sehr flott/ruhig
5 x 100 m je 30 Sek. Pause + 500 m auf Zeit + 5 x 100 m
Pyramidenschwimmen mit je 30 Sek. Pause
50/100/150/200/250/200/150/100/50 m
3-4 x 500 m locker und sehr flott im Wechsel
200, 300, 500, 300, 200 m je 30-60 Sek. Pause
Dazu: Technik mit Pull buoys, Brett, Paddels
Test zur Formüberprüfung: jeden Monat 1x
30 Minuten für Anfänger, 60 Minuten für gut trainierte Athleten
Dieses Dauerschwimmen sollte mit maximaler Intensität ohne Unterbrechung durchgeführt werden. Als Gruppentraining besonders wegen der größeren Motivation zu empfehlen.
Dauerschwimmen: Beginn und Ende wie oben:
2000m, 2x1000m, 4x500m, 1500m, 3000m
Im See: Beginn und Ende wie oben:
Dauerschwimmen,
100 Züge flott, 100 Züge locker, ...
200 Züge flott, 100 Züge locker,
1 x Seebreite sehr flott, 1 x Seelänge locker,

Spezielle Wettkampftips zum Schwimmen
- Sehr rechtzeitig anreisen.
- Längere Zeit vor dem Start den Startplatz genau begutachten.
- Verlauf der Schwimmstrecke rechtzeitig klären. Welche Bojen sind wie zu umschwimmen?
- 10 Minuten vor dem Start einschwimmen.

- Orientierungshilfen (Bojen, Gebäude, Türme, Bäume im Hintergrund und ähnliches) rechtzeitig ausfindig machen.
- Realistische Einordnung in das Starterfeld.
- Möglichst schnell versuchen, eine gute Schwimmposition zu erreichen - eine Position, in der man relativ ungehindert schwimmen kann. Ich persönlich nehme dafür längere Wege in Kauf.
- Seinen eigenen Schwimmrhythmus suchen.
- Nicht in Schulterhöhe anderer Athleten schwimmen, da das aufgewühlte Wasser während der Atmungsphase leicht in den Mund geraten kann. Besser ist in Hüfthöhe des anderen zu schwimmen. Es unterstützt ein optimales Gleiten im Wasser.
- Eigene Orientierungspunkte anpeilen. Sich nicht nur auf Vordermann verlassen.
- Alle 5-10 Doppel-Dreierzüge sich kurz orientieren.
- Sich auch auf die eigene Technik konzentrieren.

TEMPO-TABELLE SCHWIMMEN

Distanz	100m-Schnitt 1:10	1:15	1:20	1:25	1:30	1:35	1:40	1:45
200 m	0:02:20	0:02:30	0:02:40	0:02:50	0:03:00	0:03:10	0:03:20	0:03:30
400 m	0:04:40	0:05:00	0:05:20	0:05:40	0:06:00	0:06:20	0:06:40	0:07:00
600 m	0:07:00	0:07:30	0:08:00	0:08:30	0:09:00	0:09:30	0:10:00	0:10:30
800 m	0:09:20	0:10:30	0:10:40	0:11:20	0:12:00	0:12:40	0:13:20	0:14:00
1000 m	0:11:40	0:12:30	0:13:20	0:14:10	0:15:00	0:15:50	0:16:40	0:17:30
1200 m	0:14:00	0:15:00	0:16:00	0:17:00	0:18:00	0:19:00	0:20:00	0:21:00
1400 m	0:16:20	0:17:30	0:18:40	0:19:50	0:21:00	0:22:10	0:23:00	0:24:30
1600 m	0:18:40	0:20:00	0:21:20	0:22:40	0:24:00	0:25:20	0:26:40	0:28:00
1800 m	0:21:00	0:22:30	0:24:00	0:25:30	0:27:00	0:28:30	0:30:00	0:31:30
2000 m	0:23:20	0:25:00	0:26:40	0:28:20	0:30:00	0:31:40	0:33:20	0:35:00
2200 m	0:25:40	0:27:30	0:29:20	0:31:10	0:33:00	0:34:50	0:36:40	0:38:30
2400 m	0:28:00	0:30:00	0:32:00	0:34:00	0:36:00	0:38:00	0:40:00	0:42:00
2600 m	0:30:20	0:32:30	0:34:40	0:36:50	0:39:00	0:41:10	0:43:20	0:45:30
2800 m	0:32:40	0:35:00	0:37:20	0:39:40	0:42:00	0:44:20	0:46:20	0:49:00
3000 m	0:35:00	0:37:30	0:40:00	0:42:30	0:45:00	0:47:30	0:50:00	0:52:30
3200 m	0:37:20	0:40:00	0:42:40	0:45:20	0:48:00	0:50:40	0:53:20	0:56:00
3400 m	0:39:40	0:42:30	0:45:20	0:48:10	0:51:00	0:53:50	0:56:40	0:59:30
3600 m	0:42:00	0:45:00	0:48:00	0:51:00	0:54:00	0:57:40	1:00:00	1:03:00
3800 m	0:44:20	0:47:30	0:50:40	0:52:50	0:57:00	1:01:10	1:03:20	1:06:30
4000 m	0:46:40	0:50:00	0:53:20	0:55:40	1:00:00	1:04:20	1:06:40	1:10:00

Distanz	100m-Schnitt 1:50	1:55	2:00	2:05	2:10	2:15	2:20
200 m	0:03:40	0:03:50	0:04:00	0:40:10	0:04:20	0:04:30	0:04:40
400 m	0:07:20	0:07:40	0:08:00	0:80:20	0:08:40	0:09:00	0:09:20
600 m	0:11:00	0:11:30	0:12:00	0:12:30	0:13:00	0:13:30	0:14:00
800 m	0:14:40	0:15:20	0:16:00	0:16:40	0:17:20	0:18:00	0:18:40
1000 m	0:18:20	0:19:10	0:20:00	0:20:50	0:21:40	0:22:30	0:23:20
1200 m	0:22:00	0:23:00	0:24:00	0:25:00	0:26:00	0:27:00	0:28:00
1400 m	0:25:40	0:26:20	0:28:00	0:29:10	0:30:20	0:31:30	0:32:40
1600 m	0:29:20	0:30:40	0:32:00	0:33:20	0:34:40	0:36:00	0:37:20
1800 m	0:33:00	0:34:20	0:36:00	0:37:30	0:39:00	0:40:30	0:42:00
2000 m	0:36:40	0:38:20	0:40:00	0:41:40	0:43:20	0:45:30	0:46:40
2200 m	0:40:20	0:42:10	0:44:00	0:45:50	0:47:40	0:49:30	0:51:20
2400 m	0:44:00	0:46:00	0:48:00	0:50:00	0:52:00	0:54:00	0:56:00
2600 m	0:47:40	0:49:50	0:52:00	0:54:10	0:56:20	0:58:30	1:00:40
2800 m	0:51:20	0:53:40	0:56:00	0:57:20	1:00:40	1:03:00	1:05:20
3000 m	0:55:00	0:57:30	1:00:00	1:01:30	1:05:00	1:07:30	1:10:00
3200 m	0:58:40	1:01:20	1:04:00	1:05:40	1:09:20	1:12:00	1:14:40
3400 m	1:02:20	1:05:10	1:08:00	1:09:50	1:13:40	1:16:30	1:19:20
3600 m	1:06:00	1:09:00	1:12:00	1:14:00	1:18:00	1:21:00	1:24:00
3800 m	1:09:40	1:12:50	1:16:00	1:18:10	1:22:20	1:25:30	1:28:40
4000 m	1:13:20	1:46:40	1:20:00	1:22:20	1:26:40	1:30:00	1:33:20

Radfahren

Das Radfahren nimmt bei jeder Triathlondistanz den größten Teil der Gesamtzeit in Anspruch. Gleiches gilt für das regelmäßig durchzuführende Radtraining. Daher sollte sich jeder fragen: „Gibt es für mich Gelegenheiten, einen Teil meines zeitraubenden Radtrainings auf dem täglichen Weg zur Arbeitsstelle zu vollziehen?" Nachmittags oder abends kann man den Heimweg beliebig verlängern und somit einiges an Zeit gewinnen.

Beim Radfahren wird der größte Teil des Körpergewichtes vom Gesäß getragen. Dadurch ist die Belastung des Halte- und Stützapparates gering. Selbst beim Wiegetritt ist die orthopädische Belastung deutlich geringer als beim Laufen. Aus den zuvor genannten Gründen läßt sich aktives Erholungstraining auf dem Rennrad praktizieren. Gleiches gilt ebenfalls für das Schwimmen.

Regeneratives Training, nach Wettbewerben oder harten Trainingseinheiten, sollte höchstens 45-60 Minuten dauern. Dabei wird nur ganz locker und leicht gekurbelt.

Aufgrund der geringen orthopädischen Belastung des Körpers ermöglicht das Radfahren besonders lange Trainingseinheiten. Entscheidend ist dies für Triathleten, die die Ultradistanz in ihrem Programm haben. Wird ein Körper immer nur ein bis zwei Stunden gefordert, so wird er große Probleme haben eine Belastung über neun, zehn, elf, zwölf oder mehr Stunden zu erbringen. Gerade das Radfahren eignet sich wie keine andere Sportart zum Training des Fettstoffwechsels.

In der Regel sind die Glykogenvorräte nach zweieinhalb bis drei Stunden so weit geleert, daß die Energiegewinnung überwiegend auf Fettverbrennung umgestellt werden muß. Dieser biologische Vorgang bereitet den Athleten mehr oder weniger große Probleme. Triathleten, die im Training häufiger diese Schwelle durchbrechen, verspüren im Wettkampf kaum noch die Umstellung von Glykogen- auf Fettverbrennung.

Fettstoffwechseltraining

Der Fettstoffwechsel ist besonders für Mittel- und Ultratriathleten von großer Wichtigkeit, da die Energie aus den Glykogenvorräten nur ca. 24oo kcal beträgt. Der Fettstoffwechsel stellt Energie für die sportliche Bewegung aus der Fettverbrennung zur Verfügung. Diese wird benötigt, wenn die Glykogenvorräte nicht ausreichen. Mit den Fettreserven im Körper steht uns Menschen ein riesiges Potential zur Verfügung. Bei meinem Körpergewicht von 78 kg im Sommer und einem Fettgehalt von 14,5% (ärztlich meßbar) sind das 11,31 kg Fett. 1 kg Fett liefert eine Energie von 9000 kcal. Demnach stehen mir theoretisch aus der Fettverbrennung 11,31 x 9000 = 101.790 kcal an Energie zur Verfügung.

Bei einen Energieverbrauch im Triathlon von maximal 1000 kcal pro Stunde sind theoretisch mehr als 100 Stunden Bewegung möglich. Bei Wettbewerben, die über die „einfache" Ultradistanz hinausgehen, sinkt natürlich der Energieverbrauch pro Stunde beträchtlich. Zudem sind solche Distanzen in erster Linie kein energetisches Problem.

Die Fette verbrennen allerdings nur im Feuer der Kohlenhydrate. Das bedeutet; die Glykogen- und die Fettverbrennung verlaufen bei bestimmten Intensitäten parallel.

Deshalb ist für den Triathleten zu beachten, daß der Fettstoffwechsel nur bei langsamer und mittlerer Intensität erfolgt. Bei dieser relativ geringen Belastung läuft der Fettstoffwechsel unter Mithilfe der Enzyme oder Fermente nur in den Muskelfasern ab, die bei langsamen bis mittleren Belastungen aktiv sind (ST- und FTO-Ausdauerfasern).

Also, je mehr die Muskeln in Richtung aerober Ausdauer trainiert werden, desto größer ist die lokale Energiereserve aufgrund des Fettstoffwechsels. Wird mit höherer Intensität trainiert, so werden die falschen Muskelfasern (Schnelligkeitsfasern FTG) und die falschen Stoffwechselwege (Kohlenhydratstoffwechsel) trainiert. Der Kohlenhydratstoffwechsel mit Beanspruchung der Schnelligkeitsfasern wird beim Intervalltraining angesprochen. Die Pulswerte beim Fettstoffwechsel liegen etwa bei 130.

Da jede Muskelgruppe mit einem eigenen Fettstoffwechseltraining bedacht werden muß, empfiehlt sich folgendes:

Beim Schwimmen wird der Fettstoffwechsel beim Ein- und Ausschwimmen trainiert, ebenso bei den ruhigen Ausdauereinheiten sowie zwischen den Intervallen.

Beim Radfahren ist das Fettstoffwechseltraining am unproblematischsten durchzuführen. Dazu bedarf es nur einer geringen Intensität (untere mittlere Belastung), jedoch einer Zeitdauer von mehr als 1 1/2 Stunden. Die Pulsfrequenz sollte bei 130 liegen.

Ebenso verhält es sich beim Lauftraining. Mit Pulswerten um 130 trainiert man den Fettstoffwechsel im unteren Dauerlaufbereich über eine Zeitdauer von 2-3 Stunden.

Sehr effektiv ist das kombinierte Fettstoffwechseltraining mit 2-3 Stunden auf dem Rad bei mittlerer Belastung und einem ruhigen 12 km Lauf direkt im Anschluß an das Radfahren.

Die Verpflegung beim Radfahren

Bereits ein Kurztriathlon ist eine ausgewachsene Ausdauerdisziplin, in noch größerem Maße natürlich die Mittel- und Langtriathlons. Der Körper verbraucht dabei viel Energie. Diese Energien müssen im Verlaufe des Wettkampfes teilweise ersetzt werden. Beim Schwimmen ist dies in der Regel nicht möglich, es sei denn bei einer Doppel-Ironmandistanz wo das Schwimmen häufig in Freibädern stattfindet. Während des Laufens kann die feste Nahrungsaufnahme zwar im beschränkten Umfang erfolgen, aber aufgrund der zur Verfügung stehenden Zeit kaum in Energie umgesetzt werden.

Demnach ist es für den Athleten am sinnvollsten, auf dem Rad zu essen und zu trinken. Nach Möglichkeit leicht verdauliche Nahrung wie: Bananen, Bisquits, fettarme und eiweißreiche Energieriegel z.B. PowerBar, Kanne Kraftriegel, und reichlich Getränke. Ich habe beste Erfahrungen mit meinem Energietrunk gemacht, bestehend aus: Kanne-Brottrunk + Apfelsaft + Fermentgetreide. Da viele Veranstalter Elektrolytgetränke in sehr starker Konzentration reichen, die dann zu Durchfall führen können, rate ich jedem mit einer Flasche Elektrolytgetränk noch eine Flasche Wasser aufzunehmen. Während einer 180-km-Fahrt sollte jeder Athlet einige Bananen, Bisquits und Energieriegel in kleinen Portionen gut gekaut zu sich nehmen. Dazu reichlich Flüssigkeit. All das muß selbstverständlich während der langen Trainingsfahrten ausprobiert werden.

Aerodynamik

Eine gute Aerodynamik verringert den Luftwiderstand. Um diese zu erhalten reicht es nicht aus, eine hochmoderne, superteure Rennmaschine zu besitzen, um dann alle anderen wichtigen Faktoren zu vernachlässigen.

Vorweg eins: Der Luftwiderstand verdoppelt sich mit der Geschwindigkeit. Das heißt konkret: Bei einer Geschwindigkeit von 42 km/h ist der Luftwiderstand bereits doppelt so hoch wie bei 30 km/h.

Demzufolge ist es wichtig, auf weitere Punkte zu achten wie:
- Enganliegende Radbekleidung.
- Die Knie sind dicht am Oberrohr zu führen und parallel zum Rahmen.
- Lenkervorbau möglichst tief legen.
- Unterarme möglichst lange auf den Triathlonlenker aufstützen.
- Radflaschen hinter dem Sattel montieren.

Eine gute Aerodynamik ist von großem Vorteil.

- Für kurze Distanzen evtl. Trinksystem mitführen.
- Oberkörper ruhig halten. Bei zu großen Gängen beginnt der Oberkörper zu schaukeln.

Weitere wichtige Dinge zum Radtraining in Kürze:
- Stets mit Helm fahren.
- Reserveschläuche mitführen.
- Mehrere Flaschenhalterungen am Rad anbringen.
- Auf optimale Drehzahl von 100-110 pro Minute achten.
- Bei längeren Trainingsfahrten reichlich Flüssigkeit und Verpflegung aufnehmen.
- Immer etwas Eßbares mitführen, um einer Hungerrast vorzubeugen.
- Bei Anstiegen rechtzeitig schalten.
- Die ersten zwei Radmonate in der Vorbereitungszeit nur mit kleinem Kettenblatt kurbeln.
- Sonnenbrille schützt vor Sonne, Mücken und Wind.
- Zuerst den Trainingsumfang, dann erst die Intensität erhöhen.
- An einem Trainingstag kann man einem Krafttraining ein Ausdauertraining folgen lassen - aber nicht umgekehrt.
- Normale, harte und Regenerationswochen einhalten.
- Beim Intervalltraining unbedingt 15-20 Minuten ein- und ausfahren.

Sicherheit auf dem Rennrad

Ein Radhelm ist beim Triathlonwettbewerb zwingend vorgeschrieben. Wie richtig und wichtig dieses ist, zeigen zwei Zahlen. 1991 starben, nur in den alten Bundesländern, mehr als 700 Radfahrer auf unseren Straßen. 64.000 Menschen wurden zusätzlich zum Teil schwer verletzt. Das dabei die Kopfverletzungen mit 51% die traurige Spitzenposition einnehmen, dürfte jedem wohl klar sein. Vor allem wir auf unserem Rennrad sind „kopflastig“ und stürzen bei einem Unfall sofort auf Kopf und Schulter.

Jedem Triathleten dürfte damit klar sein, daß ein Helm unbedingt zur Standardausrüstung eines jeden Triathleten gehört. Dieses gilt selbstverständlich nicht nur für Wettkämpfe, bei denen die Straßen zumeist gesperrt sind, sondern vor allem für unsere zahlreichen Trainingsfahrten.

Bei der heutigen Verkehrsdichte muß unser Motto lauten:
NICHT EINEN METER OHNE HELM!

Zudem sind wir Triathleten mit unserem Helm vielfach Vorbilder für andere Radfahrer. Zum Glück hat sich diese Erkenntnis, wenn es um die Sicherheit von Kindern auf Fahrrädern geht, bereits weitgehend durchgesetzt.

Wer immer noch anderer Auffassung ist, dem sollte folgende traurige Begebenheit zu denken geben: Ein 46jähriger Triathlet leiht seinem jüngeren Vereinskollegen seinen Radhelm für einen Triathlon aus. Er selbst will mit seinem Rennrad zu dem nur 800 m entfernt liegenden Radrundkurs fahren, um seinen Schützling

anzufeuern. Auf der Fahrt dorthin wird er von einem PKW erfaßt und so schwer am Kopf verletzt, daß er jetzt, zweieinhalb Jahre später immer noch im Koma liegt.

Helme mit einem TÜV-Vermerk reichen für Triathleten nicht aus. Triathlonhelme müssen entweder der amerikanischen ANSI Z 90,4 oder der Snell-Norm unterliegen.

Ebenso ist auf die richtige Größe zu achten. Mit kleinen zusätzlichen Schaumpolstern läßt sich für jeden ein optimaler Sitz und Kopfschutz erreichen.

Auch der Helm muß passen.

Grundlagentraining im Frühjahr

Ideal wäre es, auch in den Monaten November bis Februar das Radfahren beizubehalten. In unseren Breiten ist das in der Regel nur auf der ungeliebten Rolle oder bei vereinzelten Ausfahrten am Wochenende möglich. Nicht weniger günstig ist die zweite Variante, nämlich in der kalten und ungemütlichen Jahreszeit das Radfahren ganz einzustellen und dafür etwas mehr zu laufen und zu schwimmen. Diese Variante kommt bei mir seit 10 Jahren zum Zuge.

Anfang März, wenn die Sonne bereits wieder höher am Himmel steht, heißt es dann: Endlich wieder Radfahren. Für mich ein nicht zu unterschätzender Motivationsfaktor. Oder ist es doch das schlechte Gewissen das nagt und sagt: Du hast seit vier Monaten nicht mehr auf dem Rad gesessen, jetzt aber ran!

Vielen wird es ähnlich ergehen.

An Tagen mit Temperaturen jenseits der plus fünf Grad, wird das Rad für die täglichen Fahrten zum Dienst hervorgeholt. Bei besonders guter Witterung wird die Heimfahrt ein wenig verlängert. An den Wochenenden kommt evtl. die ein oder andere 90 bis 120 Minuten Fahrt dazu, um den Radblock vorzubereiten. Dieser erfolgte einige Male auf „der Radfahrerinsel Mallorca".

Wer im Vorbereitungszeitraum solch einen Radschwerpunkt setzen möchte, der sollte vorher jede Gelegenheit nutzen um mindesten 700 - 800 Radkilometer in den Beinen zu haben wenn er gen Süden startet. Nur dann ist gewährleistet, das sich das umfangreiche Grundlagentraining auch wirklich auszahlt.

Grundlagentraining bedeutet, daß längere Radausfahrten mit geringer Intensität geübt werden. All das erfolgt mit dem kleinen Kettenblatt um den runden Tritt zu trainieren. Diejenigen, die einen zwei- oder gar dreiwöchigen Radblock in südlichen Gefilden einlegen, sollten auf folgendes achten:

Diese wichtige Trainingsphase dient allein dem Grundlagentraining und stellt somit die Grundlage für eine gezielte Trainingsarbeit kurz vor und im Wettbewerbszeitraum dar. In langen, ruhigen Ausfahrten bis zu mehreren Stunden Dauer wird vorwiegend die Ausdauerleistungsfähigkeit verbessert und der Stoffwechsel trainiert. Kleine Gänge und Trittfrequenzen zwischen 100 und 110 sind hier wichtig. Anstiege sollten daher möglichst in kleinen Gängen im Sattel sitzend bewältigt werden.

Steht man auf zum Wiegetritt, so wuchtet man sich überwiegend mit Kraft und dem eigenen Körpergewicht den Berg hinauf.

Der dritte Tag sollte aufgrund von Stoffwechselvorgängen im Körper stets ein aktiver Ruhetag sein. Sinnvoll ist daher nur ein ganz lockeres Kurbeln über 1-2 Stunden.

Warnen möchte ich davor, daß jede ruhig geplante Trainingsfahrt zu einem Rennen, oft bis zur völligen Erschöpfung ausartet. Trotz intensiver Warnungen erlebe ich um mich herum Jahr für Jahr das gleiche Dilemma. Mindestens die Hälfte derjenigen Triathleten, die sich jährlich auf Mallorca aufhalten um Grundlagentraining zu betreiben, sind spätestens nach nur einer Woche einfach „alle, leer". Diesen Heißspornen reicht spätestens am dritten Tag eine Ausdauereinheit nicht mehr aus, es muß eine Tempoeinheit dazukommen. Und was für welche? Z.B. 50 km Einzelzeitfahren im 38er Schnitt, bei ungünstiger Witterung. Man muß doch zeigen, was man so drauf hat.

Spätestens nach 6-7 Tagen ist das Feuer restlos verbrannt. In der zweiten Woche kann dann vielfach gar nicht mehr täglich trainiert werden, weil man sich die ersten Verletzungen eingefahren hat.

Die restlichen Tage verstreichen dann „nutzlos". Der Körper holt sich seine Ruhephasen eben durch Verletzungen und Erkältungen.

Radblock

Wie kann so ein Radblock auf Mallorca aussehen? Dazu zwei Beispiele aus den Jahren 1991 und 1992.

Meine Ausgangslage jeweils 800 Radkilometer insgesamt und wöchentliche Laufkilometer zwischen 60 und 70.

Mein Trainingsziel: Auch am letzten Tag noch in der Lage sein, normal zu trainieren. Also, nicht Abbau, sondern Aufbautraining sollte geleistet werden.

Als wichtige Parameter gelten der morgendliche Ruhepuls und mein Trainingsgefühl. War der Ruhepuls um 4-5 Schläge pro Minute erhöht, folgte nur eine kürzere, besonders lockere Radeinheit.

1991 waren diese 3 Wochen Mallorca die Basis für meinen ersten Doppel-Ironman. Gesamtumfang in den 22 Tagen: 2000 Radkilometer, 3,4 Schwimmkilometer im Meer und 181 Laufkilometer. Darunter die Teilnahme am Arenal-Marathonlauf am 2. Tag bei stürmischem und regnerischem Wetter. Dieser Lauf wurde zwar im strammen Tempo, trotzdem nicht bis zum „Anschlag“ gelaufen.

Frank Schumann, 31jähriger Triathlet aus Warstein, und ich radelten die gesamten 2000 km schön einträchtig und unterhaltend nebeneinander her. Unsere Familien sonnten sich derzeit am Strand von Cala de Or.

22.3.	Anreise und 9 km Lockerungslauf		
23.3.	30 km Rad		
24.3.	Marathonlauf bei Sturm und Regen 2:53 Stunden		
25.3.	Besichtigungstour Westküste, Regen		
26.3.	105 km Rad	25,4 km/h,	abends 10 km Lockerungslauf
27.3.	127 km Rad	26,5 km/h,	1000 m schwimmen
28.3.	91 km Rad	27,2 km/h,	abends 14 km laufen in 1:10 h
29.3.	145 km Rad	27,0 km/h	
30.3.	58 km Rad	23,5 km/h,	abends 14 km laufen in 1:10 h
31.3.	105 km Rad	25,8 km/h,	Ruhepuls ständig 48
Wochenleistung: 631 km Rad/38 km laufen/1000 m schwimmen			
1.4.	Ruhe, abends 18 km in 1:30 h		
2.4.	192 km Rad	26,5 km/h	
3.4.	100 km Rad	26,5 km/h,	abends 14 km laufen
4.4.	120 km Rad	27,5 km/h,	1200 m schwimmen im Meer
5.4.	90 km Rad	27,5 km/h,	abends 9 km laufen
6.4.	130 km Rad	27,5 km/h,	1200 m schwimmen Pool, Meer
7.4.	145 km Rad	28,6 km/h,	abends 14 km laufen in 1:05 h
Wochenleistung: 777 km Rad/55 km laufen/2,4 km schwimmen			
Ruhepuls täglich 47-48			
8.4.	Ruhetag		
9.4.	240 km Rad	27,5 km/h,	2 Pausen à 15 Minuten
10.4.	88 km Rad	26,3 km/h,	abends 14 km laufen, Ruhepuls 53
11.4.	128 km Rad	27,5 km/h,	abends 14 km laufen, Ruhepuls 48
12.4.	106 km Rad	29,3 km/h,	abends 9 km laufen, Ruhepuls 46
Rückreise von Mallorca			

Für Triathleten, die nur Kurzdistanzen bestreiten, gilt ähnliches. Ihre Einheiten können insgesamt 30-40 % weniger umfangreich ausfallen. Aber auch hier gilt Grundlagenausdauer und Fettstoffwechseltraining hat absolute Priorität.

Die Intensität des Grundlagenausdauertrainings beim Radfahren soll zwischen 65 und 85 % der jeweiligen Bestleistung liegen und im Pulsbereich von 115-135 absolviert werden. Meine Pulswerte lagen stets im Bereich 110-120. Bei jüngeren Athleten liegen diese bekanntlich entsprechend höher.

Um über die Intensität eine weitere Aussage machen zu können, gilt folgende Rechnung. An 20 Trainingstagen 2000 km sind im Schnitt 100 km pro Tag. Meine Bestleistung über 100 km müßte bei 36 km/h liegen. Durchschnittsgeschwindigkeit auf Mallorca 27 km/h, das entspricht immerhin 75 % meiner jeweiligen Bestleistung.

Anhaltswerte für Umfänge von 100 km pro Tag liefert untenstehende Tabelle.

Bestleistung über	zu fahrende Durchschnittsgeschwindigkeit in km/h		
100 km in km/h	65 %	75 %	85 %
40	26	30	34
38	24,7	28,5	32,3
36	23,4	27	30,6
34	22,1	25,5	28,9
32	20,8	26,3	27,2

Intervalltraining auf dem Rad

Um sich nach Absolvierung des Grundlagenausdauertrainings langsam an die Wettkampfgeschwindigkeit zu gewöhnen, beginnt man im Vorfeld des ersten Triathlons mit dem Intervalltraining. Aber Vorsicht, die Gefahr der Überlastung ist bei intensiven Einheiten nicht zu unterschätzen. Näheres s. Anaerobes Training S. 22.

Eine reizvolle Gelegenheit, Tempowechsel zu trainieren ist das Fahrtspiel auf dem Rad. Das vom Laufen bereits bekannte Spiel mit der Fahrt läßt sich in idealer Weise auf das Radfahren übertragen.

Ein High-Tec-Produkt, aerodynamisch optimal. Die glatten Flächen verursachen weniger Turbulenzen.

Nach einer 15-20minütigen Einrollphase setzt man sich ein beliebiges Ziel, z.B. bis zur nächsten Ortseinfahrt, bis zum nächsten Turm, für einen flott zu fahrenden Abschnitt. Dieses Spielchen wiederholt man beliebig oft.

Für eine Trainingsausfahrt mit einer Gruppe, in der einige Tempoverschärfungen geplant sind, kann ich nur folgendes empfehlen:

Die „Ortsschildwertung"

Diese sieht folgendermaßen aus: Immer dann, wenn sich die Trainingsgruppe einer Ortschaft nähert, wird ohne Kommando von einem der Teilnehmer der Spurt angezogen. Dieser versucht durch einen Überraschungsangriff aus irgendeinem Windschatten heraus als erster das Ortseingangsschild zu erreichen. Da keiner der Athleten weiß, wer wann einen Ausreißversuch startet, entwickeln sich dabei die lustigsten Spielereien auf und mit dem Rad. Die ersten Versuche können 800 m, 1200 m oder auch bereits 2-3 km vor dem Ort beginnen.

Sobald ein Fahrer lospowert, versuchen die anderen nachzusetzen und ebenfalls die Ortsschildwertung für sich zu gewinnen. Die gedachte Ziellinie liegt in Ortsschildhöhe. Diese Methode macht unheimlich viel Spaß.

Damit dieses Fahrtspiel nicht zu einem stetig höherem Grundtempo führt, muß einer aus der Gruppe dafür Sorge tragen, daß das Tempo wieder auf das für die Gruppe geeignete zurückgeschraubt wird.

Das Fahrtspiel mit dem Rad läßt sich nach dem ruhigen Grundlagentraining im Frühjahr das ganze Jahr über trainieren. Es bringt Abwechslung ins Training und erspart das sture auf die Uhr schauen.

Einige Grundsätze zum Intervalltraining:
- Vor jedem Intervalltraining erfolgt ein Warmfahren.
- Langsame Gewöhnung an das angestrebte Tempo.
- Mit kurzen Strecken beginnen.
- Intervalle auf das Saisonziel ausrichten.
- Für Abwechslung bei den Intervallen sorgen, Belastungsdauer und Intensität häufig verändern.
- Intervalltraining regelmäßig durchführen.
- Intervallpausen lang genug wählen, dabei locker weiterkurbeln.
- Nach jedem Intervalltraining erfolgt ein Ausfahren.

Wettkampftips zum Radfahren
- Startnummern an einem Gummiband befestigen, vorne fürs Laufen, hinten fürs Radfahren.
- Rad mit geeignetem Gang und gefüllter Getränkeflasche bereitstellen.
- Mit hoher Trittfrequenz beginnen.
- Mit der Flüssigkeitsaufnahme frühzeitig anfangen.
- Feste Nahrung in kleinen Happen aufnehmen.
- Nie „trocken" fahren, rechtzeitig Getränke annehmen.

- Optimale Drehzahl 80-90 Umdrehungen pro Minute.
- Am Berg rechtzeitig schalten, niemals den Berg „hochwürgen“.
- Enganliegende Radbekleidung wählen.
- Bei kühler, feuchter Witterung dünne Regenjacke im Radtrikot für „alle Fälle“ mitführen.
- Die letzten Minuten mit etwas weniger „Druck“ fahren, um die Muskulatur für das Laufen zu lockern.
- Radhelm erst in der Wechselzone öffnen und absetzen. Frühzeitiges Öffnen des Kinnriemens kann zur Disqualifikation führen.

TEMPO-TABELLE RADFAHREN

	Geschwindigkeit										
Distanz	20 km/h	22 km/h	24 km/h	26 km/h	28 km/h	30 km/h	32 km/h	34 km/h	36 km/h	38 km/h	40 km/h
10 km	0:30:00	0:27:16	0:25:00	0:23:04	0:21:25	0:20:00	0:18:45	0:17:38	0:16:40	0:15:47	0:15:00
20 km	1:00:00	0:54:32	0:50:00	0:46:09	0:42:51	0:40:00	0:37:30	0:35:17	0:33:20	0:31:34	0:30:00
30 km	1:30:00	1:21:49	1:15:00	1:09:13	1:04:17	1:00:00	0:56:15	0:52:56	0:50:00	0:47:22	0:45:00
40 km	2:00:00	1:49:05	1:40:00	1:32:18	1:25:42	1:20:00	1:15:00	1:10:35	1:06:40	1:03:09	1:00:00
50 km	2:30:00	2:16:21	2:05:00	1:55:23	1:47:08	1:40:00	1:33:45	1:28:14	1:23:20	1:18:56	1:15:00
60 km	3:00:00	2:43:38	2:30:00	2:18:27	2:08:34	2:00:00	1:52:30	1:45:52	1:40:00	1:34:44	1:30:00
70 km	3:30:00	3:10:54	2:55:00	2:41:32	2:30:00	2:20:00	2:11:15	2:03:31	1:56:40	1:50:31	1:45:00
80 km	4:00:00	3:38:10	3:20:00	3:04:36	2:51:25	2:40:00	2:30:00	2:21:10	2:13:20	2:06:18	2:00:00
90 km	4:30:00	4:05:27	3:45:00	3:27:41	3:12:51	3:00:00	2:48:45	2:38:49	2:30:00	2:22:06	2:15:00
100 km	5:00:00	4:32:43	4:10:00	3:50:46	3:34:17	3:20:00	3:07:30	2:56:28	2:46:40	2:37:53	2:30:00
110 km	5:30:00	5:00:00	4:35:00	4:13:50	3:55:42	3:40:00	3:26:15	3:14:07	3:03:20	2:53:41	2:45:00
120 km	6:00:00	5:27:16	5:00:00	4:36:55	4:17:08	4:00:00	3:45:00	3:31:45	3:20:00	3:09:28	3:00:00
130 km	6:30:00	5:54:32	5:25:00	5:00:00	4:38:34	4:20:00	4:03:45	3:49:24	3:36:40	3:25:15	3:15:00
140 km	7:00:00	6:21:49	5:50:00	5:23:04	5:00:00	4:40:00	4:22:30	4:07:08	3:53:20	3:41:03	3:30:00
150 km	7:30:00	6:49:05	6:15:00	5:46:09	5:21:25	5:00:00	4:41:15	4:24:42	4:10:00	3:56:50	3:45:00
160 km	8:00:00	7:16:21	6:40:00	6:09:13	5:42:51	5:20:00	5:00:00	4:42:21	4:26:40	4:12:37	4:00:00
170 km	8:30:00	7:43:38	7:05:00	6:32:18	6:04:17	5:40:00	5:18:45	5:00:00	4:43:20	4:28:25	4:15:00
180 km	9:00:00	8:10:54	7:30:00	6:55:23	6:25:42	6:00:00	5:37:30	5:17:38	5:00:00	4:44:12	4:30:00
190 km	9:30:00	8:38:10	7:55:00	7:18:27	6:47:08	6:20:00	5:56:15	5:35:17	5:16:40	5:00:00	4:45:00
200 km	10:00:00	9:05:27	8:20:00	7:41:32	7:08:34	6:40:00	6:15:00	5:52:56	5:33:20	5:15:47	5:00:00

Laufen

Das Lauftraining besitzt für Triathleten einen ganz besonderen Stellenwert. Ohne einen großen finanziellen Aufwand kann man das Laufen in unseren Breiten neben dem Schwimmen das ganze Jahr über trainieren.

Als weitere Vorteile für das Laufen sprechen die Tatsachen, daß diese dritte Triathlondisziplin bei jedem Wetter, mit Ausnahme eines Gewitters, zu jeder Tages- und Jahreszeit und in jeder Umgebung ausgeübt werden kann. Im Gegensatz zum Radfahren kann ein regelmäßiges Lauftraining selbst bei Dunkelheit, Regen und Schnee in den Herbst- und Wintermonaten getätigt werden.

Läuft man von zu Hause aus los, so entfällt die oft lästige Anfahrtszeit. Zudem ist das Laufen die energieintensivste der drei Ausdauersportarten des Triathlons. In der späten Jahreszeit ist es bei naßkalter Witterung ratsam, das Laufen dem Radfahren vorzuziehen. Eine Stunde Lauftraining ist effektiver als ein bis zwei Stunden radfahren mit dem Risiko sich zu erkälten. Bergaufläufe schulen zudem die Kraft für die Raddisziplin.

Ein sinnvoller Trainingsaufbau für das Laufen
Haupt-Wettbewerb Juli

Ausdauer	Intervalltraining	6 Wochen
Ausdauer	Schnelligkeitsausdauer	6 Wochen
GRUNDLAGEN-AUSDAUER		3 Monate

Grundlagenausdauer

Die dreimonatige Trainingsphase stellt die Basis für die ganze Saison dar. Die Grundlagenausdauer stellt das Fundament für ein zu bauendes Haus (Triathon) dar, das im 1. Geschoß mit der Schnelligkeitsausdauer und im Dachgeschoß mit dem Intervalltraining ausgebaut wird. Während der ersten 3 Monate wird im aeroben Bereich gelaufen, oder im „steady state". Dieser Begriff steht für Sauerstoffgleichgewicht, d.h., es wird soviel Sauerstoff aufgenommen, wie für die Energiebereitstellung benötigt wird.

Weitere Anhaltswerte: Dieses Grundlagenausdauertraining liegt etwa 15 % unter der anaerob-aeroben Schwelle oder bei einem Laktatwert von 1,5 mmol/l. Achtung, diese anaerob-aerobe Schwelle, die mittels Conconitest jetzt jeden Monat einmal zu überprüfen ist, ändert sich stetig.

Das Ausdauertraining sollte so gestaltet werden, daß man sich dabei ohne Mühe unterhalten kann. Von der maximalen Leistungsfähigkeit dürften das 65-75 % ausmachen.

Dafür ein kurzes Rechenbeispiel:

a) mit Hilfe von Pulswerten:

Athlet 20 Jahre: max. Puls ca. 220 - 20 = 200
Näherung: anaerobe aerobe Schwelle 200 x 0,85 = 170
170 x 0,85 = 145 Trainingspuls grob

Athlet 40 Jahre: max. Puls ca. 220-40 = 180
Näherung: anaerobe aerobe Schwelle 180 x 0,85 = 153
153 x 0,85 = 130 Trainingspuls grob

b) mit Hilfe der maximalen Leistungsfähigkeit:
10000-m-Bestzeit = 38 Min. = 3:48 Min./km
65-75 % davon bedeuten 5:45 - 5:00 Min./km
10000-m-Bestzeit = 35 Min. = 3:30 Min./km
65-75 % davon bedeuten: 5:20 - 4:40 Min./km

In dieser dreimonatigen Phase sollen viele Kilometer im aeroben Bereich gelaufen werden. Für etwas mehr Abwechslung im Training kann hingegen ein Volkslauf sorgen, der allerdings nicht mit voller Kraft gelaufen wird, sondern einfach so aus dem Training heraus.

Bei einer Blockbildung des Trainings (Schwimm-, Lauf-, Radblock) wird sich der Umfang von ganz allein wöchentlich ändern. Ist dies nicht der Fall, so könnte man den Umfang treppenförmig ändern.

Langtriathleten

z.B.	1. Wo 50 km	2. Wo 60 km	3. Wo 70 km	4. Wo 80 km
	5. Wo 50 km	6. Wo 70 km	7. Wo 80 km	8. Wo 90 km
	9. Wo 50 km	10. Wo 80 km	11. Wo 90 km	12. Wo 100 km

Kurztriathleten könnten die Umfänge wie folgt staffeln:

1. Wo 40 km	2. Wo 45 km	3. Wo 50 km	4. Wo 55 km
5. Wo 40 km	6. Wo 50 km	7. Wo 55 km	8. Wo 60 km
9. Wo 40 km	10. Wo 55 km	11. Wo 60 km	12. Wo 65 km

Blocktraining

Langtriathleten

Januar:	Schwimmonat 1.- 4. Wo wie zuvor
Februar:	Laufen 5. Wo 50, 6. Wo 80, 7. Wo 100, 8. Wo 120 km
März:	Radfahren 9.-12. Wo 50 - 60 km

Kurztriathleten

Januar:	Schwimmonat 1. - 4. Wo wie zuvor
Februar:	Laufen 5. Wo 45, 6. Wo 55, 7. Wo 65, 8. Wo 75 km
März:	Radmonat 9.-12. Wo 30 - 40 km

Bei dieser Trainingsform muß man stets das Gefühl besitzen, schneller laufen zu können. Insgesamt soll die Gesamtkondition verbessert werden. Dieses wird erreicht durch längere und besonders durch lange, ruhige und gleichmäßige Läufe. Hartes Training zu dieser Zeit richtet mehr Schaden als Nutzen an.

Schnelligkeitsausdauer

Die Grundlage für die Entwicklung der Schnelligkeitsausdauer und Schnellkraft ist in den vergangenen Monaten durch lange ruhige Läufe gelegt worden. Auf dieses Fundament läßt es sich in Ruhe weiterbauen. Wehe dem, der hier meint ohne Fundament auskommen zu können. Spätestens dann, wenn er sein Haus bei Wettbewerben belasten will, bricht es zusammen und die ganze Trainingsmühe war vergebens.

Wer also seine dreimonatige ruhige Trainingsphase noch nicht geschafft hat, muß im Monat April an seinem Fundament weiterarbeiten. Zwar erreicht er nicht ganz im Juli seine Spitzenleistung, geht immerhin in Punkto Mißerfolg durch Aufgabe kein Risiko ein.

Für die Entwicklung der Schnelligkeitsausdauer und Schnellkraft eignen sich Läufe im hügligen Gelände. Ein bis zwei mal pro Woche, für Seniorensportler einmal, ist völlig ausreichend, da im April ja das Radtraining eine entsprechende Position einnimmt.

Beim Hügeltraining erreicht man den anaeroben Bereich. Für das Hügeltraining eignet sich eine 10 - 15 %ige Steigung über eine Länge von 500-600 m. Mit 85 % des Leistungsvermögens, das entspricht etwas mehr als die 10 km Wettbewerbsleistung, läuft man auf den Fußballen mit verkürzter Schrittlänge den Berg hinauf. Kurz vor dem Hügelende ist der Rhythmus zu steigern. Oben wird 500 m locker ausgelaufen und anschließend den Hügel hinabgetrabt.

Mit vier bis fünf Hügelläufen wird das Schnelligkeitsausdauertraining begonnen und jede Woche um einen gesteigert. Langtriathleten und Senioren absolvieren einmal pro Woche diese Hügelläufe; Kurztriathleten indessen zweimal. Daneben werden selbstverständlich die langen aeroben Läufe fortgesetzt.

Eine weitere Chance, den Übergang zum Intervalltraining zu trainieren, sind folgende:

Kurzspezialisten 2 x 10 Min. oder 3 x 7 Min. mit Höchstpuls und jeweils 5 Min. Trabpause bis Puls $<$ 110 ist. Höchstens 2 x pro Wo. Langspezialisten 2 x 15 Min. oder 3 x 10 Min. mit 90 % des Höchstpulses und jeweils 5 Min. Trabpause.

Bei einem guten Belastungsgefühl können die Zeiten um ein paar Minuten verlängert werden. Dieses ist von der Koordination mit dem Rad- und Schwimmtraining zu sehen. Diese Läufe, die der Schnelligkeitsausdauer dienen, können im Zuge eines Kombinationstrainings nach einer lockeren Radeinheit von 30-50 km sinnvoll angewandt werden. Mit diesen Trainingsformen wird die maximale Sauerstoffaufnahmefähigkeit verbessert. Dieses zeigt sich daran, daß der eingeatmete Sauerstoff besser verwertet und der Athlet schließlich leistungsfähiger wird.

Intervalltraining

Das Intervall- oder auch Tempotraining genannt, ist nicht für Anfänger geeignet. Diese werden auch ohne Intervalltraining, also nur durch Ausdauertraining schneller. Leistungsorientierte Triathleten, die bereits einige Jahre Ausdauertraining hinter sich haben, verkraften das Intervalltraining besser.

Tempotraining setzt den Körper unter großen Streß und erhöht die Verletzungsgefahr. Von daher ist bei ersten Anzeichen von Übertraining sofort das Invall-

training durch sehr ruhiges Ausdauertraining zu ersetzen. Die positive Seite des Tempotrainings ist jedoch, daß der Athlet durch die Gewöhnung an das Wettkampftempo in die Lage versetzt wird, weiter und schneller zu laufen.

Nach Absolvieren des sechswöchigen Intervalltrainings und des Triathlons ist es natürlich ratsam, damit aufzuhören und mit der Grundlagenverbesserung wieder neu zu beginnen. Je größer das Fundament, umso höhere Wettkampflasten hält es später wieder aus.

Beim Intervalltraining heißt es „beißen können".

Intervalltraining wird in der Regel auf der Bahn durchgeführt. Weiterhin eignet sich eine mit dem Rad vermessene Strecke, bzw. Kilometrierung an einer Land- oder Gemeindestraße dazu. Insbesondere für diejenigen, die sich mit einer Aschen- oder Tartanbahn nicht anfreunden können oder halt keine in ihrer Wohnortnähe haben.

Kurztriathleten absolvieren 1 x wöchentlich neben der 15minütigen Ein- und Auslaufphase jeweils mit 90 % Intensität der entsprechenden Bestzeit z.B.

1000-m-Bestzeit 3:00 Min. 90 % = 3:18 Min.
2000-m-Bestzeit 6:20 Min. 90 % = 7:00 Min.
3000-m-Bestzeit 9:50 Min. 90 % = 10:50 Min.
5 x 1000 m, 1 km Trabpause bis Puls < 110
oder 3 x 2000 m, 1,5 km Trabpause
oder 2 x 3000 m, 2 km Trabpause
oder 400 m - 800 m - 1200 m - 1600 m - 1200 m - 800 m - 400 m Trabpausen jeweils gleiche Länge.

Eine andere Variante des Intervalltrainings ist das bereits erwähnte Fahrtspiel.

Letztlich das Pyramidentraining. Hierbei wird 2, 4, 6, 8, 6, 4, 2 Minuten schnell gelaufen und die gleiche Zeit dazwischen locker getrabt. Ebenso möglich 1, 3, 5, 7, 5, 3, 1 Minuten.

Für Triathleten, die die Mittel- und Ultrastrecke bevorzugen, eignen sich längere Intervalle. Tempo 85 % der jeweiligen Bestzeit oder jeweils im 10000-m-Tempo z.B.

6 x 1000 m, Trabpause 1 km bis Puls < 110
oder 3 x 2000 m, Trabpause 1 km bis Puls < 110
oder 3 x 3000 m, Trabpause 2 km
oder 2 x 5000 m, Trabpause 2 km

Beim Pyramidentraining kann die Folge so aussehen:

6, 8, 10, 8, 6 Minuten mit je gleicher Trabpausenzeit.

Die Tempoabschnitte beim Fahrtspiel werden ebenfalls etwas länger gewählt als bei den Kurztriathleten.

Zwischen den Trainingsläufen auf der Bahn oder im Gelände sollte so oft wie möglich locker im aeroben Bereich gelaufen werden. Für Kurztriathleten sind die Dauerläufe zwischen 10 und 15 km lang. Ultratriathleten wählen Streckenlängen von 12 bis 25 km Länge. Einmal pro Woche ist bei geringer Intensität ein Lauf zwischen 25 und 30 km ratsam.

Für Athleten, die 70 Laufkilometer pro Woche in 4 Einheiten trainieren möchten, empfehle ich folgende bestbewährte Aufteilung:

12 km und 15 km, darin ist ein Intervalltraining von 6 x 1000 m oder 2 x 5000 m enthalten, 18 km und 25 km. Prinzip: Je länger die Strecke, umso geringer das Tempo. Die 12 km könnten im Wechseltraining enthalten sein.

Alternativ: wechselweise 12 km, 15 km, 18 km, 21 km, und 12 km, 15 km, 18 km, 29 km.

Neben diesen Läufen ist einmal pro Woche ein Schnelligkeitstraining von 8 x 8 Sekunden maximal schnell mit jeweils 100-200 m Trabpause ins Training einzubauen. Da hier die Phospatverbrennung aktiviert werden soll, gibt es bei solch kurzen Belastungen (< 10 Sekunden) keinen Abbau des Glykogens zu Milchsäure.

Das Intervalltraining muß selbstverständlich rechtzeitig vor dem Wettbewerb eingestellt werden, s. Trainingspläne.

25 km und Marathonläufe für wen?

Nach Schaffung der Grundlagenausdauer in den ersten Monaten des Jahres bietet die Zeit gegen Ende April die Gelegenheit, sein Gelerntes umzusetzen. Für Kurztriathleten kann ein 25-km-Lauf oder ein Halbmarathonlauf über 21,1 km reizvoll und sinnvoll sein. Bis zum Saisonbeginn im Juni hat dann jeder noch ausreichend Zeit, sich davon zu erholen. Mental bringt solch ein Lauf eine ganze Menge, da man ja bereits vor der Saison bewiesen hat, das ausreichendes Stehvermögen vorhanden ist. Vorausgesetzt, der Lauf wurde richtig eingeteilt und erfolgreich beendet.

Obwohl ein 25-km-Lauf zeitlich gesehen kürzer ist als ein Kurztriathlon, so ist er doch aufgrund der einseitigen Muskelbeanspruchung härter. Er erfordert eine längere Regenerationszeit. Solch ein willkommener Testlauf muß nicht unbedingt bis zum „Anschlag“ gelaufen werden.

Ich kann nur jedem empfehlen, nach einem intensiven Radblock, bei dem nur locker gelaufen wird, einige Tage Regeneration folgen zu lassen, um dann für zwei Wochen das Lauftraining zu verstärken. Der 25-km-Lauf rundet dann diesen Zwischen-Laufblock ab.

In diesen zwei Wochen sollte der Kurztriathlet versuchen, neben den anderen Trainingselementen dreimal 2 Stunden locker zu laufen.

Das angestrebte Wettbewerbstempo sollte 1 x pro Woche über 10 km gelaufen werden. Zehn Tage vor dem 25-km-Lauf ist eine andere Variante ratsam: 3 x 5 km im Renntempo mit je 6 Minuten Trabpause.

Für Läufer, die die 25 km um 1:40 h planen, gilt als Faustformel:
Die 10-km-Durchgangszeit beim 25er sollte nur 2 Minuten schwächer sein als die 10000-m-Bestzeit.
Z.B. 10000-m-Bestzeit 38 Min., Durchgangszeit beim 25er 40 Min., angepeilte Endzeit 1:40 h.

Marathonlauf für Mittel- und Ultratriathleten

Für Mittel- und Langtriathleten ist im Frühjahr ein Marathonlauf dringend zu empfehlen. Wenn man sich dabei nicht zuviel vornimmt und gut über die 42,195 km kommt, so gibt dieser Lauf sehr viel Zuversicht und Selbstsicherheit für die bevorstehende Triathlonsaison.
Dieser Lauf bringt nicht nur physische Vorteile, sondern, was ich in diesem Fall für Erststarter als besonders wichtig erachte, psychische Vorteile.
Die Angst vor dem Marathonlauf im Ultratriathlon verfliegt bereits im Frühjahr mit jedem der 42,195 km. Mental gefestigt kann der Athlet im Sommer seine 226 km angehen.
Wie kann ein Marathonlauf ins Frühjahrstraining eingebaut werden?
Mit dem Grundlagenausdauertraining in den ersten Monaten des Jahres hat der Athlet die Voraussetzungen für einen Lauf über 42,195 km geschaffen. Der Lauf- und Radmonat hat seine Wirkung nicht verfehlt. Gerade die langen Radeinheiten über mehr als 100 km und Läufe über 2 Stunden haben die Umschaltung auf die Fettverbrennung trainiert. Nach dem Radschwerpunkt Ende März/Anfang April reichen drei Wochen spezielle Vorbereitung auf den Marathonlauf aus, um eine persönlich starke Zeit zu laufen. Eckpfeiler dieser Vorbereitung sind 3 Läufe über 33 km. Zwei davon sollten in den letzten 3 Wochen gelaufen werden. Ein Lauf kann sicherlich bereits einige Wochen vorher, eben bei schlechtem Radwetter, ins Training eingebaut werden.
Diese Läufe, in denen die notwendige Stoffwechselanpassung trainiert wird, schöpfen die Glykogenvorräte aus und schalten danach auf die „brutale" Fettverbrennung. Dieser „tote Punkt", der im Marathonlauf zwischen 30 und 35 km auftritt, soll hier nur angetippt werden. Bei diesen, für den noch wenig langausdauertrainierten Athleten kritischen, Punkt sind in den beanspruchten Muskelpartien keine Glykogenvorräte mehr enthalten. Der Organismus muß sich aus eigener Substanz durch Umwandlung aus Proteinen die benötigten Glykogenanteile holen. Dieses ist in der Regel mit einem Intensitätsverlust, also geringerer Geschwindigkeit verbunden. Nur sehr gut langausdauertrainierte Athleten verspüren diese Umwandlung kaum.
Bei diesen 33-km-Läufen, die der Stoffwechselanpassung und der Gewöhnung an solch lange Belastungen dienen, darf nur ein sehr ruhiges Tempo gewählt werden. Zu solch langen Läufen gehört eine Getränkeaufnahme. Anders als beim Marathonlauf sollte man hier nicht von Anfang an alle 5 km etwas Flüssiges zu sich nehmen, sondern zunächst den Mangelzustand trainieren. Bei einem 33-km-Trainingslauf genügen Flüssigkeitsaufnahmen bei 22 und 28 km.

Welche Marathonzeit ist möglich?

Triathleten, die neben dem Lauftraining bekanntlich noch schwimmen und radfahren, kommen mit deutlich weniger Laufkilometern pro Woche aus als reine Läufer. Daher Vorsicht bei Trainingsplänen, die für Läufer gedacht sind.

Nach meinen Erfahrungen gilt allerdings auch für Triathleten die Faustformel von Steffny: Bestzeit über 10000 m x 4,66 = maximal erreichbare Marathon-Bestzeit.

10000-m-Bestzeit	maximal erreichbare Marathonzeit
45:00 Min.	3:35 h
42:30 Min.	3:22 h
41:00 Min.	3:15 h
40:00 Min.	3:10 h
39:00 Min.	3:05 h
38:00 Min.	3:00 h
37:00 Min.	2:55 h
36:00 Min.	2:50 h
35:00 Min.	2:45 h
34:00 Min.	2:40 h
33:00 Min.	2:35 h
32:00 Min.	2:30 h

Training des Triathleten für 2:59 h, 3:15 h und 2:44 h

Marathon in 2:59 Stunden

Eine magische Grenze beim Marathonlauf sind die 3 Stunden. Diese zu unterbieten ist für viele Athleten eine reizvolle und motivationsträchtige sportliche Leistung.

Dazu bedarf es einer Grundschnelligkeit von 37-38 Minuten über tatsächliche 10 km. Tatsächlich deshalb, weil bei vielen Volksläufen zwar eine 10-km-Strecke ausgeschrieben ist, diese jedoch in Wirklichkeit kürzer oder länger ist. Aus diesem Grund sollte die 10-km-Zeit aus einem DLV-Lauf zugrundegelegt werden. Diese amtlich vermessenen Läufe sind exakt 10000 m lang. Neben der angegebenen Grundschnelligkeit gehört dazu ein viermaliges Lauftraining in der Woche. Nach dem Laufmonat Februar mit ca. 80 km pro Woche reduziert sich dieses Pensum im Radmonat März auf 50-60 km. Die letzten 6 Wochen vor dem Marathonlauf könnten folgendermaßen aussehen (ohne andere Trainingseinheiten):

1. Woche: noch Radschwerpunkt
2. Woche: noch Radschwerpunkt, jeweils 1 x 15 km locker, 1 x 8 x 1000 m in 4:00 Min. pro Kilometer und 1 x 25 km ganz ruhig in 2:20 h
3. Woche: Di. 15 km in 1:00h
   Mi. 1:20 h locker
   Do. 10 x 1000 m in 4:10 Min./km
   Sa. 30 km in 2:30 h

4. Woche:	Di.	12 x 700 m Bahn, 2:55 Min. je 2 Min. Pause
	Mi.	12 km locker
	Do.	18 km locker
	Sa.	25 km in 1:52 h in 4:30 Min./km
5. Woche:	Di.	10 x 700 m Bahn, 2:55 Min. je 2 Min. Pause
	Mi.	18 km locker
	Do.	15 km 1:00 h
	Sa.	33-36 km in 12 km/h, 5:00 Min./km
6. Woche:	Mo.	15 km locker
	Mi.	ein/aus 5000 m in 19 Min. Glykogenlauf
	Fr.	30 Minuten traben
	Sa.	40 km Rad
	So.	Marathonlauf 2:58 h, 21 Min. je 5 km Abschnitt!!!

Marathon in 3:15 Stunden

Für 3:15 h könnte der Plan wie folgt aussehen:

Voraussetzungen:		10000-m-Bestzeit 41 Minuten
		25 km in 1:50 h
1. und 2. Woche		Radschwerpunkt mit 1 x 15 km, 1 x 8 x 1000 m in 4:20 Min./km, 1 x 25 km ganz ruhig in 2:25 h
3. Woche:	Di.	14 km in 1:00 h
	Mi.	12 km locker
	Do.	10 x 1000 m 4:30 Min./km
	Sa.	30 km in 2:40 h
4. Woche:	Di.	10 x 700 m in je 3:15 Min. mit 2 Min. Pause
	Do.	18 km locker
	Sa.	25 km in 2:00 h flott
5. Woche:	Di.	10 x 700 m in je 3:15 Min. mit 2 Min. Pause
	Mi.	18 km locker
	Do.	14 km in 1:00 h
	Sa.	33-36 km mit 11 km/h, 5:30 Min./km
6. Woche:	Mo.	15 km locker
	Mi.	ein/aus 5000 m in 21 Min. Glykogenlauf
	Fr.	30 Min. traben
	So.	Marathonlauf 3:15 h, 23 Min. je 5 km Abschnitt!!

Marathon in 2:44 Stunden

Für 2:44 h könnte der Plan wie folgt aussehen:

Voraussetzung: 10000-m-Bestzeit 35:00 Minuten

Dieser tatsächlich von mir durchgeführte Plan zeigt, wie man mit einem Wochenumfang von 75 km zum Ziel kommt.

2. Märzwoche:		7 km Schwimmen (S), 150 km Rad (R)
	Di.	2 x 12 km Lauf zur Schwimmhalle je 1 h
	Mi.	13 km 1:00 h

Sa.	36 km 3:12 h
So.	12 km in 56 Min.
3. Märzwoche:	5 km S, 130 km R
Di.	2 x 12 km je 59 Min.
Do.	15 km in 1:00 h
Fr.	Flug nach Mallorca
Sa.	24 km in 1:51 h, 73 km Rad in 2:45 h
So.	78 km Rad in 3:14 h
4. Märzwoche:	1 km S, 536 km R
Mo.	24 km 1:53 h, 50 km Rad
Di.	16 km 1:13 h, 102 km Rad 3:40 h
Mi.	8 km 0:40 h, 144 km Rad 5:30 h
Do.	8 km 0:39 h, 100 km Rad 3:30 h
Fr.	16 km 1:14 h, 85 km Rad 3:14 h
Sa.	55 km Rad 2:05 h
So.	Marathonlauf auf Mallorca 2:48 h, sehr gleichmäßiger Lauf, zweite Rennhälfte exakt so schnell wie die erste.

Zu diesem Zeitpunkt stand meine Bestzeit bei 2:45:51. Nach dem Mallorca-Marathon war der Reiz auf eine 2:44er Zeit sehr groß, da zu der Zeit die Qualifikation für die Deutschen Marathonmeisterschaften 2:45:00 betrug.

1. Aprilwoche:	1 km S, 623 km
Mo.	10 km 0:52 h, 81 km 27,5er Schnitt
Di.	160 km 26er Schnitt
Mi.	8 km 0:44 h, 100 km 24er Schnitt, starker Wind
Do.	200 km 24er Schnitt, stürmisch
Fr.	24 km 1:45 h, Rückflug von Mallorca
Sa.	15 km 1:00 h
So.	82 km Rad
2. Aprilwoche:	6 km S, 100 km R
Mo.	6 x 1000 m in 3:25 Min./km, 5 Min. Trabpause
Di.	26 km in 2:05 h
Do.	15 km in 1:08 h
Sa.	10 km Volkslauf 35:40 Min.
3. Aprilwoche:	7 km S, 300 km R
Mo.	34 km in 2:40 h
Do.	18 km in 1:18 h
Sa.	7 x 1000 m 3:40 Min./km
So.	24 km in 2:00 h
4. Aprilwoche:	4 km S, 244 km R
Di.	19 km, dabei 5 km in 18:30 Min. Glykogenlauf
Do.	16 km in 1:16 h
So.	Marathon Hamburg, 2:44:21 h Bestzeit

Durchschnittliche Laufleistung seit Jahresbeginn 75 km pro Woche.
Drei Wochen später dann erster Kurztriathlon der Saison.

	1 km	3 km	5 km	10 km	15 km	20 km	25 km	30 km	35 km	Marathon
Zeit	2:55	8:45	14:35	29:10	43:45	0:58:20	1:12:55	1:27:30	1:42:05	2:03:04
	3:00	9:00	15:00	30:00	45:00	1:00:00	1:15:00	1:30:00	1:45:00	2:06:35
	3:05	9:15	15:25	30:50	46:15	1:01:40	1:17:05	1:32:30	1:47:55	2:10:06
	3:10	9:30	15:50	31:40	47:30	1:03:20	1:19:10	1:35:00	1:50:50	2:13:37
	3:15	9:45	16:15	32:30	48:45	1:05:00	1:21:15	1:37:30	1:53:45	2:17:08
	3:20	10:00	16:40	33:20	50:00	1:06:40	1:23:20	1:40:00	1:56:40	2:20:39
	3:25	10:15	17:05	34:10	51:15	1:08:20	1:25:25	1:42:30	1:59:35	2:24:10
	3:30	10:30	17:30	35:00	52:30	1:10:00	1:27:30	1:45:00	2:02:30	2:27:41
	3:35	10:45	17:55	35:50	53:45	1:11:40	1:29:35	1:47:30	2:05:25	2:31:12
	3:40	11:00	18:20	36:40	55:00	1:13:20	1:31:40	1:50:00	2:08:20	2:34:43
	3:45	11:15	18:45	37:30	56:15	1:15:00	1:33:45	1:52:30	2:11:15	2:38:14
	3:50	11:30	19:10	38:20	57:30	1:16:40	1:35:50	1:55:00	2:14:10	2:41:49
	3:55	11:45	19:35	39:10	58:45	1:18:20	1:37:55	1:57:30	2:17:05	2:45:16
	4:00	12:00	20:00	40:00	60:00	1:20:00	1:40:00	2:00:00	2:20:00	2:48:47
	4:05	12:15	20:25	40:50	61:15	1:21:40	1:42:05	2:02:30	2:22:55	2:52:18
	4:10	12:30	20:50	41:40	62:30	1:23:20	1:44:10	2:05:00	2:25:50	2:55:49
	4:15	12:45	21:15	42:30	63:45	1:25:00	1:46:15	2:07:30	2:28:45	2:59:20
	4:20	13:00	21:40	43:20	65:00	1:26:40	1:48:20	2:10:00	2:31:40	3:02:50
	4:25	13:15	22:05	44:10	66:15	1:28:20	1:50:25	2:12:30	2:34:35	3:06:22
	4:30	13:30	22:30	45:00	67:30	1:30:00	1:52:30	2:15:00	2:37:30	3:09:53
	4:35	13:45	22:55	45:50	68:45	1:31:40	1:54:35	2:17:30	2:40:25	3:13:24
	4:40	14:00	23:20	46:40	1:10:00	1:33:20	1:56:40	2:20:00	2:43:20	3:16:55
	4:45	14:15	23:45	47:30	1:11:15	1:35:00	1:58:45	2:22:30	2:46:15	3:20:26
	4:50	14:30	24:10	48:20	1:12:30	1:36:40	2:00:50	2:25:00	2:49:10	3:23:57
	4:55	14:45	24:39	49:10	1:13:45	1:38:20	2:02:55	2:27:30	2:52:05	3:27:28
	5:00	15:00	25:00	50:00	1:15:00	1:40:00	2:05:00	2:30:00	2:55:00	3:30:59
	5:05	15:15	25:25	50:50	1:16:15	1:41:40	2:07:05	2:32:30	2:57:55	3:34:29
	5:10	15:30	25:50	51:40	1:17:30	1:43:20	2:09:10	2:35:00	3:00:50	3:38:01
	5:15	15:45	26:15	52:30	1:18:45	1:45:00	2:11:15	2:37:30	3:03:45	3:41:31
	5:20	16:00	26:40	53:20	1:20:00	1:46:40	2:13:20	2:40:00	3:06:40	3:45:02
	5:25	16:15	27:05	54:10	1:21:15	1:48:20	2:15:25	2:42:30	3:09:35	3:48:33
	5:30	16:30	27:30	55:00	1:22:30	1:50:00	2:17:30	2:45:00	3:12:30	3:52:04
	5:35	16:45	27:55	55:50	1:23:45	1:51:40	2:19:35	2:47:30	3:15:25	3:55:35
	5:40	17:00	28:20	56:40	1:25:00	1:53:20	2:21:40	2:50:00	3:18:20	3:59:06
	5:45	17:15	28:45	57:30	1:26:15	1:55:00	2:23:45	2:52:30	3:21:15	4:02:37
	5:50	17:30	29:10	58:20	1:27:30	1:56:40	2:25:50	2:55:00	3:24:10	4:06:08
	5:55	17:45	29:35	59:10	1:28:45	1:58:20	2:27:55	2:57:30	3:27:05	4:09:39
	6:00	18:00	30:00	1:00:00	1:30:00	2:00:00	2:30:00	3:00:00	3:30:00	4:13:10

Tips zum Lauftraining

- Trainingsablauf wie folgt gestalten: Einlaufen 10 Minuten, Stretching, Trainingseinheit mit abschließendem Auslaufen und Dehnübungen. Niemals bis ins Trainingsziel volle Pulle durchlaufen.
- Verschiedene Laufschuhe stets im Wechsel tragen.
- Alle sich reibenden Körperstellen mit Vaseline oder Fett behandeln.
- Bekleidung sollte zwar eng anliegen, aber nicht einschnüren.
- Bei langen Läufen Getränkeaufnahme trainieren.

Ein paar Anmerkungen zum Intervalltraining:
- Intervalltraining soll zwar ermüdend wirken, jedoch nicht total erschöpfend.
- Zwischen den Intervallen Puls bis auf 110 sinken lassen.
- Anzahl der Intervalle wöchentlichen geringfügig steigern.
- Intervalltraining für Kurztriathlons auf 8 Wochen beschränken. Für Ultratriathlons auf 12 Wochen.

- Aufwärmtraining hierbei besonders wichtig. Ebenso das Auslaufen.
- Achtung, die meisten Verletzungen entstehen beim Tempotraining.

Zum Triathlonwettbewerb

- Realistische Ziele und Teilziele setzen.
- Gelöst und locker loslaufen.
- Schuhe möglichst mit Klettverschluß oder Tanka (Rucksackverschlüsse) ausstatten.
- Regelmäßig trinken besonders bei Hitze.
- Bei Krämpfen Muskulatur dehnen, bis sich der Krampf löst.
- Wenn es hart wird, positiv denken und die Umwelt bewußt wahrnehmen.

Triathlon bei Hitze

Triathlon, eine Sommersportart, wird zwangsläufig selbst bei sehr hohen Temperaturen und möglicherweise hoher Luftfeuchtigkeit ausgeübt.

Beide Faktoren, Temperatur und Luftfeuchtigkeit, beeinflussen die Leistungsfähigkeit ganz beträchtlich. Vor allem dann, wenn beide gleichzeitig auftreten. Diese leistungsmindernden Größen gibt es nicht nur auf Hawaii. Denken wir mal nur an unsere Super-Sommer 91 und 92.

Von der gesamten Energieproduktion beim Triathlon wird nur ein Viertel für die Fortbewegung benötigt, drei Viertel werden als Wärme freigesetzt. Diese Wärme kann die Körpertemperatur massiv erhöhen. Bei hohen Temperaturen muß die Wärme den Körper über die Transpiration verlassen. Von daher sind Menschen, die sehr leicht ins Schwitzen geraten, bei hohen Temperaturen im Vorteil. Sie geben die Körperwärme schneller ab, verlieren dann besonders viele Mineralien und Spurenelemente.

Das Blut muß die Körperwärme zur Hautoberfläche transportieren, was den Kreislauf wiederum belastet, neben der Sauerstoffaufnahme, der Energiezufuhr nun noch zusätzlich durch den Wärmeabtransport. Dieses kostet zusätzliche Energie, die dann nicht mehr für die Fortbewegung zur Verfügung steht. Außerdem muß mehr Blut, welches den Muskeln entzogen wird, durch die Haut fließen, damit eine optimale Wärmeabfuhr gewährleistet ist. All das bewirkt, daß bei hohen Temperaturen nicht so schnell radgefahren und gelaufen werden kann. Eine hohe Luftfeuchtigkeit sorgt für eine schlechtere Verdampfung unseres Schweißes. Die Abkühlung ist geringer, weil der Schweiß länger auf der Haut bleibt. Das hat zur Folge, daß die Körpertemperatur weiter ansteigt.

Die Folge können Muskelkrämpfe, starkes Schwitzen, allgemeine Ermüdung, Erschöpfungszustände wie Kopfschmerzen, Übelkeit, Schwindelgefühle oder sogar unkontrollierter Bewegungsablauf, Ohnmacht und Bewußtlosigkeit sein.

Was kann man, was muß man dagegen tun?

- Bereits frühzeitig während des Radfahrens trinken, bevor ein Durstgefühl entsteht.
- Am Vorwettkampftag durch sehr viel Trinken vorsorgen. Jedoch keinen Alkohol, da dieser die Urinproduktion anregt und für Flüssigkeitsverluste sorgt.
- Kurz vor dem Wettbewerb noch Flüssigkeit aufnehmen.
- Auf dem Rad reichlich trinken, um für den Marathonlauf bei der Langdistanz vorzusorgen. Ähnliches gilt selbstverständlich für die anderen Distanzen. Der Magen kann pro Stunde nur 800 ml (0,8 l) Füssigkeit passieren lassen. Verluste können dagegen beim Laufen sehr viel größer sein.
- Im Ziel reichlich trinken.
- Dunkel gefärbter Urin deutet auf Flüssigkeitsmangel hin.
- Während des Wettbewerbes auf die vorgenannten Überhitzungszeichen achten. Einfachstes Rezept dagegen: Belastung verringern.
- Nur gut vorbereitet an den Start gehen.
- Kopf-Nackenbereich, Arme und Beine an jeder Verpflegungsstelle mit Wasser kühlen.
- Helle Kleidung und Mütze tragen.
- Auf ausreichende Akklimatisation achten, also rechtzeitig anreisen.
- Bei Hitze nur früh morgens oder spät abends trainieren.

Fürs Training gelten die gleichen Vorbeugemaßnahmen.

Frühzeitige Getränkeaufnahme und Mütze sind bei großer Hitze ein „Muß".

Triathlon bei Kälte

In unseren Breiten, aber auch anderswo kann ein Triathlet bei einem Wettbewerb kühle Temperaturen antreffen.

Gegen kaltes Wasser schützt man sich mittels Neoprenanzüge. Unter 14 Grad Wassertemperatur ist das Schwimmen laut DTU-Ordnung untersagt, zurecht. Sport soll schließlich der Gesundheit dienen, daher sind alle gesundheitlichen Risiken zu meiden.

Der größte Teil der Wärme wird über den Kopf abgegeben, so daß hier besondere Vorkehrungen sinnvoll erscheinen. Das einfachste ist, zwei Badehauben übereinander zu tragen. Wolfgang Arnold, ein ehemaliger Wasserballer und Schwimmfuchs, trägt unter seiner Wettkampfkappe bei kühlen Temperaturen eine genoppte Badekappe, wie sie die Damen vor 20 Jahren getragen haben. Das eingeschlossene Luftpolster verhindert somit ein zu starkes Auskühlen. Ich bevorzuge eine Neoprenkappe, die zwar aussieht, als ob ich einen Bankraub vorbereite, ihren Zweck jedoch voll erfüllt. Mit dieser Haube, über die die offizielle Badekappe gezogen wird, fällt es mir nicht so schwer, den Kopf in 17 oder 18 Grad kühles Wasser einzutauchen.

Bei kurzen Schwimmstrecken reicht dagegen oft das Auftragen von Kälteschutzfett (Melkfett). Training im Freien, kalte Duschen, regelmäßige Saunabesuche können zu einer gewissen Unempfindlichkeit gegenüber Kälte führen.

Bei kühlem Wasser und dazu noch kühler Außentemperatur ist auf jeden Fall für trockene Radkleidung Sorge zu tragen. Wer sich mit nassem Oberkörper, nassem

Bei Kälte ist lange und trockene Bekleidung auf dem Rad erforderlich.

T-Shirt und nasser Badehose bei weniger als 15 Grad Außentemperatur sofort aufs Rad schwingt und losbraust, der muß sich am anderen Tag nicht über Nierenbeschwerden wundern.

Sind es denn diese wenigen Minuten wert, möglicherweise mittel- oder langfristig gesundheitliche Schäden zu riskieren? Ja, ja, ich weiß, der Klassensieg, das Prestige, der Vereinskollege...., zählt das alles mehr als meine Gesundheit?

Zudem sollten wir eins nicht ganz vergessen: Sport soll doch Spaß machen, oder ...?

Die wichtigsten Trainingsgrundsätze für Triathleten

- Regelmäßig trainieren.
- Schwächste Disziplin bevorzugt trainieren, möglichst in der Gruppe.
- Mit Spaß und Freude trainieren, nie mit Gewalt.
- Wer sich gut auf Wettbewerbe vorbereiten will, trainiert in den letzten zwei Monaten wöchentlich das Doppelte der geplanten Triathlondistanz.
- Langsame Erhöhung des Trainings.
- Zuerst den Trainingsumfang, dann die Intensität erhöhen.
- Trainingscamps ausreichend vorbereiten.
- Sich bewußt ernähren, möglichst viel Eiweiß, wenig Fett.
- Wer oft in den Körper hineinhorcht, entwickelt ein gutes Gefühl für die richtige Belastung im Training und im Wettbewerb.
- Kleine Verletzungen sorgsam beachten.
- Training stets abwechselungsreich gestalten. In einer Woche nie 2 x die gleiche Einheit absolvieren.
- Normale, harte und regenerative Trainingsphasen wechseln je nach Anspruch.
- Ausreichend Ruhetage einplanen.
- Trainingsempfehlungen nie als Dogma ansehen. Stets Gesamtbelastung aus Sport, Beruf und Privatleben berücksichtigen.
- Die Pause zwischen 2 Trainingseinheiten soll mindestens 4 Stunden betragen.
- Je länger die Trainingseinheit, umso geringer die Intensität.
- Nach einer intensiven Laufeinheit sollte als nächstes eine lockere Rad- oder Schwimmeinheit folgen, da beide für den Bewegungsapparat weniger belastend sind.
- Zwischen zwei intensiven Trainingseinheiten sollen mindestens 24 Stunden liegen.
- Letzte Woche vor dem Triathlon locker, entspannt, regenerativ und wenig trainieren.
- Kurztriathleten können in der letzten Woche noch einmal Intervalle in verkürzter Form durchführen, um das Tempogefühl zu trainieren.
- Rechtzeitige Flüssigkeits- und Nahrungsaufnahme im Training und Triathlon.
- Cola erst auf den letzten Laufkilometern trinken.
- Einen Tag vor Wettbewerben reichlich trinken, weniger essen.

- Am Vortag des Triathlons rechtzeitig essen. Nahrung benötigt ca. 8-15 Stunden für die Verdauung.
- Nur bewährtes Material im Triathlon einsetzen.
- Ultratriathleten sollten 4-6 Wochen vor ihrem Saisonhöhepunkt den letzten „ernsthaften“ Kurz-Triathlon bestreiten.
- Triathlonwettbewerbe entscheiden sich im Kopf, daher mentale Stärke beweisen.
- Bei Ortswechsel den dritten Tag der aktiven Ruhe gönnen.
- Werde nicht zu einem Trainings-Weltmeister!
  Gründe dafür sind oft: Überhartes Training, zu wenig Regeneration, zu abrupter Anstieg des Trainingsumfangs, zu hoher Erwartungsdruck, zu hartes Training in der letzten Woche vor dem Triathlon, nicht locker genug, also zu verbissen!

Mögliches Trainingsschema:

Di., Mi., Do.	mit ansteigender Gesamtbelastung
Fr.	teilweise Erholung bei stark verminderter Belastung
Sa., So.	zwei Tage Belastung
Mo.	trainingsfreier Tag zur vollständigen Erholung
Alternativ:	Di., Mi. ansteigende Belastung
	Do. teilweise Erholung bei verminderter Belastung
	Fr., Sa., So. starke Belastung

Grundlagen-Ausdauertraining 1,5 mmol/l Laktat		
„aerob“ mit folgenden Pulswerten:	Schwimmen	150
	Radfahren	130-140
	Laufen	130-150
Schnelligkeitsausdauertraining (Schwellentraining)		
„anaerob-aerob“ Laktat 3-4 mmol/l:	Schwimmen	150-180
	Radfahren	150-170
	Laufen	150-170
Intervalltraining		
„anaerob“ laktat > 6 mmol/l	Schwimmen	max. Puls
	Radfahren	170 - max.
	Laufen	170 - max.

Begriffe:	intensives Training	entspr. Geschwindigkeit im Triathlon
	extensives Training	entspr. Geschwindigkeit deutlich unter dem Triathlonniveau

Stretching für Triathleten

Unter Stretching versteht man eine Dehnung nach vorheriger Anspannung. Stretching ist Dehnungstraining zur Verbesserung der Gelenkigkeit, Beweglichkeit und der Flexibilität des entsprechenden Bewegungsapparates. Regelmäßiges Stretching beugt Problemen mit Sehnen, Bändern und Muskeln vor.

Stretchingübungen sollen in jede Trainingseinheit eingebaut werden, um jede mögliche Verkürzung des Muskels auszugleichen. Jede körperliche Belastung wird durch Muskelkontraktionen (Kontraktion = Verkürzung) ermöglicht. Demnach kommt es im Triathlon sowohl im Schwimmen, Radfahren und Laufen zu häufigen Muskelkontraktionen der belasteten Körperpartien.

Ein verkürzter Muskel ist jedoch weniger leistungsfähig und verletzungsanfälliger. Eine elastische und gekräftigte Muskulatur erhöht die Widerstandsfähigkeit gegenüber diesen oft langandauernden Belastungen und verringert eben damit die Verletzungsanfälligkeit ganz beträchtlich.

Durch eine verbesserte Beweglichkeit und höhere Flexibilität verbessert sich die Bewegungstechnik. Beim Laufen wird dadurch die Schrittlänge vergrößert, was sich selbstverständlich in einer besseren Laufzeit niederschlägt. Der gelöste Bewegungsablauf beim Schwimmen ermöglicht eine bessere Schwimmtechnik. Gleiches gilt für das Radfahren.

Wann sollten Stretchübungen stattfinden?

- Vor und nach dem Schwimmen.
- Vor und nach dem Radfahren.
- Nach der 10minütigen Einlaufphase und dem Auslaufen.

Vorab lockeres Traben, Hüpfen, Springen um den Kreislauf und die Muskulatur vorzuwärmen.

Wie sollte gestretcht werden?

- Alle Übungen langsam in lockerer und entspannter Form ausführen. Gleichzeitig auch geistig entspannen.
- Muskelpartien langsam bis an die individuelle Schmerzgrenze dehnen.
- Diese ist erreicht, wenn ein „Kribbeln" in der Muskulatur spürbar wird.
- In dieser Dehnposition 10 Sekunden verharren, bei einer normal ruhigen Atmung.
- Nach Abschluß dieser ersten Dehnung noch ein wenig weiterdehnen. Diese neue Spannung wiederum 10 Sekunden anhalten.
- Größere Muskeln länger dehnen als kleinere.
  Danach langsame Auflösung der Dehnung.

Jede Übung 3 x wiederholen.

Alle ruckartigen und federnden Bewegungen sind zu unterlassen, weil diese die Dehnfähigkeit der Muskeln nicht fördern sondern hemmen. Nach Dehnung einer Muskelgruppe (Agonist) immer auch die gegenüberliegende Muskelgruppe (Antagonist) ansprechen, z.B. Oberschenkelvorderseite - Oberschenkelrückseite.

Bei schmerzhaften Beschwerden und Verletzungen muß das Stretching vermieden werden.

Während des Stretchings ist eine lockere und bequeme Trainingskleidung wichtig, die gleichzeitig vor Auskühlung schützt.

Da die Dehnungseigenschaften individuell verschieden sind, sollte jeder Triathlet darauf bedacht sein, seine eigene Bewegungsmöglichkeit optimal zu fördern. Umfangreiche Anleitungen dazu liefert das Buch „Übungsprogramme zur Dehn- und Kräftigungs-Gymnastik".

Übungen vor und nach dem Schwimmtraining

Die Beweglichkeit der Schultern, der Hüftregion, der Wirbelsäule und der Fußgelenke sind beim Schwimmen besonders wichtig. Je geschmeidiger sich der Triathlet gibt, umso „fischähnlicher", eleganter und damit rationeller sind seine Bewegungen im Wasser.

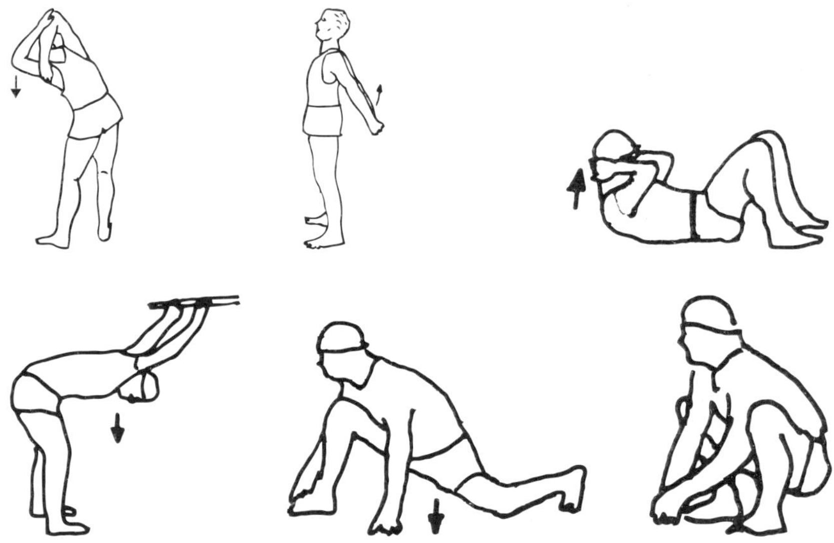

Stretching vor und nach dem Schwimmen

Übungen vor und nach dem Radfahren

Intensiv gestretcht werden sollten die Muskelgruppen, die überwiegend eine statische (ruhende) Haltearbeit beim Radfahren zu leisten haben. Dadurch wird die Neigung zu Verspannungen deutlich vermindert. Für das Radfahren heißt das: Dehnung der Bein-, Rücken- und Armmuskulatur.

Besonders nach dem Radtraining sind die hochbelasteten Muskeln intensiv zu stretchen. Dieses trägt zur schnelleren Entspannung und Regeneration bei. Stretching der meistbelasteten, daher zur Verkürzung neigenden Muskelgruppen macht diese entspannter, elastischer, zögert vor allem Ermüdungen hinaus und verhindert zudem oft Krämpfe.

Nachfolgend einige Übungen zum Radtraining, die wiederum vor dem Training und nach dem Training durchzuführen sind:

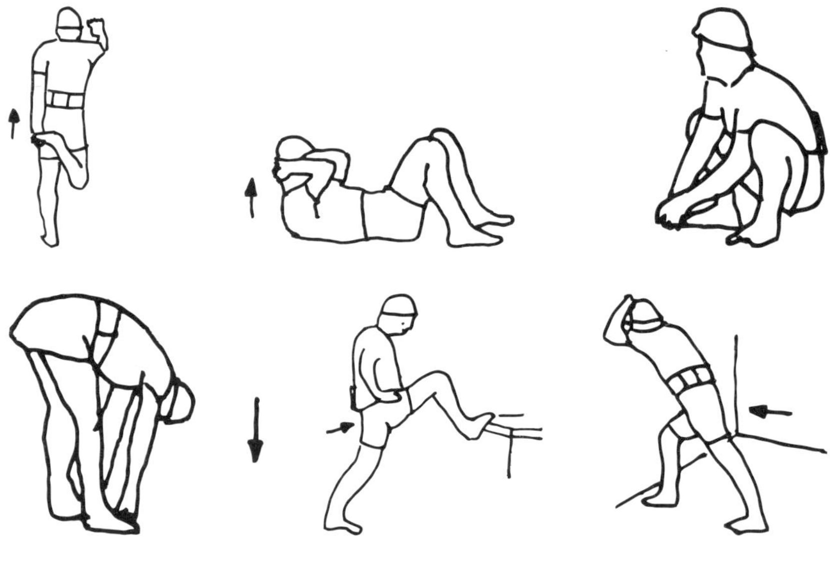

Stretchübungen zum Radfahren vor und nach dem Training

Übungen vor und nach dem Lauftraining

Gerade beim Laufen ermöglicht eine gute Beweglichkeit einen ökonomischen Laufstil. Das bedeutet, daß die Laufbewegungen runder, die Verletzungsgefahr geringer und die Schrittlänge größer wird.

Ein beeindruckendes Beispiel:

Bei einem Marathonlauf über 42.195 Meter sind etwa 30.000 Schritte erforderlich. Wird diese Schrittlänge durch eine bessere Beweglichkeit nur um 3 cm (2%) vergrößert, so macht dieses im Endeffekt 30.000 x 3 cm = 90.000 cm = 900 m aus – eine Laufzeitverbesserung um ca. 4 Minuten. Bei 5 cm ergäben das bereits 1500 m.

Mit einer lockeren und dehnbaren Beinmuskulatur lassen sich höhere Geschwindigkeiten über längere Zeit durchhalten. Besonders vor und nach intensiven Laufeinheiten muß die Dehnarbeit durchgeführt werden. Dadurch wird eine Verkürzung der Muskulatur vorgebeugt und die Regeneration verbessert.

Stretchübungen zum Laufen

Kraftausdauer

In den ersten Monaten eines Wettkampfjahres, im Vorbereitungszeitraum, kann ein Kraftausdauertraining eine umfassende athletische Ausbildung des Triathleten fördern.

Eine gute Kraftausdauer ist für die Widerstandsfähigkeit gegen eine Ermüdung bei langandauernden, sich wiederholenden Belastungen, wie sie ja im Triathlon über mehrere Stunden vorkommt, entscheidend.

Triathlontraining soll keine Muskelprotze durch Training der maximalen Schnellkraft heranziehen, denn diese sind Ballast auf dem Rad und vor allem beim

Fahren im Wiegetritt verbessert die Kraftausdauer.

Laufen. Daher muß im Kraftausdauertraining mit kleinen Widerständen über einen längeren Zeitabschnitt und eine Vielzahl von Muskelkontraktionen durchgeführt werden. Bei einer häufig wiederholten Übung bildet bereits das Eigengewicht des Athleten einen angemessenen Widerstand.

Wofür benötigt ein Triathlet eine hohe Kraftausdauer?

Beim Radfahren im Wiegetritt sowie bei starkem Gegenwind ist eine erhöhte Kraft beim Fahren in einer optimalen aerodynamischen Position erforderlich. Beim Laufen hilft ein Kraftausdauertraining, das eigene Körpergewicht leichter zu tragen und sorgt für eine verbesserte Streckung der Beine. Hierbei werden vornehmlich die Waden, Oberschenkelvorder- und -rückseite sowie die Gesäßmuskeln beansprucht. Ebenso wie beim Laufen.

Beim Schwimmen kann der Triathlet durch seine größere Kraft im Arm-, Schulter- und Rückenbereich den mit der Geschwindigkeit anwachsenden Wasserwiderstand besser überwinden.

Insgesamt sorgt ein Kraftausdauertraining in Verbindung mit Stretching für folgende Vorteile:

- Größere Belastbarkeit des Bewegungsapparates durch stärkere Muskeln, Sehnen und Knochen. Die Belastung bei den drei Ausdauersportarten kann länger durchgehalten werden.
- Radfahren und Laufen kann schneller und ausdauernder ausgeführt werden.
- Schwimmzüge werden durch stärkere Muskeln kraftvoller.
- Besser durchblutete Muskeln ermüden langsamer.
- Verbesserung der Bewegungskoordination.

Allgemeine Hinweise zum Kraftausdauertraining

- Für ambitionierte Triathleten empfiehlt sich eine gewisse Regelmäßigkeit, um die gewonnene Kraft zu stabilisieren.
- Das Training muß langsam aufgebaut werden. Die Muskeln und Sehnen brauchen Zeit, um sich an die Belastungen zu gewöhnen. Dadurch wird auch das Verletzungsrisiko so gering wie möglich gehalten.
- Vor jedem Krafttraining ist eine Aufwärmphase von mindestens 15-20 Minuten erforderlich, da warme lockere Muskeln weniger verletzungsanfällig sind.
  Dieses Aufwärmen kann erfolgen durch:
  Lockeres Laufen, es kann bis zu einer Stunde ausgedehnt werden.
  Leichtes Kurbeln auf der Rolle bzw. Ergometer.
  Seilhüpfen und gymnastische Übungen.
- Wer ein Kraftstudio aufsuchen möchte, sollte alle Übungen unter Anleitung präzise ausführen. Die Belastung im Kraftausdauertraining sollte jeweils nur 50 % der derzeitigen Maximalbelastung betragen. Jede Übung soll in einer Serie 10 bis 40 Wiederholungen aufweisen. Ratsam sind 2-4 Durchgänge.

Ideal ist ein Training dieser Art zu zweit. Während der eine seine Übungen macht, hat der zweite seine Serienpause. Gleichzeitig können sich beide beobachten und nötigenfalls korrigieren.

Ein Triathlet benötigt allerdings kein Kraftstudio, um ein geeignetes Kraftausdauertraining zu absolvieren. Mit einem Zugseil und leichten Hanteln ist dieses auch jederzeit zu Hause möglich. Für das Schwimmtraining im Bad sind Paddel zu empfehlen. Hiermit ist während des normalen Schwimmtrainings ein Krafttraining möglich. Mit Paddel, die aufgrund ihrer größeren Fläche für einen größeren Widerstand im Wasser sorgen, erfolgt ein Krafttraining in Form von Intervallen.

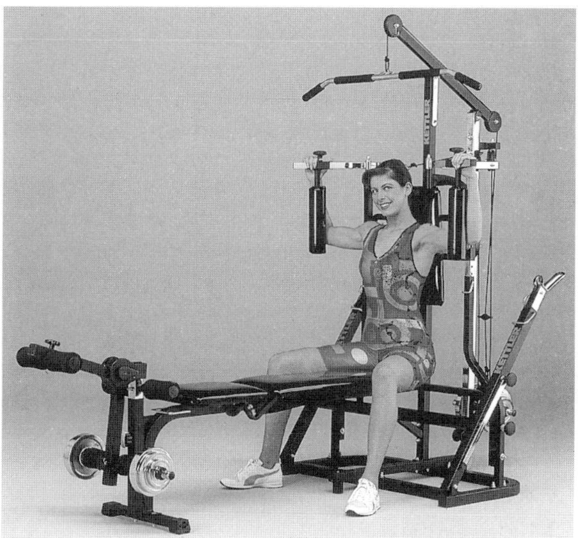

Butterflyübung zur Stärkung der Brustmuskulatur und der vorderen Schultermuskulatur (Deltamuskel)

Tauchen die Hände mit den Platten nicht richtig ins Wasser ein, so werden diese von den Händen gerissen. Gerade in der Vorbereitungszeit ist ein Schwimmen mit Paddels häufiger zu empfehlen.

Um den Kraftzuwachs zu erhöhen, kann man weiterhin die Bedingungen erschweren, also den Reibungswiderstand für die Muskeln erhöhen. Dieses kann beim Schwimmen durch das Tragen von Kleidungsstücken wie T-Shirts erreicht werden, beim Radfahren durch Benutzung eines schwereren Trainingsrades oder einfach durch das Fahren mit großen Gängen an einer Steigung. Ähnliche Wirkungen können beim Laufen durch das Tragen besonders robuster Trainingsschuhe erzielt werden.

Die für eine Ausdauerleistung nötige Kraft wird in großem Maße durch das Ausdauertraining selbst entwickelt.

Ein Triathlet oder Schwimmer hat neben den zwei im Wasser durchzuführenden Varianten, schwimmen mit Paddels und/oder T-Shirt, die Möglichkeit, ein Trokkentraining zu absolvieren.

Diese sind das Zugseiltraining und das leichte Hanteltraining. Ein Zugseil läßt sich leicht in jeder Wohnung, zumeist im Treppenhaus, befestigen. Bei der Durchführung des Zuges ist darauf zu achten, daß die Bewegungen der Schwimmbewegung entsprechen. Die eigene Standposition ist dort, wo das Seil bereits etwas vorgespannt ist. Mit vorgebeugtem Oberkörper steht der Athlet breitbeinig und greift in die Zugseilschlaufen. Bei jeder Zugbewegung ist der Ellbogen wie beim Schwimmen hoch zu halten bzw. in der Anfangsphase „stehen“ zu lassen. Keine Faust machen, da die Bewegung schwieriger kontrolliert werden kann!

Das Kraftausdauertraining besteht nun aus langen Serien mit geringer Belastung. Eine Serie sollte mindestens 30, besser 50, 80 oder 100 Züge umfassen. Bei 5-10 Serien sollte die Serienpause 1-2 Minuten betragen. Weitere Belastungsunterschiede sind durch größere Entfernung vom Festpunkt, kürzere Pausen, größere Zugzahlen und Serien zu erreichen.

Für Triathlonanfänger, aber auch Fortgeschrittene ist ein Training zur Verbesserung der allgemeinen Kraft im Oberkörperbereich hilfreich. Sehr gut eignet sich dafür ein Kreistraining oder Zirkeltraining, das verschiedene Kraftübungen in einer Trainingseinheit vereint. Daher sind der Phantasie der Athleten keinerlei Grenzen gesetzt.

Zu achten ist lediglich auf eine entsprechende Abwechslung: Klimmzüge, Liegestützen aller Art, „Klappmesser“, Aufrichten aus der Rückenlage, Bauch-Beinheben aus der Bauchlage usw.

Hiermit kann jeder Triathlet selbst in seinem Wohnzimmer die allgemeine Kraft verbessern.

Leichte Hantelübungen:

- Hantel abwechselnd mit gestreckten Armen vor dem Körper nach oben führen. Handflächen sollen dabei nach unten zeigen.
- Zwei Hanteln gleichzeitig mit gestreckten Armen seitlich bis in Schulterhöhe führen.

- In Rückenlage ein Gewicht mit den Beinen schräg nach oben drücken.
- Bäuchlings bis zur Hüfte auf einem Tisch liegend, wird der über den Tisch hinausragende Oberkörper bis in die Waagerechte gehoben. Nicht höher gehen. Hiermit wird die Rückenmuskulatur gestärkt.

Ansonsten erfolgt Kräftigung auf dem Rad durch Befahren von Steigungen mit großen Gängen und beim Laufen durch Tragen von schweren Trainingsschuhen und mehr Kleidung.

Kraftausdauer kann der Triathlet im Winter auch beim Skilanglauf trainieren. Hierbei werden viele der beim Schwimmen beanspruchten Muskelgruppen trainiert. Vornehmlich der Doppelstockeinsatz und der Diagonalschritt sind hier besonders geeignet.

Mentales Training

Beim Triathlon, vornehmlich auf den langen Strecken, ist die Entwicklung der Willenskraft und der mentalen Disziplin sehr wichtig. Auch diese gilt es zu trainieren.

Unter dem Begriff „mental" verstehe ich dabei das Einsetzen unseres Geistes, unseres Verstandes. Also jene Vorgänge die unser Denkvermögen betreffen.

Der damit sicherlich eng verbundene Begriff der „Psyche" betrifft mehr den Gefühlsbereich, den seelisch-geistigen Sektor.

Vorab die Meinung eines Profis auf diesem Gebiet, Dr. Barbara Alvarez, Sportpsychologin, die viele amerikanische Topstars im Triathlon in ihrer Praxis in San Diego berät. Nachdem ich sie in Hawaii, in Kalifornien, in ihrem Heimatland Österreich und in Roth 1992 samt ihrer Zwillingsschwester Angelika Castaneda kennengelernt hatte, war sie sofort bereit, mir ihre Expertenmeinung schriftlich mitzuteilen.

„Der Geist, ein wichtiger Faktor im Sport

Um überhaupt fähig zu sein, Sport durchzuführen, muß man sich über die Rolle im klaren sein, die der Geist bei unseren Erfolgen und Mißerfolgen spielt. Wie kommen wir dorthin, wo wir sind, wie gehen wir mit der Art und Weise, über uns selbst zu denken, um und wie reagieren wir auf Streß und Konzentration?

Unsere Leistung im Leben besteht immer aus den geistigen Bildern, die wir vor Augen haben. Als Mensch können wir unser Leben verändern, indem wir den Gedankeninhalt unseres Geistes austauschen. Mein grundsätzliches Prinzip in der Arbeit mit Athleten in meiner eigenen Praxis habe ich von meinem Trainer Noel Montrucho:

See it - feel it - allow it. Was soviel heißt wie: SEHE ETWAS - FÜHLE ES - LAß ES ZU.

Mit diesen Worten können wir unseren Geist nicht nur in die Stimmung versetzen etwas zu tun, sondern auch zu gewinnen. Mentale Erinnerung und Probe bringen uns direkt zum Ziel, aber nur, wenn wir es aus Leidenschaft heraus machen.

Die Sportpsychologin Dr. Barbara Alvarez (links) mit ihrer Zwillingsschwester Angelika Casteneda aus San Diego. Daneben Tom Warren, die „Ironman-Legende". Er hat bislang alle Ironman-Wettbewerbe auf Hawaii bestritten und 1979 sogar gewonnen.

Unser Körper kann nicht zwischen einer wahren und einer nur in der Vorstellung existierenden Erfahrung unterscheiden; indem wir ausprobieren, bedingen wir einen Kreislauf der Erfolge.

Dieses läuft natürlich parallel mit der neuromuskulären Praxis. Wir können Gewinner sein, wenn wir unser Gott gegebenes Talent zusammen mit einem Maximum an präzisem Wissen, das man im Sport anwendet, übertragen auf eine optimale Vorbereitung von Geist und Körper.

In meiner Praxis arbeite ich mit dem Durchbrechen von Grenzen, die sich die Sportler selbst gesetzt haben. Ich zeige ihnen, wie man sich - mit sich selbst als Gewinner auseinandersetzt. Ich erzähle ihnen, wie sie es vermeiden können, die eigenen Siege zu sabotieren, und ich weiß, daß Gewinnen gelernt sein will."

Wie kann unser Geist nun konkret in unsere Vorbereitungen und natürlich in unseren Triathlon eingreifen ?

Sicherlich gibt es dafür viele erfolgreiche Möglichkeiten. Ich bin nach vielen Überlegungen zu dem Schluß gekommen, dem Leser halt meine individuelle mentale Beschäftigung mit dem Triathlon näher zu schildern. In Bezug auf meinen ersten Ultratriathlon und meinem ersten tiefgreifenden Hawaii- Erlebnis habe ich diese mentale Komponente bereits in meinem Buch „Mein Abenteuer Hawaii-Triathlon" geschildert.

Darf ich meine mentale Auseinandersetzung mit dem Triathlon als erfolgreich bezeichnen?

Da ich bislang bei jedem meiner mehr als 100 Triathlonwettbewerbe gefinisht und selten einen Wettbewerb unzufrieden beendet habe, darf ich diese Aussage ohne Übertreibung so stehenlassen. Gleiches gilt für meine knapp fünfzig Marathonläufe und die vielen anderen Laufwettbewerbe seit 1980.

Häufig wird mir die Frage gestellt, warum ich seit nunmehr 10 Jahren Triathlon betreibe und mich immer noch neu motivieren kann.

Dieses hat wohl mit der von Barbara Alvarez angesprochenen Leidenschaft zu tun. Einmal von der theoretischen Auseinandersetzung mit dem Triathlonsport her und selbstverständlich mit der praktischen, dem Training.

Die theoretische Auseinandersetzung mit den Möglichkeiten, die uns der Triathlonsport bietet, aber auch mit den Grenzen und deren Gefahren ist eigentlich so interessant und umfangreich, daß ich ein Buch mit mehr als 500 Seiten schreiben könnte, wollte ich alle angeschnittenen und tangierenden Probleme ausführlich darstellen. Da es mir jedoch darum geht, mein Wissen, meine Erfahrungen möglichst in anschaulicher, praxisgerechter Form darzustellen, kann eben das ein oder andere Problem nur kurz gestreift werden.

Daß ich an der praktischen Auseinandersetzung, dem Triathlontraining, die Lust nicht verloren habe, liegt wohl darin begründet, daß ich immer großen Wert auf ein ruhiges Ausdauertraining gelegt habe und auch noch lege. Mein Training ist wenig intensiv - ja, ich weiß, häufig zu wenig intensiv.

Andererseits orientiere ich mich an der Aussage, die ich mittlerweile selbst bestätigen kann: „Nicht die Zeitdauer, sondern die Intensität des Trainings belastet den Körper in unvorteilhafter Weise."

Oder: „Es gibt keinen zu langen Wettkampf. Es gibt nur solche, die zu schnell sind."

Daß ein Tag, an dem ich einen Ultratriathlon bestreite, nicht unbedingt der gesündeste in meinem Leben ist, leuchtet mir ein. Andererseits stellt er das „Salz in der Suppe" dar und motiviert mich eben an 355 Tagen im Jahr aufgrund meiner Ernährung und meines Ausdauertrainings, bewußter und gesünder zu leben als der „Durchschnittsmensch" in unseren Breiten.

Ich vergleiche gern einen Wettkampftag mit einem anderen Festtag. Auch dort wird aufgrund des Überflusses an Speisen und Getränken in bezug auf unsere Gesundheit gesündigt. Wer an den anderen Tagen im Jahr aber besonders gesund lebt, der darf auch beruhigt einige Male im Jahr sündigen, oder?

Neben dem ruhigen Ausdauertraining gibt es einige andere Faktoren, die nach meiner Meinung die Motivation zum Triathlon erhalten:

In den Herbst- und Wintermonaten pflege ich eine viermonatige Regenerationsphase einzulegen. In dieser Zeit werden Dinge aufgearbeitet, die im Laufe des Sommers zu kurz kommen, wie die Musik, die Intensivierung von Bekannt- und Freundschaften, die Planung von Reisen, das Aufarbeiten der Dias und Fotos der Sommerreisen, und vor allem mein Schmökern in Lesebüchern aus den 50er Jahren. Solche alten Bücher sind für mich heute noch die schönsten und liebenswürdigsten Geschenke überhaupt.

Hier schließt sich in meiner Gedankenwelt häufig ein Kreis. Als 13- und 14jähriger Volksschüler fing ich bei jeder Geschichte, die nicht aus deutschen Landen stammte, an zu träumen. Obwohl ich nie über unser Münsterland hinausgekommen war, entwickelte ich konkrete Vorstellungen über Österreich, Italien, Amerika, Australien und andere Länder. Viele Stunden habe ich in meiner Gedankenwelt dort verbracht.

Und heute habe ich das große Glück, diese Länder gesehen und größtenteils erlebt zu haben. Die langen Winterabende sind für diese Träumereien ideal.

Während dieser ausgesprochen langen Regenerationszeit erhole ich mich körperlich, geistig und seelisch auf das Beste. Im Frühjahr freue ich mich wieder sehr auf meinen Sport, genauso wie ich mich im Herbst auf die langen Abende freue.

Sportlich wird nur noch 2-3 x pro Woche gelaufen und 1-2 x geschwommen. Das Radfahren stelle ich ganz ein, bis die Sonnenstrahlen im Februar wieder da sind. Wie stark ich mich auch mental und psychisch auf diese aktive Erholungszeit einstelle dazu zwei Beispiele: Sobald der letzte Saisonwettbewerb vorbei ist, schwimme ich die 1000 m im Training nicht mehr in 19 Minuten wie zur Wettkampfzeit, sondern nur noch in 21-23 Minuten. Die Bereitschaft für schnellere Trainingszeiten ist einfach nicht mehr vorhanden. Ähnlich verhält es sich beim Laufen. Mit Mühe halte ich mein 5 Minuten-Tempo pro Kilometer. Selbst wenn ich mich quälen würde, ich bringe es nach Saisonschluß nicht mehr fertig, im sonst üblichen Trainingstempo zu trainieren. Ich kann mich mal einige Zeit sportlich richtig „hängenlassen“. Die vergangenen Jahre haben mir gezeigt, daß das genau richtig war.

Wenn mein Kopf Pause sagt, kann und will mein Körper gar nicht anders. „Erst der Kopf und dann die Beine“, so ist es.

In den Wintermonaten ist dann auch Zeit kritisch zu resümieren und Bilanz zu ziehen. Was sollte ich im nächsten Jahr anders machen usw. Zum Glück ist unser Triathlonsport so vielseitig, daß auch ich jedes Jahr einige Dinge wieder ändere.

Zusätzlich wird mir immer wieder seit Jahren klar: Hermann, Du müßtest neben Laufen, Radfahren und Schwimmen auch noch Krafttraining, mehr Stretching, mehr ..., mehr........! Aber leider, nein, Gott sei Dank, gibt es ja noch andere Dinge in meinem Leben, die eigentlich wichtiger sind als der faszinierende Triathlon.

Ein weiterer wesentlicher Gesichtspunkt, der bei mir für die wiederkehrende Motivation sorgt und auf andere Athleten übertragbar ist, ist das mehr oder weniger gute Gelingen, das Training in den normalen Tagesablauf mit einzubauen. Ab Februar oder März bis Mitte Oktober der tägliche Weg zum Dienst mit dem Rennrad. 2 x 19 km täglich, bringen 4000-4500 Jahreskilometer allein durch Fahrten zum Dienst. Nachmittags läßt sich der Rückweg leicht verlängern, ohne daß ein erneuter Zeitverlust durch Anreise anfällt. Das zeitraubendste Training ist damit zum größten Teil abgedeckt und fällt nicht mehr groß ins Gewicht.

Ebenso wichtig zur Motivationserhaltung ist die Tatsache, daß ich generell zuerst meinen Urlaub, meine Reisepläne und danach meine Wettbewerbe festlege. Nicht umgekehrt. Daß auf den Sportreisen meine Familie so weit wie möglich mitfährt, ist für mich immer selbstverständlich gewesen. Eine Entschädigung für die Unannehmlichkeiten, die der Triathlon direkt oder indirekt mit sich bringt, wie Wäsche, Rasen mähen... usw.

Soweit einiges zu meinem Umfeld, das für die Aufrechterhaltung und Erneuerung der Motivation miteinbezogen wird.

Schließlich sind es jedes Jahr einige neue, reizvolle und vielleicht spektakuläre Wettbewerbe, die ich neu in mein Saisonprogramm aufnehme. Der Triathlon bietet in Deutschland, Europa und weltweit soviele interessante Wettbewerbe an, daß mir in dieser Hinsicht in den nächsten Jahren (warum nicht Jahrzehnten ?) keine Motivationsgefahr droht.

Wie kann der Geist, die Psyche nun richtig für meine Wettbewerbe eingesetzt werden?

Persönlich habe ich bei meinen vielen Triathlonwettbewerben folgendes festgestellt:

„Je länger die Distanz und damit die Wettbewerbszeit, um so entscheidender ist die psychische, die mentale Stärke."

Wichtig bei der psychologischen Vorbereitung auf „meinen" Triathlon, auf „meinen" großen Tag ist eine positive Grundeinstellung, aus der meine „Leidenschaft" hervorgeht, zu meinem gesamten Tun im Zusammenhang mit dem Wettbewerb.

Mit dem persönlich großen Ziel vor Augen: Erstmalig einen Triathlon zu schaffen - zu finishen, einen Ultratriathlon über 226 km oder gar mich für Hawaii qualifizieren zu wollen, habe ich mich selbst einer großen Herausforderung gestellt. Diese gilt es zu bestätigen.

Die Frage nach dem „Warum" muß bereits im Vorfeld der sportlichen Betätigung eindeutig entschieden worden sein. 15 Gründe für den so faszinierenden Triathlonsport sind bereits im „Handbuch für Triathlon" ausführlich dargelegt worden. Jetzt, während der Trainingsphase sollten Zweifel am Erreichen des sportlichen Ziels positiv beantwortet werden; etwa in der Form:

„Bei meinem Training bin ich in der Lage, die Kurzdistanz, die Mitteldistanz oder gar die Ultradistanz zu packen. Wenn der Hermann das bei seinem Training schafft, bekomme ich das ebenso hin. Er muß mich nur dabei begleiten; wer nach meinen Empfehlungen trainiert hat, dem verspreche ich, daß ich „mental" bei ihm bin und ihn unterstütze, besonders dann, wenn es kritische Momente gibt.

Die ganze Sache wird um einiges einfacher, wenn ich diesen Triathlon als ein Dreigängemenü betrachte.

Vorspeise: 1,5 km bzw. 3,86 km Schwimmen;
Hauptspeise: 40 km bzw. 180 km Radfahren;
Nachtisch: 10 km Laufen bzw. eben einen Marathonlauf.
Ich wünsche jedem Triathleten einen gehörigen Appetit darauf.

Damit der Nachtisch nicht zu bitter wird und „mir" mein ganzes Menü verdirbt, ist es unbedingt ratsam, die Angst vor dem 10 km bzw. Marathonlauf zu verlieren.

Dieses ist auf eine recht einfache Weise möglich. Im Vorfeld des Triathlons, das kann im Frühjahr oder Herbst der Vorsaison sein, werden einige besonnene Läufe über die anstehende Laufstrecke bestritten. Für die Marathonstrecke ein unbedingtes Muß! Dieses gehört nun mal zu einem vernünftigen Grundlagenausdauertraining. Entscheidend dabei ist jedoch, daß man sich bei diesem Lauf nicht für die ganze Saison die Motivation nimmt, indem man die erste Hälfte wie ein Weltmeister startet und die zweite Hälfte nur noch kriechend und quälend über die Runden kommt.

Lieber einige Minuten langsamer, aber dafür besonnener. Dieser Lauf soll aufbauen, nicht abbauen. Das gilt sowohl körperlich als auch geistig!

Also, die Angst vor dem Laufen haben wir bereits beseitigt.

Genauso machen wir es mit dem Schwimmen. Ohne auf die Uhr zu schauen, wird die Schwimmdistanz im Vorfeld mindestens 1-2 mal zurückgelegt, einfach leicht und locker.

Das Radfahren bereitet eigentlich die wenigsten Probleme. Auch hier läßt sich an einem besonders schönen Tag in Begleitung eines ruhig fahrenden Teamkollegen die Triathlonstrecke herunterspulen. Einige kurze Pausen dazwischen schaden nicht.

Mein tatsächliches Leistungsvermögen kann ich im Wettbewerb nicht unter Angsteinwirkung erbringen, sondern nur in einem gelösten angstfreien Zustand. Die Voraussetzungen dafür sind eben durch ein durchdachtes Training zu erbringen.

Wo können im Triathlon noch Angstzustände auftreten und wie können diese beseitigt werden?

- Angst, nicht rechtzeitig zum Rad-„Check in" und zum Schwimmstart anwesend zu sein:
  Hier gilt es, frühzeitig anzureisen und zu Hause bereits die Trikots in die entsprechenden Tüten zu verteilen. Gepäck und Taschen spätestens einen Abend vorher einpacken und anhand des Kontrollzettels (Seite 139) überprüfen.
- Angst vor dem Schwimmstart:
  Rechtzeitiges Erscheinen, Gedränge meiden - selbst wenn dadurch einige Meter mehr zu schwimmen sind, Ersatzbrille in der Badehose beruhigt ungemein, einschwimmen mit Überprüfung der Schwimmbrille, sorgen für einen zwar angespannten aber angstfreien Zustand.
- Stets bedenken:
  Es soll mir doch Spaß machen, das ist für mich kein „Kampf" hier und heute.
- Angst vor dem Chaos in der Wechselzone:
  Vor dem Start die Örtlichkeiten studieren und den Ablauf mehrfach geistig herunterspulen.
- Angst vor Fußtritten:
  Beim Kraulen unwahrscheinlich. Zu Brustschwimmern größeren Seitenabstand halten.
- Angst vor zu schwacher Schwimmzeit, Radzeit, Laufzeit:
  Generell 2 Ziele stecken. Eine sehr gute und eine zufriedene Zeit vorgeben.
- Angst vor dem Plattfuß auf der Radstrecke:
  Zu Hause einige Male Schlauchwechsel trainieren. Rennrad intensiv reinigen, dabei Inspektion aller wichtigen Teile vornehmen.
- Angst vor.....
- Angst vor.....

Optimist sein, kein Pessimist!

Der Unterschied wird schnell bei der Ausdrucksweise deutlich.

Der Pessimist antwortet stets: Ja, aber.....

Der Optimist antwortet stets: ABER JA!

Ansonsten erinnern wir uns an meine beiden Problemlösungstheorien aus dem Buch „Mein Abenteuer Hawaii-Triathlon".

Dort heißt es:

„FÜR JEDES PROBLEM GIBT ES EINE LÖSUNG."

„AUS JEDER SITUATION DAS BESTE MACHEN!"

Also, anstatt alles nur schwarz in schwarz, pessimistisch, zu sehen und sich damit selbst einen Großteil der Freude am Wettbewerb zu nehmen, ist es dringend ratsam, die Dinge positiv, optimistisch, zu sehen.

Experten haben zudem festgestellt, daß Versagen oder Mißerfolg im Wettbewerb meistens mit negativen Gedanken verknüpft, während Erfolge mit positiven Gedanken verbunden sind.

In schwierigen Situationen könnte das wie folgt aussehen:

- „Wenn ich einen Plattfuß bekomme, wird er in 5 Minuten behoben. Diese Zwangspause gibt mir wieder neue Kraft“, oder
- „Diese momentane Schwächephase geht wieder vorbei. Nur die Ruhe bewahren. Ich habe schon andere Probleme gemeistert. Zudem werden die anderen auch noch ihre Probleme bekommen, dann bin ich wieder obenauf“, oder
- An einem steilen Berg nicht jammern und wehklagen, sondern mit gesunder Agressivität an diese Sache herangehen, wie „Berg, komm, dich fresse ich heute, dich packe ich - auch wenn du etwas dagegen hast. Gleich kommt eine rasante Abfahrt, dann gilt: Nur noch fliegen ist schöner.”
- Im Radpark: „Laß die anderen Räder ruhig diesen und jenen Schnick-Schnack haben; Ich bin mit meinem Rad auch schon einen ... 38er-Schnitt gefahren; Treten müssen alle; Werde schon den ein oder anderen davon packen.”
- Sich auf seine Stärken beziehen, sich dieser bewußt werden. Eigene Schwächen akzeptieren, sich dennoch nicht darauf konzentrieren. Die gesamte Konzentration sollte den eigenen Stärken gewidmet sein.
- Nicht so sehr unter Druck setzen, denn dieses hemmt. Vielmehr bewußt werden lassen, was im Leben eigentlich wichtiger ist. Wie Gesundheit, Freude, Spaß ....!

Die Methoden, wie sich ein Athlet psychisch und mental auf einen Wettbewerb vorbereitet und diesen durchführt, sind so zahlreich wie die Dreikämpfer.

Daher werde ich meine persönliche psychische und mentale Vorbereitung aus einen Wettbewerb schildern. Auch diese, meine individuelle, sollte nicht ungeprüft übertragen werden, sondern vielmehr unter Beachtung der eigenen Stärken und Vermeidung eigener Schwächen ausgebaut werden.

Wie man sich der eigenen Stärken und Schwächen bewußt werden kann, zeigt uns der hochinteressante Beitrag von Prof. Georg Kroeger im Anhang dieses Buches „Umgang mit Deiner Persönlichkeitsstruktur - ein Erfolgsfaktor”.

Die Basis für erfolgreiche und zufriedene, sportliche Betätigung ist, nach meiner Meinung, auf der einen Seite die psychische Auseinandersetzung (meine sportliche Gefühlswelt) mit dem Triathlon und die daraus resultierende mentale Bereitschaft als Voraussetzung für die andere Seite, die physische Betätigung, also dem Training.

Als jemand, der seinen faszinierenden Sport zwar aus Leidenschaft, aber nicht hauptberuflich, sondern als intensives leistungsmäßiges Hobby betreibt, spielt das persönliche Umfeld selbstverständlich eine große Rolle. Dieses kommt wohl für 99,9 % aller Triathleten infrage. Bei den wenigen Profis sieht das dagegen völlig anders aus. Das soll hier allerdings nicht Gegenstand der Erörterung sein.

Dieses zeigt sich vor allem dann, wenn es um die Quantität des Trainings geht. Jeder weiß, daß es in der Haupttrainingsphase und auch während der Saison großer Kompromißbereitschaft bedarf, um allen Interessen der Wichtigkeit nach halbwegs gerecht zu werden. Der Beruf hat dabei unbestritten für jeden Vorrang. Von daher geht umfangreiches Training zu Lasten des Privatlebens, häufig der Familie. Hier gilt es rechtzeitig die Voraussetzungen zu schaffen für ein unbelastetes Training. Die erforderlichen Kompromisse sollten bereits im Winter geschlossen werden. Diese zu finden ist nicht immer leicht.

Aber bestimmt einfacher, als wenn man sich als Athlet die ganze Saison über jede Stunde „erschleichen" muß und dann nur noch mit einem verdammt schlechten Gewissen seinen Sport ausübt. Unter diesen Umständen wird es extrem schwierig sein, den leistungsfördernden Spaß am Sport zu behalten.

Ich kann niemanden raten, die heile sportliche Welt zu suchen und gleichzeitig für eine kaputte Freundschaft, Partnerschaft oder gar Familie verantwortlich zu sein.

Ich sehe folgende Möglichkeiten, Partner und Familie mit in den Triathlon einzubeziehen:

- Bereits während der ruhigen Wintermonate gemeinsam die Saisonplanung durchzuführen.
- Voraussehbare Schönheitsreparaturen am Haus oder in der Wohnung in den Winter vorzuziehen.
- Erholungsurlaub nicht unbedingt nach Wettbewerben, sondern die Wettbewerbe nach dem Urlaub ausrichten. Auf dem Weg in den Urlaub oder dem Rückweg läßt sich oft ein interessanter Triathlon, den man immer schon mal machen wollte, einbauen.
- Partner, Familie in das Triathlongeschehen integrieren. Gemeinsam Wettbewerbe ansteuern, Triathlons, die weiter entfernt liegen, mit einem Besuch bei Freunden, einem Kurzurlaub, einer Besichtigungstour oder einem langen Wochenende verbinden.
- Frühjahrstraining in südlichen Gefilden eignet sich ausgezeichnet für gemeinsames Reisen. Da dort keine berufliche Beanpruchung erfolgt, bleibt trotz des Trainings genügend Zeit für private Gemeinsamkeiten. Ruhetage soll es im Trainingscamp ja auch noch geben!

Also, möglichst von der privaten Seite her unbelastet das Training ausüben. Wie man sieht, ist das bei gutem Willen immer möglich.

Entspanntes Verhalten ist selbst im Training ein Erfolgsgarant.

Durch das frühzeitige Planen der Saisonhöhepunkte bleibt genügend Zeit, sich psychisch auf die neue Herausforderung einzustellen. Dieses ist Voraussetzung für die geeignete Trainingsmotivation. Der Kopf geht auch beim Triathlon den Beinen voraus.

Rechtzeitig nach dem mehrmonatigen Regenerationszeitraum setze ich mir Teilziele, da die Saison ja noch in weiter Ferne liegt. Überhaupt stellen die Saisonhöhepunkte die großen Ziele der Saison dar. Diese sind wiederum Motivation für das erforderliche systematische Ausdauertraining. Teilziele, z.B. der obligatorische Frühjahrsmarathon, unterstützen die großen Ziele und sorgen zudem dafür, daß das Training nie eintönig und damit langweilig wird. Entscheidend hierbei ist der Realitätsbezug der gesteckten Ziele und Teilziele. Erreiche ich meine selbstgesteckten Ziele, so motivieren sie mich erneut. Setze ich diese zu hoch an und erreiche sie nicht, so bedeutet das ein Motivationsverlust. Werden die Ziele ständig so hoch gesteckt, daß ich sie nicht erreiche, ist damit zwangsläufig eine Demotivation verbunden. Diese gefährdet das systematische Training und damit den Erfolg im Wettbewerb. Werden dagegen die Ziele zu niedrig angesetzt, führt dieses zur Unterforderung im Training.

Wichtig also, auch als Voraussetzung für eine psychische Vorbereitung sind realistische Absichten. Eine brauchbare Methode kann es sein, sich zwei Ziele zu stekken. Eins etwas hochgesteckt für den Fall, daß alles bestens läuft, dieses sollte man tunlichst für sich im Hinterkopf behalten und nicht herausposaunen, ein zweites Ziel für den Fall, daß es nicht so optimal verläuft. Über dieses niedriger angesetzte, trotzdem realistische Vorhaben kann und sollte man mit seinen Teamgefährten diskutieren. Das erste wie einen „Joker" beim Kartenspiel hüten.

Das selbstgesteckte Vorhaben beim Triathlon kann nicht für jeden von uns der Sieg in einem Wettbewerb sein. Dafür kommen immer nur relativ wenige Athleten infrage. Eine persönliche Bestleistung beim Schwimmen, beim Radfahren, beim Laufen, eine vordere Plazierung in der Altersklasse, die Qualifikation für eine Meisterschaft oder einfach ein guter Wettbewerb stellen Motivation und Anreiz zu genüge dar.

Überhaupt ist die Motivation eine der großen Säulen einer guten mentalen Vorbereitung. Daneben sind das Selbstvertrauen, die Angst und die Entspannung weitere wesentliche, mentale Merkmale für einen Ausdauersportler.

Die Motivation, die nichts anderes als verschiedene Beweggründe für unseren Willen darstellt, warum wir etwas tun, läßt sich beim Triathlon unterscheiden in Wettkampf- und in Trainingsmotivation.

Die Beweggründe einen Triathlonwettbewerb zu bestreiten sind sicherlich ganz andere, als die, die das regelmäßige Training bewirken. Geht es bei den Wettbewerben um Dinge wie Herausforderung, Anerkennung, echtes Erleben, Plazierung oder einfach um die Tatsache sich mit anderen messen zu wollen, sind es beim Training mehr Dinge wie Freude an der Bewegung, genießen der Landschaften, Vielseitigkeit, Gesundheitsbewußtsein, sinnvolle Freizeitgestaltung und Kontakt mit Gleichgesinnten. Zum letzteren gehört das Training in der Gruppe.

Dieses findet in der Regel beim Radfahren und Laufen im aeroben Bereich statt, was zur Unterhaltung einlädt. Unterbleibt in einer Gruppe die Unterhaltung, so ist das meistens ein Zeichen dafür, daß nicht mehr im aeroben Bereich trainiert wird. Bei diesen oft mehrstündigen Trainingseinheiten ist Raum für Gespräche aller Art. Ob Sport, Politik, Reisen, Privates - alles steht zur Diskussion an und sorgt dabei ungewollt für Kurzweil.

Informationen zu sportlichen Gegebenheiten zu Wettbewerben und vor allem die Anerkennung sportlicher Leistungen von Sportkameraden wirken für diese aufbauend und motivierend zugleich.

Das vielseitige Triathlontraining bietet darüber hinaus jedem von uns die Gelegenheit, allein zu laufen, Rad zu fahren oder zu schwimmen. Hierbei kann ich sehr gut meinen Gedanken freien Lauf lassen, zu mir selbst finden, in Ruhe nachdenken oder mich einfach an den Naturschönheiten erfreuen. Die Einbeziehung des Partners und Familienangehöriger ist selbst hier sehr leicht durchführbar. Eine Radbegleitung beim Laufen zu haben ist eine recht unterhaltsame Angelegenheit.

Zur mentalen Stärke eines Triathleten gehört ein gesundes Selbstvertrauen. Dieses sollte mit dem Training der letzten Monate und Wochen vor dem Wettbewerb wachsen. Der Glaube, daß mein Training nicht nur richtig, sondern für mich ideal war, stärkt dieses Selbstvertrauen. Meinen Wettbewerbsplan lege ich unter Beachtung meines Umfeldes fest. Dieses bewirkt eine echte Vorfreude auf den Triathlon. Ich finde Freude daran diesen Wettbewerb gut meistern zu wollen, mit den dann auftretenden Problemen und Schwierigkeiten zu ringen und letztlich diese zu besiegen. Insofern gibt es beim Triathlon später viele kleine Siege unterwegs zu feiern, die sich dann im Ziel zu einem großen persönlichen Sieg addieren. Diese Vorfreude auf den großen Tag X sorgt dann auch für die erforderliche Anspannung, die für eine große Leistung erforderlich ist.

Um es noch einmal anders darzustellen, wer seine Hausaufgaben (Training) gewissenhaft, in aller Ruhe und Gelassenheit getätigt hat, kann voller Selbstvertrauen seine Klausur (Triathlon) angehen.

Damit jedoch der große Tag X zu einem persönlichen Erfolg wird, sind selbstverständlich die vielen technischen und organisatorischen Dinge zu bedenken, die im weiteren Verlauf des Buches noch beschrieben und dargestellt werden.

Mit folgender Einstellung gehe ich in wichtige Wettbewerbe:
- Realistische Einschätzung meines Könnens.
- Es ist ein Wettbewerb für mich mit anderen, kein Kampf gegen andere.
- Ich schwimme, radle und laufe für mich.
- Die anderen Triathleten sind Mitstreiter, keine Gegner die „geschlagen, geschrubbt oder niedergemacht werden".
- Der Triathlon heute soll Spaß machen. Freude und Spaß an dem Gleiten im Wasser, Sausen auf dem Rad und Genießen beim Laufen.
- Ich habe keine Angst vor einer Disziplin, wohl aber Respekt vor den Strecken und deren Länge.
- Dieser Triathlon bietet mir Gelegenheit mein Können mir selbst zu beweisen.
- Dieses ist „mein" Wettbewerb.
- Was andere tun ist mir völlig egal.
- Ich richte mich nur nach meinem Körper, meinem Gefühl, meinem Geist.
- Die innere Anspannung dient der Wettkampfmotivation und ist mir bei der zu erbringenden sportlichen Leistung behilflich.
- Wichtigstes Vorhaben bei diesem Triathlon ist es wie immer zu finishen. In zweiter Linie geht es um den Plan, höchstes Ziel laut Plan ist die Erreichung der Bestzeit.

Aus den vorgenannten Gründen freue ich mich auf den Wettbewerb und kann diesem gelassen entgegensehen. Trotz allem kenne ich vor dem Start das Gefühl:

Ich muß wohl alles verlernt haben. Bin mir allerdings sicher, daß sich mit dem Startschuß alles zum Besseren wendet.

Diese Selbstsicherheit wächst mit jedem Triathlon mehr. Darüber hinaus bin ich mir bei wirklich jedem Start sicher: Hermann, heute lernst du wieder etwas dazu. Das war bislang immer so, warum sollte es heute anders sein. Insofern bin ich auf allerhand Verrücktheiten vorbereitet.

Mit dem Startschuß löst sich die leichte Anspannung und ich versuche so schnell es geht in einer Randzone etwas Freiraum zum Schwimmen zu erhalten. Mein Prinzip: Lieber etliche Meter mehr in meinem eigenen Rhythmus, als im dichten Pulk in Panik zu geraten. Immer im Bewußtsein schwimmend, daß anschließend noch zwei ausgewachsene Ausdauersportarten folgen, gerate ich weder in Sauerstoffschuld noch in Panik. Obwohl die Gedanken schon mal abschweifen, versuche ich mich auf meinen Schwimmstil zu konzentrieren. Da ich mit dem Drafting (Hintereinanderschwimmen) bereits weniger gute Erfahrungen gemacht habe, weil mein Vordermann in die falsche Richtung geschwommen ist, verlasse ich mich nicht mehr auf andere, jeden 5.-10. Zug ein kurzer Blick auf das angepeilte Zwischenziel.

Bei kühler Witterung und bei langen Wettbewerben kleide ich mich generell trocken an. 180 km in einer Badehose zu fahren bedeutet mir zu wenig Fahrkomfort. Persönlich kann ich Kälte nicht gut vertragen und gehe deshalb keine gesundheitlichen Risiken ein, obwohl das Umziehen Zeit und Plätze kostet.

Beim Radfahren spule ich ebenfalls mein Tempo herunter und kümmere mich herzlich wenig darum wie schnell oder langsam andere Athleten fahren. Ich mache meinen Triathlon, ich verlasse mich auf mein Gefühl. Dieses hat mich noch nie betrogen. Bei kurzen Triathlons lasse ich mich hin und wieder doch mal mitreißen und versuche einem mir bekannten Athleten in angemessenem Abstand, evtl. auf Sichtweite zu folgen. Eine Bemerkung auch an dieser Stelle zum grob unsportlichen Windschatten fahren. Wer nicht Windschatten fahren will, der findet immer Möglichkeiten sportlich fair zu fahren. Selbst auf die Gefahr hin, daß man sich einige Meter zurückfallen lassen muß. Zwar ärgerlich, aber ich tröste mich damit, daß diese langsamere Fahrt eine geringe Krafteinsparung bedeutet. Entweder heißt es dann: Heb dir die Kräfte für das Laufen auf oder ich starte einen Zwischenspurt, um mich halt abzusetzen.

Mentale Stärke demonstrieren bedeutet für mich, an meinem Prinzip festzuhalten: Ich mache meinen Wettbewerb und lasse mich nicht von anderen mitreißen. Auf den langen Strecken rächt sich dieses beim Laufen bitter, dessen bin ich mir sicher!

Die Renntaktik auf der kurzen Strecke sieht etwas anders aus. Da kann man schon mal etwas riskieren. Auf der Ultrastrecke ist für Spielereien dieser Art kein Platz. Da gilt: Abwarten, abgerechnet wird nach dem Laufen, nicht nach Schwimmen oder Radfahren.

Bereits auf der 2. Teilstrecke macht es sich positiv bemerkbar, wenn ich mich in meinem Zeitplan befinde oder gar etwas vorher fahre und laufe. Die Motivation wächst zusehends und macht neue Kräfte frei. Ich beobachte die Zuschauer und freue mich auf meine neue Zwischenhochrechnung. Setze mir auf den langen

Strecken mehrere Teilziele z.B. beim Radfahren die 60-, 120-, 150-km-Marke, beim Laufen sind es jeweils die 5-km-Abschnitte. Bei Kurzdistanzen sind es auf dem Rad die 10-km-Punkte und beim Laufen die geraden Kilometerzahlen.

Ganz wichtig ist es, seine gesteckten Teilziele vorher zu fahren oder zu laufen. Wer ständig hinterherfährt und -läuft, verliert den Spaß, Zweifel tauchen auf: „Warum mache ich das überhaupt? Habe ich das nötig? Kann ich nicht auch ohne Triathlon leben? usw." Der Weg zur Aufgabe, zum Mißerfolg ist bereits eingeschlagen. Gründe zur Aufgabe lassen sich beim Triathlon tausendfach finden. Danach folgt dann der große Frust. Ursache dafür ist dann nicht das Training, sondern die zu hochgesteckten, unrealistischen Vorgaben.

Der Frust verkorkster Wettbewerbe sitzt dann möglicherweise so tief, daß Athleten Triathlon, Triathlon sein lassen. Ohne das „Salz in der Suppe" verflacht dann möglicherweise das Training, und der völlige Ausstieg ist vorprogrammiert, mit all seinen negativen Folgen für das Herz-Kreislaufsystem. Das soll nicht unbedingt heißen, daß jeder Ausdauersportler auch Wettbewerbe bestreiten muß. Wer sich ohne Triathlons für ein Ausdauertraining entscheidet ist genausogut dran.

Vornehmlich beim Laufen treten dann für jeden Athleten Probleme auf. Eine kurzzeitig ruhigere Gangart und der Willen zu finishen helfen hierbei immer. Jede gelungene Überwindung bedeutet ein kleiner Sieg. Bis zur Ziellinie werden dann die vielen kleinen Siege zu einem überwältigenden persönlichen Sieg. Jeder, der die Ziellinie überquert, ist ein Sieger und darf, ja muß sich so fühlen.

Ob andere mit meiner Leistung zufrieden sind oder nicht, interessiert mich herzlich wenig. Entscheidend ist, ob ich mit mir persönlich zufrieden bin. Dieses Selbstbewußtsein gehört zum Triathleten.

Selbst wenn die Zeit nicht ganz unseren Vorstellungen entspricht, aber was besagt dieses in bezug auf das Wetter, die Strecke, die Probleme usw.

Wichtig für mich ist ferner nach einem Triathlon die Feststellung: „Ich habe heute mein Bestes gegeben. Das, was unter den heutigen Bedingungen und mit meinem Trainingsaufwand möglich war". Damit akzeptiere ich meine Leistung und bin zufrieden. Meine Zufriedenheit, meine Glücksgefühle im Ziel entschädigen für viele kleine Unannehmlichkeiten im Vorfeld dieses, meines persönlichen Sieges.

Eine optimale psychische Wettkampfvorbereitung äußert sich nach meinen Erfahrungen wie folgt:

Ungeduldige Erwartung des Startschusses verbunden mit einer leichten, freudigen Anspannung oder Erregung. Diese setzt sich im Wettbewerb fort mit einer klaren und bewußten Orientierung. Man hat den Triathlon unter Kontrolle. Dadurch können die eigenen Energien richtig eingesetzt werden. Der Triathlon wird bewußt erlebt, mit all seinen Höhen und Tiefen. Dieses ist für mich überhaupt der zentrale Punkt einer hochinteressanten sportlichen Tätigkeit.

Die zwangsläufige Folge wird ein gutes Ergebnis sein, für den speziellen Triathlon. Damit verbunden ist ein Motivationsschub für das tägliche Training.

Eine leistungsmindernde psychische Wettbewerbsvorbereitung äußert sich dagegen wie folgt:

Übergroße Nervosität, Hast, unkontrolliertes Handeln, beschleunigter Puls, starker Harndrang, übergroßer psychischer Druck. Im Triathlon führt dieses zur Kopflosigkeit (z.B. wird jede Attacke anderer Athleten mitgefahren) und taktischen Unbeherrschtheit. Der Mißerfolg ist vorprogrammiert. Häufig erlebt man gar, daß sich hochtalentierte Sportler vor entscheidenden Wettbewerben so stark unter Druck setzen, daß sich der Körper eine Krankheit oder Verletzung „nimmt" und sie damit von einem Start regelrecht befreit sind.

Die zweite Art einer Leistungsminderung äußert sich in: völliger Gelassenheit, Lustlosigkeit, Unfähigkeit, die Gedanken zu ordnen, oder gar dem Wunsch sich vom Wettkampf zurückzuziehen. Die Folge im Triathlon wird fehlende Willenskraft sein mit all ihren negativen Auswirkungen. Der Ausstieg ist vorhersehbar.

Triathlon nur Männersache ?

Frauen und Triathlon

Wie bereits in meinen Vorbemerkungen angesprochen, gelten selbstverständlich alle Aussagen in diesem Buch sowohl den Frauen als auch den Männern, obwohl stets nur von „Triathleten oder Athleten" die Rede ist. Dieses soll keinerlei Benachteiligung sein, sondern halt eine Vereinfachung in der Sprache.

Über die Leistungsfähigkeit der Frauen gerade im Ausdauersport braucht man heute keine großen Worte mehr zu machen. Das gilt selbstverständlich auch oder gerade für den Triathlon. Bedenken wir, daß eine Frau wie Paula Newby-Fraser in Hawaii nach nur 8:55 h 1992 ins Ziel kam, um ganze 9,4 % langsamer als Mark Allen in 8:09 h.

Bereits Dr. van Aaken hat nachgewiesen: Frauen sind keine Sprinterinnen, sondern Ausdauerleister. Eine Frau ist kein Muskelpaket, dafür ein Stoffwechselathlet. Sie ist zäher und geduldiger als der Durchschnitt der Männer. Sie ist trainingsmäßig besser motivierbar und trainingsfleißiger. Sie hat durchschnittlich ein geringeres Gewicht, geringeren Wasseranteil im Körper und einen geringeren Muskelanteil. Dieser beträgt beim Mann 40 %, bei der Frau nur 23 %. Insgesamt gesehen sollen vergleichbare Leistungen von Frauen sowohl im Triathlon als auch beim Marathonlauf mit ca. 10 % über die Zeit der Männer anzusetzen sein.

Zu diesem hochinteressanten Fragenkomplex „Frauen und Ausdauersport" gibt es in dem Buch von J. Galloway „Richtig Laufen mit Galloway", Meyer & Meyer Verlag, Aachen, ein Kapitel verfaßt von Barbara Galloway, in dem die Besonderheiten der Frauen beim Ausdauersport ausführlich dargelegt werden (Seite 143-157).

Dabei geht es um die strukturellen Unterschiede, dem Abnehmen, den möglichen Problemen mit der Menstruation bis hin zum Sport und Schwangerschaft.

In den nächsten Zeilen möchte ich drei völlig unterschiedlich ambitionierte Frauen zu Wort kommen lassen, aus deren schriftlichen Äußerungen man sehr gut die Einstellung dieser Frauen zum Triathlon ablesen kann.

Die der W35 angehörige Gerda W. aus Hamm ist eine vielbeschäftigte Frau. Neben Mann, einer 16jährigen Tochter, Haus und Garten ist sie voll berufstätig. Als Teamleiterin einer Runners Point-Filiale ist sie auch beruflich mit dem Sport verbunden. Nebenher führt sie auch noch ihren Sportverein an.

Wer bei soviel „Sportlichkeit" ein stets gut gelaunter Mensch ist, muß einfach mit Herz und Seele bei der Sache sein.

„Wie kam ich zum Triathlon - und vor allem: Wie bringe ich Sport, Familie und Beruf unter ‚einen Hut'?

Als ich mich mit dieser Frage beschäftigte, wurde mir klar, daß ich bereits einiges in meinem Leben geändert habe, um Triathlon ausüben zu können. Ursprünglich versuchte ich mich durch regelmäßiges Joggen fit zu halten. Bald folgte die gelegentliche Teilnahme an Volksläufen. Da mein Mann gerne mit dem Rad fährt, unternahmen wir an Wochenenden gelegentlich gemeinsame Radtouren. Im Urlaub gingen wir oft mit unserer Tochter zum Schwimmen. Ein Vereinskollege ermunterte mich doch mal an einem Jedermanntriathlon teilzunehmen. Zuerst hielt ich das für eine „Schnapsidee". Aber ein Versuch kann ja nicht schaden, sagte ich mir.

So nahm unsere ganze Familie 1989 am Drensteinfurter Jedermanntriathlon teil. Bereits während der Vorbereitung auf diese Veranstaltung merkte ich, daß ich das Training als reizvoll und abwechslungsreich empfand.

So blieb es in der Folgezeit nicht bei dieser einen Veranstaltung. Mittlerweile ist der Triathlon zwar nicht gerade zum Mittelpunkt in meinem Leben geworden, nimmt jedoch einen gewichtigen Platz ein. Das ist nicht immer einfach, denn obwohl die Erfahrungen und Kenntnisse, die ich durch den Sport gewinne, mir bei meiner Arbeit im Sportgeschäft nützen, ist doch die tägliche Arbeitszeit bis 18.30 Uhr alles andere als meiner sportlichen Betätigung nützlich. Soweit möglich fahre ich mit dem Rad die 6 km zur Arbeit. Wenn die Familie nicht zu kurz kommen soll, kann man sich leicht vorstellen, daß ich ohne deren Unterstützung „aufgeschmissen" wäre. Mit meinem Mann habe ich eine Arbeitsteilung im Haushalt entwickelt, die uns beiden ein regelmäßiges Training erlaubt. Den größten Teil des Trainings absolvieren

Gerda W.

wir gemeinsam und haben so die Möglichkeit über die übrigen Angelegenheiten unseres Familienlebens zu reden.

Sicherlich kann ich so nicht Weltmeisterin werden. Aber ich erfahre alle Vorteile einer regelmäßigen sportlichen Betätigung und erlebe gleichzeitig, wie der Sport eine Bereicherung unseres Familienlebens ist."

Die zweite bemerkenswerte Frau, die ich zu Wort kommen lassen möchte und von der wir „männlichen" Triathleten etliches lernen können, ist eine Athletin, die bereits seit mehreren Jahrzehnten dem Ausdauersport verbunden ist.

Die stets gut gelaunte Athletin der Altersklasse W50 Gudrun S. aus Suhl in Thüringen hat bereits eine „Bilderbuchkarriere" im Skilanglauf hinter sich. 1964 und 1968 erfolgreiche Olympiakämpferin u.a. Platz 6 über 5 km Skilanglauf in Grenoble. Seit einigen Jahren betreibt die Sportlehrerin im Winter Skilanglauf und im Sommer Triathlon, gleichzeitig mit ihrem langjährigen Lebenspartner und dem 18jährigen Sohn. Fast wie selbstverständlich bringt sie ihre Erfahrungen sowohl beim Thüringischen Triathlonverband als auch bei der Organisation des Rascher Bergsee Triathlons in Suhl mit ein. In ihrer Altersklasse mischt sie überall vorne mit, ohne jedoch verbissen zu sein. Im Triathlon bevorzugt sie bislang noch die Kurzdistanz, beim Radfahren oder im Skilanglauf üben die langen Strecken allerdings einen besonderen Reiz auf sie aus.

Ihr kompetenter Beitrag:

„Motive und Gedanken einer Frau auf der Langstrecke

Ich trainiere fast immer allein Radfahren, Skilanglauf. Dabei denke ich über alles mögliche nach, seit Jahren besonders darüber, weshalb ich das eigentlich mache, warum es mir gelingt, über so viele Jahre aktiv zu sein, immer Motive zu finden, mich wieder und wieder zu überwinden, auch über manche Schmerzen und Wehwehchen hinweg, wie ich es fertigbringe, die notwendige Zeit zum Training und zum Wettkampf zu haben ...

Ein wissenschaftlich gesichertes Grundprinzip ist, daß Bedürfnisse, Erfahrungen und das aktuelle Gefühl (Emotionen) die Einstellungen und Handlungen des Menschen in einer gegebe –

Gudrun S.

nen Situation bestimmen. Es ist mir in vielen Jahren gelungen, Kenntnisse und Erfahrungen über meine körperlichen Fähigkeiten und Möglichkeiten zu sammeln, herauszufinden, was mir gefällt, was gut tut, aber auch, was ich vermeiden sollte, weil es nicht gut tut. Wichtig ist, daß man niemanden nachahmt, denn wenn man sich selbst beobachtet, wird man schnell herausfinden, was dem Wohlbefinden, der Gesundheit und der Leistungsfähigkeit förderlich ist. Nach längerem geduldigen Üben wird man erkennen, daß es immer leichter fällt, negative Emotionen abzuschwächen, positive zu verstärken, Konflikte zu begrenzen, sie besser zu überstehen und Realitäten anzuerkennen.

Prof. Dr. F. Klingberg, seinerzeit Direktor des Instituts für Hirnforschung an der damaligen Karl-Marx-Universität in Leipzig, stellte fest: Sagen Sie nicht, daß Sie keine Zeit hätten. Die Zeit ist unpersönlich. Jeder hat sie. Die Zeit ist unbegrenzt, nur Lebensprozesse laufen in festliegenden und begrenzten Zeitabschnitten ab. Das gilt vor allem für Bewußtseinsprozesse. Wer wenig bewußt lebt, tut vieles, was er nicht braucht, er erlebt vieles, was er eigentlich nicht will, er macht Fehler und muß wiederholen oder neu beginnen, also verliert er Zeit. Zeit für sich haben und Zeit für andere haben sind zwei abhängige Größen. Wer nur Zeit für sich hat, isoliert sich. Wer nur Zeit für andere hat, löst sich auf. Wer niemals Zeit für sich hat, wird im Leben nicht zufrieden sein.

Besonders wir Frauen sollten darüber nachdenken, denn bei langen Läufen, Triathlons und Skilangläufen ist der Frauenanteil doch noch sehr gering.

Was bewegt mich also, daß ich mich an einen 100 km Skilanglauf heranwage? Monatelang setzt du dich psychisch und physisch mit diesem Stück Weg auseinander. Am Anfang ist das ein absolut vermessenes Vorhaben. Doch allmählich beginnst du das zu begreifen und der Gedanke läßt dich nicht mehr los. Natürlich ist das ein Abenteuer. Ich kann mir ein Leben ohne Extremsituationen kaum vorstellen. Ich weiß jetzt schon, daß sich die Extremsituationen verändern werden. Mit 70 kann ich das, was ich heute mache, nie wieder machen. Aber ich kann etwas machen, was mit 70 eine Extremsituation ist. Wahrscheinlich bin ich nach solchen Sachen ein wenig süchtig. Ein paar Extremabenteuer werden immer zu meinem Leben gehören.

Wer hat keinen Ehrgeiz, wenn es auf eine so lange Strecke geht? Ich glaube, es gibt keinen Sportler ohne Ehrgeiz. Für viele ist die gelaufene Zeit der entscheidende Antrieb. Davon sollte man sich natürlich im fortgeschrittenen Alter distanzieren, denn die körperliche Gesundheit ist mehr wert als eine durchstandene Strecke, auch wesentlich mehr wert, als eine gut gelaufene Zeit. Man kann dem ehrgeizigen Sportler eigentlich nur raten, ab und zu mal in sich hineinzuhören, wie es der Muskulatur geht, ob es schon irgendwo quietscht oder reibt.

Prof. Dr. Israel sagte uns: Der Bewegungsapparat ist das einzige menschliche Organ, das wir willkürlich beeinflussen können, daher muß es vor der Unvernunft des Besitzers geschützt werden.

Bei einem Ultralanglauf, auch schon beim Marathon, befinden wir uns in einer Ausnahmesituation. Über das Bewußtsein sind wir nicht mehr erreichbar. Das Bewußtsein sagt uns höchstens: ‚Ich habe die Nase voll, was solls, ich höre auf'. Es kommt darauf an, dieses Bewußtsein, das rational die Sinnlosigkeit eines Unternehmens signalisiert, zu überlisten. Dazu gehört: Keine Negation! Also negatives Denken durch positives Denken ersetzen. Also eben nicht: ‚Ich werde auch bei 80 km keine Schmerzen haben', sondern: ‚Bei 80 km geht es mir nach wie vor blendend.'

Trotz intensiver sportlicher und geistiger Vorbereitung überfällt mich doch hin und wieder eine gewisse Angst vor allem, was mir bevorsteht. Inzwischen bin ich davon überzeugt, daß diese Angst dazugehört und daß alle, die sich bedenkenlos in dieses Abenteuer stürzen, bestimmt bald auf die Nasen fallen.

Irgendwann lassen die Kräfte nach. Dann brauchst du deine psychische Kraft, die dir in diesen Situationen schon oft geholfen hat, dir die „Beine" gemacht hat. Dem Ziel, deinem Traumziel, kommst du mit jedem einzelnen Schritt näher. Kilometer 80, nur noch 20 km, nur noch ein Fünftel der Strecke. Du spürst, daß du die Chance hast, dir einen Traum zu erfüllen. Und dann erlebst du, daß ein nicht zu beschreibender, unheimlicher Schauer über deinen Rücken läuft. Das Gefühl trägt dich weiter dem Ziel entgegen.

Dann kommt die Hoffnung auf ein gutes Ende. Alle Müdigkeit, alle Schwere, auch alle Schmerzen sind nicht mehr zu spüren. Jetzt machen sie Platz einem herrlichen Gefühl der Genugtuung, eine tiefe Befriedigung, Gefühle, für die es sich lohnt, zu laufen immer weiter zu laufen. Ich hatte mir erträumt 100 km zu schaffen, jetzt war es Wirklichkeit geworden. Ein Traum, den man nicht oft erlebt.

Trotzdem bist du hinterher total ausgebrannt und freust dich, daß du nun nicht mehr zu laufen brauchst. Und dann nervt es dich eigentlich wahnsinnig, daß du deinen Kopf nicht mehr abschalten kannst. Du suchst deine Ruhe, bist aber dermaßen aufgeputscht, daß dir noch mal eine schlaflose Nacht bevorsteht. Ja, so eine lange Distanz wird immer ein Höhepunkt in deinem Leben bleiben."

Die Dritte im Bunde ist Willtrud B. aus Kirchheim-Teck. Eine engagierte Triathletin, die weiß, was sie will. 1992 gerade in die W30 aufgestiegen war es zugleich ihr erfolgreichstes Jahr. Als Erzieherin hatte sie nach ihrem „Einbruch von Roth" in 12:41 h gar den Mut, für ein ganzes Jahr aus ihrem Beruf auszusteigen, um mit und durch den Triathlon die Welt näher kennenzulernen.

Willtrud B.

Beim Ironman Kanada gelang ihr dann mit 10:52 h eine großartige Leistung, die sie dann auf Hawaii 1992 mit 11:21 h krönte. Wie sie sich auf ihre 10:52 h von Kanada vorbereitet hat, zeigen ihre Trainingspläne der letzten 6 Wochen vor dem Ultratriathlon von Penticton.

Vorab jedoch die interessante Schilderung von W.B. über das „WIE" und „WARUM" gerade Triathlon.

„Triathlon ist für mich eine faszinierende Sportart. Durch Freunde motiviert nahm ich vor 5 Jahren (1988) an einem Jedermann-Triathlon teil. Es machte mir riesigen Spaß und so begann alles. Das Training wurde von Jahr zu Jahr erweitert, Trainingslager wurden mit in den Jahresplan eingebaut. Die ganze Sache wurde immer interessanter und meine Motivation für das Training und für längere Distanzen im Wettkampf stieg. Nach meinem ersten ‚Ironman'-Wettkampf 1990 in Roth habe ich eine Vorliebe für die langen Distanzen entdeckt. Das Training, die Vorbereitungen, einfach alles ist beim Triathlon ein großer Aufwand. Unter dem Strich lohnt es sich jedoch und man bekommt Vieles auf andere Art und Weise zurück. So ein Wettkampf ist ein großes, aber stets kalkulierbares Erlebnis und Abenteuer. Dafür müssen das Training, sowie die mentale Vorbereitung und das Material einfach stimmen.

Unter mentaler Vorbereitung verstehe ich, daß ich mich mit dem Wettkampf stetig auseinandersetze und ihn mir immer wieder vorstelle. Jede einzelne Situation durch- und überdenke. Ich versuche dabei immer positiv zu denken. Das glaube ich, ist sehr wichtig, denn bei solch langen Wettbewerben entscheidet sich sehr viel im Kopf.

Es ist jedoch nicht immer ganz einfach Familie, Freunde, Beruf und Sport alles unter einen Hut zu bringen. Mit der richtigen Einstellung läßt sich vieles ermöglichen und Langeweile gibt es seitdem auch nicht mehr. Für mich ist es immer wieder eine neue Herausforderung, die eigene Leistungsgrenze im Triathlon, als auch im Training,

Die schnellste Frau im Triathlon: Paula Newby-Fraser

neu zu erfahren. Jeder Wettbewerb ist anders und aus jedem Rennen lernt man dazu. Während eines Ultratriathlons gelange ich ab und zu an einen Punkt, wo ich mich frage ‚Warum'?

An diesen Stellen ist dann die mentale Vorbereitung gefragt. Der Körper wird müde, jetzt muß der Kopf umso klarer sein. Nach dem Finish ist es ein erhabenes Gefühl den Triathlon geschafft zu haben. Dieses Gefühl gibt neue Freude und Kraft weiterhin den Sport auszuüben. Nach nur kurzer Erholung heißt es bereits: Was habe ich aus diesem Rennen gelernt, was kann ich beim nächsten Mal besser machen. Stillstand ist Rückschritt auch beim Triathlon. Dort liegt eine ständige Herausforderung und ein großer Reiz für mich.

Durch den Triathlonsport lerne ich meinen eigenen Körper besser kennen und erlebe ihn intensiver. Der bewußte Umgang mit dem Körper ist interessant. Ein weiterer Reiz ist für mich die Natur. Während des Trainings und der Wettkämpfe erlebt man die Natur, den Wandel der Jahreszeiten viel intensiver als früher ohne Sport.

Warum ich diesen Sport noch so besonders schätze, ist das häufige Gruppenerlebnis. Triathlon ist zwar ein Einzelsport, trotzdem erlebe ich dabei eine große Hilfsbereitschaft, gegenseitige Achtung und viele Freundschaften. Diese wachsen durch die vielen langen Trainingseinheiten und gemeinsamen Wettkämpfe. Ich lerne ständig neue Menschen kennen.

Ich glaube, egal ob Frau oder Mann, jung oder alt, es sind immer wieder die gleichen Gründe warum wir Triathlon machen.

Einfach faszinierend, der Triathlonsport."

Aus diesen drei völlig unterschiedlichen Blickwinkeln von Frauen wird ganz klar deutlich, mit welcher Ausgeglichenheit, Lockerheit und Freude Frauen „ihren" Triathlonsport betreiben. Vielen männliche Kollegen die zur Verbissenheit neigen, sollten diese Beiträge zu denken geben.

Ich finde die Einstellung dieser Damen einfach vorbildlich.

Zu den Trainingsaufzeichnungen von Willtrud B.:

Ihre Zeit von 10:52 h aus Kanada entspricht unter Berücksichtigung einer 10%igen „Gutschrift" einer Zeit von 9:53 h für einen männlichen Starter.

Zur besseren Orientierung auch hier wieder die persönlichen Eckdaten:
Triathletin seit 1988. Frühere sportliche Tätigkeit: Schwimmen.

Schwimmbestzeit:	1000 m = 15:25 Min.
	1500 m = 22:45 Min.
Laufen:	10000 m = 42 Min.
Radfahren	180 k m = 5:35 h
Besonderheiten:	Wintertraining: 3 x Krafttraining in der Woche; Viele lange Läufe mit niedrigem Puls ca. 130/140. Frühjahrstraining: Viele lange Radausfahrten mit hoher Trittfrequenz (niedriger Puls). Lauftraining: Weniger Umfang, mehr Intensität. Täglich ca. 30 Minuten Stretching.

Datum: vom 20. 07. bis 26. 07. 92												Woche: 30/92
Tag	Gew. kg (mo)	S		R		L		sonstige sportl. Betätig.	Kommentar	Puls		Gew. kg (ab)
		Dist. m	Zeit	Dist. km	Zeit	Dist. km	Zeit			Ruhe	Bel.	
Mo.				60	2:15				„Wettkampf von Roth (11.7. Ultra) noch leicht gespürt"	46		
Di.				50	2:00					46		
Mi.		1200	locker :25	60	2:15							
Do.						14	1:21 Puls 143 Ø			48		
Fr.									Ruhetag sehr müde	50		
Sa.				10	locker					46		
So.						20	2:00			46	135	
Summe		1200		280		34		14,5 h				

Datum: vom 27. 07. bis 02. 08. 92												Woche: 31/92
Tag	Gew. kg (mo)	S		R		L		sonstige sportl. Betätig.	Kommentar	Puls		Gew. kg (ab)
		Dist. m	Zeit	Dist. km	Zeit	Dist. km	Zeit			Ruhe	Bel.	
Mo.				60	2:30	11	1:00 Temposteig. Puls 120–180		R: 10 x 1 km Puls 160	47		
Di.		2500	Technik	110	4:00					48	130	
Mi.				65	30 km Puls 150	11	1.10		etwas müde	49	140	
Do.		3000	4x700 mit/ohne Paddels	81	locker Puls 135				fühle mich schlecht	53		
Fr.									krank	75		
Sa.									Angina	64		
So.									geht wieder besser	44		
Summe		5500		316		22		≈ 17 h				

Datum: vom 03. 08. bis 09. 08. 92										Woche: 32/92		
Tag	Gew. kg (mo)	S		R		L		sonstige sportl. Betätig.	Kommentar	Puls		Gew. kg (ab)
		Dist. m	Zeit	Dist. km	Zeit	Dist. km	Zeit			Ruhe	Bel.	
Mo.									Ruhetag	44		
Di.				25	1:00				fühle mich wieder gut	44	120	
Mi.				40	1:30	5	30		gespürt	45	130	
Do.				50	2.00					46	130	
Fr.				60 P 130	2:20	10	1:00 P 140		fühle mich wohl	46		
Sa.				60	2:45	20	1:45 P 150			46		
So.				115	locker 5:00					46	130	
Summe				360		35			18 h			

Datum: vom 10. 08. bis 16. 08. 92										Woche: 33/92		
Tag	Gew. kg (mo)	S		R		L		sonstige sportl. Betätig.	Kommentar	Puls		Gew. kg (ab)
		Dist. m	Zeit	Dist. km	Zeit	Dist. km	Zeit			Ruhe	Bel.	
Mo.		2500	Technik			23	2:45			48	130	
Di.		3000	1:00 Technik							47		
Mi.		2500	Technik	40	1:40 P 130	6	36 P 130			45		
Do.				80	3:00				müde schlapp	46	130	
Fr.									Ruhetag	47		
Sa.		1000						locker		46		
So.				100	4:00 P 130					45	130	
Summe		9000		220		29			15 h			

Datum: vom 17. 08. bis 23. 08. 92 — Woche: 34/92

Tag	Gew. kg (mo)	S Dist. m	S Zeit	R Dist. km	R Zeit	L Dist. km	L Zeit	sonstige sportl. Betätig.	Kommentar	Puls Ruhe	Puls Bel.	Gew. kg (ab)
Mo.		3500	1:30 7x500							44	130	
Di.		1000	5x200	39	16 km P 145	8	:40 P 140			45		
Mi.				150	6:00 P 130-140					44		
Do.						28	2:30			45	140	
Fr.		3500	Technik 1:30 7x500	50	2:00 P 130					46		
Sa.		2000	Dauers. :40			16	1:30 P 145	Fahrtspiel	müde, schlapp	45		
So.									Abflug Penticton	48		
Summe		10000		239		52			18 h			

Datum: vom 24. 08. bis 30. 08. 92 — Woche: 35/92

Tag	Gew. kg (mo)	S Dist. m	S Zeit	R Dist. km	R Zeit	L Dist. km	L Zeit	sonstige sportl. Betätig.	Kommentar	Puls Ruhe	Puls Bel.	Gew. kg (ab)
Mo.		1500	:30						müde Rad kam nicht mit	46		
Di.		1500	:30			5	:30 P 140			44		
Mi.				88	3:30 P 130	6	:30 P 145			42		
Do.		2000	:40							43		
Fr.				20	:40 P 130				fühle mich ganz wohl	42		
Sa.										42		
So.		3800	1:06	180	5:44	42,2	4:02		WETTBEW. Ultratri.	42		
Summe		8800		288		53			Hawaii-Quali.			

VOM JEDERMANN ZUM IRONMAN

Die fünf Stufen zum Erfolg!

Für den größten Teil der Triathletinnen und Triathleten ist der „IRONMAN" einfach ein magischer Begriff. In einer faszinierenden Sportart ein Zauberwort, das jährlich tausende von Triathleten veranlaßt, keinen Aufwand an Training im Wasser, auf dem Rad oder per pedes zu scheuen, um das kalkulierbare Abenteuer Hawaii-Triathlon in Angriff zu nehmen. Nicht zu vergessen die mittlerweile beträchtlichen Kosten für Material und Wettbewerbsreisen.

Selbst wenn es nicht unbedingt Hawaii ist, einen Teil des Ironman kann jeder gut trainierte Triathlet bereits auf einer „normalen" Ultratriathlonstrecke in Roth oder Übersee erleben. Roth mit seiner einmaligen Organisation und seinen mehr als 100.000 Zuschauern entlang der Strecke übt bereits auf viele Dreikämpfer und auch auf die, die es mal werden wollen, eine magische Kraft aus.

Ultratriathlondistanzen in Roth, Almere (NL), Zürich (CH), Podersdorf (A), Schwerin, Jümme, Nizza und Embrun haben alle ihre speziellen Reize und sind daher für viele einfach ein „MUSS".

Um diese oberste Stufe eines Triathleten zu erklimmen, bedarf es eines systematischen Trainings.

Bei der verständlichen Frage: „Wie erreiche ich diese und wie kann ich mich kontinuierlich verbessern?", geben die nächsten Kapitel Auskunft.

Aber nicht nur der Ironman ist ein erstrebenswertes und sehr reizvolles Ziel, sondern auch die Teilnahme an den kürzeren Triathlondistanzen. Dieses gilt vor allem für diejenigen, die Jahr für Jahr die neue Herausforderung Triathlon annehmen - ob als Anfänger oder als sogenannte Quereinsteiger. Damit sind Sportler gemeint, die bereits in anderen Sparten aktiv waren oder auch noch sind.

Der Triathlon bietet für jeden etwas. Er zeigt Ziele auf, für die es lohnt sich zu engagieren.

Die fünf Stufen des Triathlon sind so zu verstehen, daß der echte Ausdauersportanfänger natürlich mit der Stufe 1 beginnt und dann „frühestens" nach einem Jahr um eine Stufe aufsteigen sollte. Je nach Engagement im Training ist es selbstverständlich auch möglich und sogar sinnvoll, einige Jahre auf einer bestimmten Stufe zu verharren, sich weiterzuentwickeln, um dabei dann seine individuellen Möglichkeiten auszuschöpfen. Dieses gilt vornehmlich für die große Zahl der Kurzstreckenspezialisten, also Athleten, die die Distanz 1,5 km schwimmen, 40 km radfahren und 10 km laufen bevorzugen. Immerhin geht es ja bei dieser Kurzdistanz auch über eine Zeitdauer von 2 bis 3 Stunden. Eine ausgewachsene Ausdauerdisziplin also.

Selbst die Jedermanndistanz mit 500 Meter schwimmen, 20 Kilometer radfahren und dem abschließenden 5-Kilometer-Lauf kann mittel- und langfristig für Ausdauersportler interessant sein.

Für die Quereinsteiger, vornehmlich Sportler aus anderen Ausdauersportarten wie Laufen, Radfahren, Schwimmen oder Rudern, die diese bereits mehr oder weniger intensiv betrieben haben, ist es selbstverständlich möglich mit der Stufe 2 zu beginnen. Das Beginnen mit der Stufe 3 (Mitteltriathlon), bei der es bereits über 2,5 Kilometer schwimmen, 80 bis 90 km radfahren und 20 Kilometer laufen geht, sollte die große Ausnahme sein.

Stufe 1 - Jedermanndistanz 500 m/200 km/5 km

Wie fange ich mit Triathlon an?

Vielleicht sind Sie ein Triathlonfan, der mehr über sein Hobby wissen will, oder Sie wollen erst mit dem Triathlon beginnen. Mit Recht stellen Sie dann die Frage: „Wie fange ich an?"

Kurse, in denen Erwachsene, Kinder und auch Jugendliche Schwimmen, Skilanglauf oder auch Ski alpin erlernen können, sind heute selbstverständlich. Gleichwertiges für den Triathlon gibt es höchst selten. Vereinzelt gibt es an Volkshochschulen die Möglichkeit, Triathlonkurse zu belegen. Einer der ersten überhaupt wurde 1988 von mir an der VHS in Lüdinghausen im Münsterland durchgeführt. Als Abschluß dieses Kurses, der überwiegend in praktischer Trainingstätigkeit abgehalten wurde, folgte die Teilnahme an einem selbst organisierten Jedermanntriathlon.

Ansonsten bleibt nur die Möglichkeit sich einem Triathlonverein oder einem Verein mit der Sparte Triathlon anzuschließen. Dieses bringt gerade für den Anfänger entscheidende Vorteile:

1. Gemeinsames Training

Hier findet der Triathlonneuling erfahrene Ansprechpartner, die jedem mit Rat und Tat zur Seite stehen. Gemeinsames Training bereitet viel mehr Spaß als immer nur allein zu trainieren. Wenn man weiß, daß Gleichgesinnte auf einen warten, so rafft sich jeder selbst bei weniger gutem Wetter, zum Training auf. Wer stets allein trainiert, verfällt erfahrungsgemäß schnell in Ausreden wie: heute ist es zu kalt, heute ist es zu heiß, heute ist es zu windig, heute ist es zu dunkel u.ä. Bei den meisten Sportwilligen schläft langsam aber sicher die Bereitschaft Sport zu treiben unter diesen Umständen leider ein.

Für Neulinge gilt: „Bloß keine Scheu haben“! Es finden sich unter den Trainierenden immer geeignete Trainingspartner.

2. Informationsfluß
Vereinsangehörige werden über Schaukästen oder Rundschreiben regelmäßig informiert. Wo in der näheren Umgebung Veranstaltungen für Anfänger stattfinden, wann die nächste Fete läuft, welche Aktionen derzeit laufen usw.

3. Gemeinsame Fahrten zu Wettbewerben
Möglicherweise können Fahrten zu Triathlonveranstaltungen gemeinsam durchgeführt werden.

4. Organisatorisches
Wer an offiziellen Meisterschaften teilnehmen möchte, benötigt einen Startpaß. Dieser ist nur über einen Verein zu erhalten. Meldungen zu den einzelnen Veranstaltungen werden zumeist auch über Vereine abgewickelt.

Wie finde ich einen Verein?

Über die regionale Sportberichterstattung lassen sich häufig bereits persönliche Kontakte knüpfen. Darüber hinaus kann das Sportamt einer Stadt Auskunft erteilen, ob es einen Verein mit einer Triathlonabteilung gibt. Ebenso die Triathlon-Landesverbände oder der jeweilige Landessportbund.

Wo die Möglichkeit eines Triathlon-Vereinsanschlusses nicht besteht, sollte man zumindest versuchen, sich einem Laufverein, einer Radsportgruppe oder einem Schwimmverein anzuschließen, um die Vorteile eines Gruppentrainings in einer oder zwei Sportarten wahrnehmen zu können.

Trotz einiger tausend solcher Breitensporttreffs und trotz aller Vereinsbemühungen wird aber nicht jeder einen Lauf-Rad-Schwimmtreff oder Verein in seiner unmittelbaren Nähe finden. Und vor allem: Nicht jeder wird aus irgendwelchen Gründen dahin gehen wollen.

Der große Vorteil eines Triathlontrainings ist nunmal die Tatsache, daß jeder, auch ohne Organisation, ohne Beiträge und ohne Einhalten fester Übungsteile, laufen, radfahren und schwimmen kann - wann und wo er will. Er kann, anders als im Verein oder beim Treff, sich aussuchen, ob er allein oder mit Freunden und Bekannten Sport treiben möchte.

Selbst die Mitgliedschaft in einem Verein schließt diese letztgenannten Möglichkeiten nicht aus.

Oft muß man allein mit dem Training beginnen. Deshalb hier Tips für alle, die allein mit dem Triathlon beginnen wollen:

1. Sich folgendes bewußt machen: „Jeder ist seit seiner Kindheit ein Triathlet“
Erinnern wir uns. Als Kind bewegt man sich spielerisch viele Kilometer am Tag, lernt im Vorschulalter das Radfahren und spätestens während der Schulzeit das

Schwimmen. Wenn diese spielerischen Bewegungen irgendwann zu statischen Bewegungen geworden sind, so können wir auch nach Jahrzehnten zu der spielerischen Form zurückfinden. Dieser Prozeß dauert selbstverständlich bei jedem Menschen unterschiedlich lange, aber eins ist sicher: Es geht, man muß es nur wollen!

2. Üben nach einem Plan

Wir sollten zunächst vom Üben sprechen. Trainieren ist der nächste Schritt. Üben führt dazu, daß Sie das Laufen und Schwimmen wieder erlernen. Radfahren dürfte eigentlich für niemanden ein Problem sein. Die besten Fortschritte werden Sie mit dem systematischen Üben erzielen. Auch das sportliche Lernen beruht auf dem Prinzip von Aneignen und Wiederholen, wobei häufiges Wiederholen zu größerem Erfolg führt.

3. Sich Ziele setzen

Mit einem konkreten Ziel vor Augen, z.B. 30 Minuten ohne Unterbrechung laufen können, oder 20 Minuten ohne Unterbrechung schwimmen zu können, oder 60 Minuten ohne Unterbrechung radfahren zu können, oder den Jedermann-Triathlon in x Minuten zu bewältigen, läßt es sich leichter üben als mit fragwürdigen, abstrakten oder gar unrealistischen Vorgaben.

Jeder braucht sein individuelles Ziel, das abhängig ist von seinem Talent, Alter, Gesundheitszustand, der zur Verfügung stehenden Trainingszeit, der derzeitigen Fitness sowie dem Willen und dem Ehrgeiz.

Der Einfluß des Talents

Das Talent wird jedem Menschen bereits in die Wiege gelegt.

Talentierte Ausdauersportler machen ihren Weg im Triathlon jedoch nur dann, wenn sie auch noch andere Eigenschaften wie Willenskraft, Trainingsfleiß, Disziplin und die richtige Einstellung mitbringen. Andererseits können Menschen mit weniger Talent bei richtiger Einschätzung der eigenen Möglichkeiten genausoviel Freude an diesem Sport haben wie die wenigen Siegertypen.

Der Einfluß des Alter

Ein junger Mensch im Alter von 25 Jahren hat selbstverständlich bei Aufnahme seiner sportlichen Betätigung andere Perspektiven als ein Mensch im fünfzigsten Lebensjahr. Das aber Ausdauersportler mit 40 Jahren keinesfalls zum alten Eisen gehören, sondern noch in der absoluten Weltklasse mitmischen, dafür gibt es Beispiele genug.

Der Einfluß des Gesundheitszustandes

Nur gesunde Menschen können unbedenklich ihren Ausdauerübungen, wie schwimmen, radfahren und laufen nachgehen. Ein „Check in“ beim Arzt ist für alle anzuraten, die sich ihrer Gesundheit nicht ganz sicher sind. Viele Wehwehchen sind kein Hindernis für ruhige, gleichmäßige Übungen. Im Gegenteil, sowohl Laufen als auch die anderen Ausdauersportarten gelten heute als Therapie, sogar vielfach für Herzinfarktgeschädigte. Je kritischer jedoch der Allgemeinzustand, desto mehr tut Vorsorge und ärztliche Anleitung not. Wer nicht vollkommen gesund ist, sollte seine Ziele niedriger stecken, d.h., er sollte sich mehr Zeit lassen dieses Ziel zu erreichen.

Durch das ruhige Ausdauertraining (Übungen) wird sich der Allgemeinzustand verbessern und schließlich wird sich das gesetzte Ziel nach längerer Anlaufzeit auch erreichen lassen.

Einfluß der Zeit

Zeit für den Sport hat niemand, Zeit für den Sport nimmt man sich. Zum Glück hat jeder Mensch 24 Stunden am Tag zur Verfügung. Die Frage ist nur für was man diese nutzt.

Einfluß der Fitneß

Gesund sein heißt frei sein von Krankheit. Wer „gesund" in diesem Sinne ist, ist deshalb noch lange nicht fit. Fitneß ist ein Maßstab für allgemeine Leistungsfähigkeit. Mit Hilfe von Tests ist man in der Lage seine Fitneß zu messen.

Der populärste Fitneß-Test ist von Dr. K. H. Cooper propagiert worden. Er benutzt das Laufen als Testübung. Der Test sieht eine Laufdauer von 12 Minuten vor. Geeignet dafür ist eine 400 m Rundbahn auf einem Sportplatz. Auf dieser Bahn wird 12 Minuten ununterbrochen getrabt bzw. gelaufen. Die gelaufene Strecke ist nach Cooper ein Maß für die derzeitige Fitneß:

weniger als 4 Runden (1600 m)	sehr schlechte Fitneß.
4 - 5 Runden 1600 - 2000 m	schlechte Fitneß.
5 - 6 Runden 2000 - 2400 m	mäßige Fitneß.
6 - 7 Runden 2400 - 2800 m	gute Fitneß.
mehr als 7 Runden	sehr gute Fitneß.

Ein höheres Maß an Fitneß ermöglicht beim Triathlon auch eine höhere Zielsetzung.

Einfluß der Willenskraft

Um ein gestecktes Ziel zu erreichen, benötigt man Willenskraft. Ratsam ist es die Ziele so zu setzen, daß diese auch mit Sicherheit erreicht werden. Ein niedrig gestecktes Ziel zu erreichen ist besser als ein hochgestecktes Ziel nicht zu erreichen. Wer von sich weiß, daß er ein zielstrebiger Mensch ist, sollte sich das Ziel nicht zu niedrig setzen.

Der erfolgreiche Weg zum Jedermann-Triathlon

Gratulation zum - endlich gefaßten - Entschluß, sich sportlich zu betätigen. Sie sind mit dieser Entscheidung auf dem richtigen Weg. Wer Sie auch zu diesem Schritt motiviert hat - Freunde, Familienmitglieder, Arbeitskollegen, Presseberichte, Fernsehsendungen, Ihr skeptischer Blick auf die zunehmende Körperfülle oder die freudige Erinnerung an die bewegungsreiche und damit insgesamt aktivere „frühere Zeit“ mit allen Vorteilen des Sportlichkeit erweckenden Eindrucks, jetzt liegt es allein an Ihnen, diesen gefaßten Beschluß zu realisieren.

Mit ein wenig Willenskraft und Durchhaltevermögen lassen sich alle kleineren und mittleren Hürden überspringen. Sie werden feststellen: Je weiter Sie auf dem Weg zum Jedermann - Triathlon vorankommen, umso mehr Spaß und Freude bereitet Ihnen die vielseitige sportliche Betätigung.

Die nachfolgenden Anleitungen werden Sie als purer Anfänger schaffen, selbst wenn Sie 20 und mehr Jahre nicht mehr sportlich aktiv waren. Vorab sollte jedoch der bereits angesprochene Gang zum Arzt erledigt worden sein. Erzählen Sie ihm konkret, was Sie vorhaben, nämlich 30 Minuten Laufen oder 20 Minuten Schwimmen oder 1 Stunde Radfahren. Seien Sie vorsichtig bei Medizinern mit dem Begriff „Triathlon“. Möglicherweise versteht er darunter den sehr medienwirksamen Hawaii-Triathlon. Dieser Wettbewerb ist etwas für sehr gut ausdauertrainierte Athleten. Aber warum sollte das nicht auch für Sie möglich sein?

Wenn Sie die einzelnen Stufen erfolgreich absolvieren, wird eventuell später einmal auch für Sie Hawaii das große Ziel sein. Stecken Sie sich jedoch das Ziel nicht zu hoch! Bleiben Sie Realist!

Der Jedermann-Triathlon mit 500 m Schwimmen, 20 km Radfahren und 5 km Laufen heißt unser derzeitiges Ziel!

Für bislang bereits sporttreibende Leute gibt es auf den nachfolgenden Seiten die geeignete Anleitung.

Beginnen wir mit den völlig Ungeübten: Jüngere, Ältere, Bewegungsungewohnte, Übergewichtige, Menschen ohne stabile Gesundheit - eben Triathlonanfänger.

Trainingsmethoden für Anfänger

Laufen

Für einen wenig sportlichen Menschen, der sich jedoch als Ziel die erfolgreiche Teilnahme an einem Jedermann-Triathlon in einigen Monaten gesetzt hat, ist das Laufen normalerweise die schwerste der drei Triathlondisziplinen. Leichter fällt es einem, wenn man sich an seine Kindheit und Jugendzeit erinnert.

Damals bedeutete eine viertel Stunde Laufen überhaupt keine Schwierigkeit. Im Sommer wurde bei schönem und auch weniger schönem Wetter stundenlang draußen herumgetollt, ohne besondere Anstrengung. Mit dem Fahrrad 6 oder gar 10 Kilometer zum nächsten See, zur nächsten Badeanstalt war eine Selbstverständlichkeit. Fangen spielen und andere unterhaltsame Übungen im Wasser waren ebensowenig ein Problem wie das dazugehörige Fußball- oder Volleyballspiel im Anschluß an das kühle Naß.

Mit spielerischer Leichtigkeit wird ohne davon zu sprechen ein Triathlon absolviert. Das gleich wöchentlich mehrfach.

Zu diesem spielerischen Üben müssen und können wir wieder zurückfinden. Dieser Prozeß dauert selbstverständlich bei jedem Menschen unterschiedlich lange und ist abhängig vom Alter, Willen, Ernährung, beruflicher Tätigkeit und vielen weiteren Faktoren. Wem die nachfolgenden Anleitungen zu einfach sind, der orientiere sich an den weitergehenden Hilfen.

1. Teilziel heißt: 15 Minuten traben, nicht rennen!

Der 1. Schritt für den Anfänger:
Der absolute Anfänger beginnt mit: 1 Minute traben, 1 Minute gehen. Das ganze 15 mal. Soweit noch keine anderen sportlichen Betätigungen dazu kommen, sollten diese Übungen mindestens 2 mal, besser 3 mal pro Woche ausgeführt werden.

Wichtig: Führen Sie die Übungen mit einer oder einem Gleichgesinnten aus! Zu zweit geht es leichter. Während der Trabphase gewährleistet die Unterhaltung mit dem Partner das richtige Tempo.

2. Schritt:

2 Minuten traben, 1 Minute gehen	5x wiederholen.
3 Minuten traben, 1 Minute gehen	4x wiederholen.
4 Minuten traben, 1 Minute gehen	3x wiederholen.
5 Minuten traben, 1 Minute gehen	2-3x wiederholen.

Jeder Zwischenschritt ist so häufig auszuführen bis es klappt.

3. Schritt:

7 Minuten traben, 3 Minuten gehen	2x wiederholen.
7 Minuten traben, 2 Minuten gehen	2x wiederholen.
7 Minuten traben, 1 Minute gehen	2x wiederholen.
15 Minuten traben	1x.

Wer 15 Minuten an einem Stück traben kann, der muß nicht mehr von traben sprechen, sondern die/der ist eine LäuferIn. Ab jetzt wird auch nicht mehr geübt, sondern trainiert.

Sie sind auf dem besten Wege ein Sportler zu werden!

2. Teilziel: 30 Minuten Laufen
Wer dieses Ziel angeht, der sollte bereits 15 Minuten laufen können, oder durch andere sportliche Betätigung ein gewisses Maß an Fitneß aufweisen.

Große Mengen Alkohol, kettenrauchen und wenig Schlaf sind Feinde einer guten körperlichen Fitneß.

10 Minuten laufen, 5 Minuten gehen 2x wiederholen.
10 Minuten laufen, 5 Minuten gehen 3x wiederholen.
15 Minuten laufen, 5 Minuten gehen 2x wiederholen.
20 Minuten laufen, 5 Minuten gehen, 10 Minuten laufen. 30 Minuten laufen.

Wer regelmäßig trainiert, wird dieses 30-Minuten-Ziel bald erreichen, wer weniger regelmäßig übt, braucht etwas länger.

Wichtig: Auch nach einem 30-Minuten-Lauf, möglichst immer mit Unterhaltung, sollten Sie das Gefühl haben noch weiterlaufen zu können. Überfordern

Sie sich nicht! Machen Sie aus einem unterhaltsamen Training keinen Wettkampf!

Setzen Sie aus irgendwelchen Gründen für mehr als eine Woche aus, gehen Sie einige Teilschritte zurück, wenn Sie wieder beginnen. So bleiben Ihnen Überforderungen, Mißerfolge und Enttäuschungen erspart, und gleichzeitig erhält man sich die Freude am Laufen. Wer das 30-Minuten-Ziel erreicht hat, ist auf dem besten Weg, noch mehr leisten zu können.

Der Grundstein für einen erfolgreichen Jedermann-Triathlon ist damit gelegt. Wer 30 Minuten laufen kann, der ist auch sehr schnell in der Lage 30 bis 60 Minuten Rad zu fahren. Organisch ist er ebenso fit für einige hundert Meter schwimmen.

Radfahren

Beim Radfahren führt man das Training in ähnlicher Weise wie beim Laufen durch. Nur, hier wird es viel leichter und schneller Fortschritte geben als bei der dritten Triathlondisziplin. Um sich an das Radfahren zu gewöhnen, bedarf es keines kostspieligen Rennrades. Ein normales Tourenrad mit Gangschaltung reicht erst einmal aus.

Ziel: 60 Minuten Radfahren

Bevor Sie die ersten Übungs- oder Trainingsfahrten planen, ergibt sich vielfach die Gelegenheit, mit Freunden oder der Familie ins Grüne zu radeln. Bei angenehmer Unterhaltung vergißt man selbst als ungeübter Radfahrer die neue Belastung. Auch hier gilt es das Tempo so zu wählen, daß jederzeit eine Unterhaltung möglich ist.

Für die ersten richtigen Trainingsfahrten suche man sich eine flache oder leicht wellige Strecke aus. Beginnen Sie mit Fahrten von 15 Minuten in eine Richtung. Nach einer kurzen Pause geht es wieder zurück.

3 Trainingsfahrten 15 Min. + 2-5 Min. Pause + 15 Min.
3 Trainingsfahrten 20 Min. + 2-5 Min. Pause + 20 Min.
3 Trainingsfahrten 25 Min. + 2-5 Min. Pause + 25 Min.
3 Trainingsfahrten 30 Min. + 2-5 Min. Pause + 30 Min.
3 Trainingsfahrten 30 Min. + 1 Minute Pause + 30 Min.
60 Minuten lockere Ausfahrt

Schwimmen

Die Schwimmstrecke bei einem Jedermann-Triathlon ist in der Regel 500 Meter lang. Fünfhundert Meter bedeuten in einem 50 Meter Schwimmbad 10 Bahnen. Der Schwimmstil ist beliebig.

Wenig geübte Schwimmer bevorzugen in der Regel den Bruststil und sollten auch dabei bleiben. Erst im späteren Stadium, wenn der sportliche Ehrgeiz zunimmt, sollte der Wechsel zur schnelleren Kraullage erfolgen. Andererseits spricht für einen Anfänger nichts gegen das sofortige Erlernen des Kraulens.

Also, schwimmen Sie so wie Sie es am besten können.

Das Ziel für einen Ungeübten lautet: 600 m oder 20 Minuten nonstop schwimmen.

In einem 25-m-Becken beginnen Sie wie folgt: Schwimmen Sie 25 m, legen 15 Sekunden Pause am Beckenrand ein und auf geht es in die 2. Runde. Wer das 20 mal wiederholt, hat seine 500 m geschafft. Als kleine Zugabe, um zu beweisen, daß Sie noch weiter schwimmen können, erfolgen noch 4 Bahnen. Wer dieses an 3 verschiedenen Übungstagen gepackt hat, versucht folgendes Schema:

An jeweils drei Übungstagen:
1 x 25 m, 15 Sek. Pause, 1x 50 m, 15 Sek. Pause. Diese Serie wird 8x geschwommen. Gesamtumfang 600 m.
50 m, 15 Sek. Pause, insgesamt 5x
50 m, 15 Sek. Pause, 75 m, 15 Sek. Pause, insgesamt 5x
50 m, 15 Sek. Pause, 100 m, 15 Sek. Pause, insgesamt 4x
100 m, 15 Sek. Pause, insgesamt 6x
150 m, 20 Sek. Pause, insgesamt 4x
200 m, 30 Sek. Pause, insgesamt 3x
300 m, 30 Sek. Pause, insgesamt 2x
500 m, 60 Sek. Pause, 100 m, insgesamt 1x
600 m

Versuchen Sie während dieser Übungsphase 2 x wöchentlich das nasse Element aufzusuchen. Im Urlaub oder bei hochsommerlichen Temperaturen ist es ratsam das Schwimmen in einem See zu üben. Wer noch Angst vor mehr als 2 Meter Wassertiefe hat, der verlege halt seine Übungen ins seichtere Wasser. Da es im Freigewässer weder Markierungen noch Bahnlängen gibt, schwimmt man halt einfach nur nach Gefühl oder nach Zeit. Dieses kann so aussehen:

1 Minute schwimmen,	20 Sek. Pause; 20x
2 Minuten,	20 Sek. Pause; 10x
3 Minuten,	20 Sek. Pause; 7x
4 Minuten,	20 Sek. Pause; 5x
5 Minuten,	20 Sek. Pause; 4x
6 Minuten,	20 Sek. Pause; 4x
7 Minuten,	20 Sek. Pause; 3x
10 Minuten,	30 Sek. Pause; 2x

15 Minuten schwimmen, 1 Minute Pause, 5 Minuten schwimmen.
20 Minuten nonstop schwimmen.

Anfänger bevorzugen häufig noch den Bruststil.

Dabei wird jeder Teilschritt solange geübt, bis die Strecke oder die Zeit ohne große Anstrengungen ausgeführt werden kann. Erst danach gehen Sie zum nächsten Teilschritt über.

Wer 20 Minuten schwimmen kann, der ist bei weiterem Training sehr schnell in der Lage auch 1000 m und mehr zu schwimmen.

Triathlontraining für Anfänger

Nachdem nun der Triathlonneuling sich in den vergangenen Monaten die Grundlagen der drei Ausdauersportarten Schwimmen, Radfahren und Laufen erarbeitet hat, wird im folgenden davon ausgegangen, daß jede angehende Triathletin und angehender Triathlet
30 Minuten laufen,
60 Minuten radfahren und
20-30 Minuten schwimmen kann.

Nicht alle drei Disziplinen hintereinander, sondern jede „nur“ für sich.

Das triathlonspezifische Training für Anfänger

Mit den drei Einzelleistungen sind die Grundlagen vorhanden, um einen Jedermann-Triathlon erfolgreich bestreiten zu können. Nun fehlt noch ein konkreter Wettbewerbstermin, an dem das große Ziel, erstmals bei einem Triathlon zu finishen, verwirklicht werden kann. Erkundigen Sie sich frühzeitig danach und melden

Sie sich rechtzeitig an. Veranstaltungstermine sind in der Regel bereits fünf bis sechs Monate im voraus bekannt. Erkundigen Sie sich bei Triathleten, Sportämtern oder der Presse.

Ihr Ziel für den ersten Triathlon sollte lauten: „finishen".

Für den Anfänger geht es nur darum alle drei Disziplinen nacheinander zu schaffen, diese Herausforderung bewußt zu erleben und Spaß zu haben. Gestalten Sie Ihren Wettbewerb so, daß Sie sich bereits während des Schwimmens, Radfahrens und Laufens auf das nächste Mal freuen. Scheren Sie sich nicht um andere Mitstreiter, sondern machen Sie Ihren Triathlon.

Der Leistungstriathlet, der sich auf den längeren Distanzen beweisen will, hat dagegen das Ziel, den Triathlon mit einer bestmöglichen Zeit und Plazierung zu beenden.

Lassen Sie sich keinesfalls entmutigen, wenn der ein oder andere Leistungstriathlet sich auf der Jedermanndistanz beweisen will. Solche Fälle gibt es halt immer wieder.

Der Begriff Training umschreibt all die Maßnahmen, die zur Steigerung der körperlichen Leistungsfähigkeit führen. Durch Anpassungsreaktionen des Körpers auf die Trainingsreize kommt es zu Leistungssteigerungen. Bei Anfängern führt regelmäßiges und vor allem ruhiges Training bereits zu deutlichen Leistungsverbesserungen.

Das Minimalpensum im Triathlon

Dr. Ernst van Aaken, der „Läuferpapst", stellte für den Marathonlauf folgende einfache Regel auf: Wer in einer Woche 42 Kilometer läuft, der ist auch in der Lage diese Strecke an einem Stück und ohne gesundheitliche Probleme zurückzulegen. Auf den Ausdauersport Triathlon übertragen heißt das: Werden in einer Woche die Streckenlängen des geplanten Triathlon im Training zurückgelegt, dann kann der Triathlon erfolgreich bewältigt werden. Ganz konkret wären demnach in einer Woche: 500 m zu schwimmen, 20 km Rad zufahren und 5 km zu laufen.

Wie sollte nun der Anfänger sein Triathlontraining aufbauen?

Bevor ich nun konkrete Möglichkeiten aufzeige wie man erfolgreich Anfängertraining betreiben kann, sollte sich jeder über die wesentlichen Punkte des Ausdauersports im klaren sein.

Die Trainingsschwerpunkte im Ausdauersport liegen bei Belastungen geringer bis mittlerer Intensität. Wer beispielsweise nach einem 6 km Lauf kaum in der Lage ist sich zu duschen und anschließend eine längere Ruhepause auf dem Sofa einlegen muß, der hat eindeutig zu schnell trainiert.

Die Trainingshäufigkeit ist die Anzahl der Trainingseinheiten in einer Woche. Mit zunehmendem Trainingsalter kann eine Erhöhung der Trainingshäufigkeit erfolgen. Als Anfänger trainiert man z.B. 3 bis 4 mal pro Woche, als Wettkampfsportler 5 bis 6 mal und als Leistungssportler 7 bis 8 mal und mehr.

Belastung und Erholung gehören zusammen.

Für jeden Triathleten ist neben der körperlichen Belastung die Erholung sehr wichtig. Dieses ist zwar bei 3 bis 4maligem Training pro Woche kein größeres Problem, muß aber trotzdem bei der weiteren Entwicklung des Triathleten stets Beachtung finden. Ein Anfänger, der täglich zweimal trainieren würde und sich keine Erholung gönnt, ist sehr schnell übertrainiert. Dieses Übertraining führt nicht zu einer Leistungssteigerung, sondern zu einer deutlichen Leistungsminderung. Ein fortgeschrittener Triathlet verkraftet dagegen die gleiche Belastung deshalb, weil sich sein Körper durch einen besseren Trainingszustand schneller regeneriert. Vorausgesetzt auch hier, daß er nicht ständig mit einer zu hohen Intensität trainiert.

Um einen kontinuierlichen Leistungszuwachs zu gewährleisten, muß jedes Training regelmäßig und über einen längeren Zeitraum durchgeführt werden. Ausdauersport ist immer langfristig angelegt! Bei Triathlonanfängern ist generell eine schnelle Leistungszunahme zu erwarten. Unregelmäßiges Training oder längere Trainingsunterbrechungen führen andererseits zu Leistungsminderungen.

Grundlagenausdauer schaffen

Für jeden Triathlonneuling lautet die wichtigste Devise: Grundlagenausdauer schaffen. Diese erhält man nur durch möglichst langes und ruhiges Training. Am besten eignet sich dazu die „Lieblingsdisziplin“ oder die, in der man sich am stärksten fühlt. Bei einem ehemaligen Läufer wird es sicher das Laufen, beim ehemaligen Schwimmer das Schwimmen und beim ehemaligen Radfahrer wird es das Radfahren sein.

In seiner Lieblingsdisziplin versucht man halt ein bißchen länger als empfohlen zu trainieren, aber bitte leicht und locker!

Ein ehemaliger Läufer beginnt nun wieder regelmäßig 30 bis 60 Minuten zu laufen, der Schwimmer 30 bis 40 Minuten zu schwimmen, und der ehemalige Radfahrer fährt mindestens zweimal pro Woche eine Stunde Rad. Der „echte“ Neuling trainiert seine Lieblingsdisziplin nicht wie empfohlen 1x, sondern 2x in der Woche.

Training in den drei Einzeldisziplinen

Nachdem die „ehemaligen“ und auch die „echten Anfänger“ einige Wochen ihre Lieblingsdisziplin trainiert haben, um die Grundlagenausdauer zu verbessern, steht nun die Bewältigung der beiden anderen Sportarten mit auf dem Programm. Ein anfangs manchmal mühseliges, aber ein interessantes Unterfangen.

Viele Läufer und Radfahrer haben ihre Probleme mit der Schwimmerei. Machen Sie sich jedoch keine Gedanken über den Schwimmstil, schwimmen Sie so wie Sie es am besten können. Schwimmer tun sich oft schwer mit dem Laufen. Mit den bereits gegebenen Anleitungen für Laufanfänger bekommen Sie auch das in den Griff.

Das Radfahren als Einzeldisziplin bereitet eigentlich nur sehr wenigen größere Probleme. Wenn, dann ist es nur das Sitzfleisch. Ein wenig Creme und eine Radhose mit Ledereinsatz, die direkt auf der Haut getragen wird, lassen auch diese Probleme vergessen.

Ob Rennrad - dann bitte unbedingt mit Helm - oder Tourenrad, ist eigentlich egal. Sie sollten bereits bei den ersten Trainingsfahrten auf eine Drehzahl von 90 später 100 achten. Drehzahl 90 bedeutet: 90 Pedalumdrehungen in einer Minute! Wenn es auch nicht sofort klappt, versuchen Sie es zumindest immer wieder. Ihre Knie werden es Ihnen danken. Beim Radfahren besteht sogar schon die Möglichkeit, ein Training durch Geschwindigkeitswechsel durchzuführen, ein sogenanntes Fahrtspiel.

Kombinationstraining

Regelmäßiges Kombinationstraining empfiehlt sich in Abständen von 2 Wochen, wobei jedoch Anfängern nur der Übergang vom Radfahren zum Laufen Probleme bereitet. Wichtig ist, daß Sie die letzten 1 bis 2 Kilometer auf dem Rad besonders locker fahren.

Für das Kombinationstraining bietet sich das Wochenende an.
Empfehlenswert sind folgende Kombinationen:
- 20 km locker radfahren + 3 km locker laufen
- 15 km flott radfahren + 5 km ruhig laufen
- 500 m schwimmen + 20 km radfahren

Während dieser Wechsel bietet sich die Gelegenheit den Kleiderwechsel, vorerst in aller Ruhe, zu üben.

Heben Sie sich die Kombination aller drei Disziplinen für den 1. Jedermann-Triathlon auf!

Die nun folgenden Trainingsempfehlungen sind wirklich als solche zu verstehen. Machen Sie bitte kein Dogma, kein Muß daraus. Ich kenne ja Ihr „Umfeld“ nicht.

Richten Sie sich neben Ihren familiären, beruflichen auch nach den sonstigen Belastungen. Ebenso spielt das Wetter, die Lust und die Laune mit. Ein Tip, versuchen Sie gerade bei schlechter Laune eine ruhige Ausdauereinheit zu trainieren. Sie und Ihre Mitmenschen werden sich über die positiven Auswirkungen wundern. Trotz allem sollten Sie folgende Regeln unbedingt beachten:
- Regelmäßiges Training; nur dadurch sind kontinuierliche Leistungssteigerungen möglich.
- Geringe Trainingsintensität; Unterhaltung muß beim Laufen und Radfahren jederzeit möglich sein.
- Mit Freude trainieren, nicht mit Gewalt.
- Nach Möglichkeit mindestens jeden 2. Tag trainieren.
- Jedes Training ganz locker beginnen und wiederum ganz locker enden lassen.
- Dehnübungen im Anschluß an das Training nicht vergessen (siehe dazu Kapitel Stretching für Triathleten).

- Trainingsbelastung nur langsam erhöhen.
- Sich bewußt ernähren.
- Bei Abgeschlagenheit und innerer Unruhe besonders ruhig trainieren oder lieber einen Ruhetag mehr einlegen als geplant.
- Trainingsempfehlungen nicht als ein „Muß" ansehen.

Trainingsempfehlungen für Triathlonanfänger:

Die Trainingsempfehlungen beziehen sich auf die letzten 3 Monate vor dem Start zu einem Jedermann-Triathlon.
Dabei wird in 4 Gruppen unterschieden:
Für alle lautet das Ziel: Erfolgreiche Teilnahme an einem Jedermann-Triathlon mit den Distanzen: 500 m Schwimmen, 20 km Radfahren und 5 km Laufen.

Gruppe 1: Ausdauersportneulinge, die bereits 15 Minuten schwimmen, 60 Minuten radfahren und 30 Minuten laufen können, jedoch alle Disziplinen einzeln.
Gruppe 2: ehemalige Läufer.
Gruppe 3: ehemalige Schwimmer.
Gruppe 4: ehemalige Radfahrer.

Trainingsempfehlungen für Gruppe 1:
Woche 1, 2, 7, 12
Di. schwimmen: 15 Minuten
Do. laufen: 30 Minuten
Sa. radfahren: 40 Minuten

Woche 3, 4, 8, 10
Di. schwimmen: 20 Minuten
Do. laufen: 25 Minuten
Sa. radfahren: 30 Minuten
So. Lieblingsdisziplin

Woche 5, 6, 9, 11
Di. schwimmen: 25 Minuten
Mi. laufen: 30 Minuten
Do. schwimmen: 20 Minuten
Sa. radfahren: 40 Minuten, anschließend 10 Minuten laufen
So. Lieblingsdisziplin
Bemerkungen: Die einzelnen Trainingstage sind selbstverständlich austauschbar. Versuchen Sie jedoch den Umfang beizubehalten.
Zum bevorstehenden Wettbewerb: Nehmen Sie sich die letzten 2 Tage vor Ihrem ersten Start trainingsfrei.

Trainingsempfehlungen für Gruppe 2:

Woche 1, 2, 7, 12

Di.	schwimmen:	15 Minuten
Do.	laufen:	30 Minuten
Sa.	radfahren:	1 Stunde
So.	laufen:	30 Minuten

Woche 3, 4, 8, 10

Di.	schwimmen:	20 Minuten
Do.	laufen:	35 Minuten
Sa.	radfahren:	1 Stunde
So.	laufen:	40 Minuten

Woche 5, 6, 9, 11

Di.	radfahren:	40 Minuten
Mi.	laufen:	30 Minuten
Do.	schwimmen:	20 Minuten
Sa.	radfahren:	40 Minuten + 20 Minuten laufen
So.	schwimmen:	20 Minuten

Trainingsempfehlungen für Gruppe 3:

Woche 1, 2, 7, 12

Di.	schwimmen:	1000-1500 m
Do.	laufen:	30 Minuten
Sa.	radfahren:	40 Minuten

Woche 3, 4, 8, 10

Di.	schwimmen:	25 Minuten
Do.	laufen:	30 Minuten
Sa.	radfahren:	40 Minuten
So.	laufen:	30 Minuten

Woche 5, 6, 9, 11

Di.	radfahren:	40 Minuten
Mi.	laufen:	30 Minuten
Do.	schwimmen:	25 Minuten
Sa.	radfahren:	30 Minuten + 20 Minuten laufen
So.	schwimmen:	30 Minuten

Trainingsempfehlungen für Gruppe 4:

Woche 1, 2, 7, 12

Di.	schwimmen:	20 Minuten
Do.	laufen:	30 Minuten
Sa.	radfahren:	1 Stunde

Woche 3, 4, 8, 10

Di.	schwimmen:	25 Minuten
Do.	laufen:	30 Minuten
Sa.	radfahren:	1 Stunde
So.	laufen:	30 Minuten

Woche 5, 6, 9,11

Di.	radfahren:	40 Minuten
Mi.	laufen:	30 Minuten
Do.	schwimmen:	25 Minuten
Sa.	radfahren:	40 Minuten + 20 Minuten laufen
So.	schwimmen:	20 Minuten

Die zur Gruppe 1 gemachten Bemerkungen gelten selbstverständlich für alle. Kurz einiges zur Trainingsintensität:

Beim Radfahren und beim Laufen sollten Sie fast ausschließlich in dem Tempo trainieren, bei dem Sie sich problemlos mit Ihren Trainingspartnern unterhalten können. Bei diesem Tempo, auch bekannt unter dem Begriff „Training 130“ sollte die Pulsfrequenz um 130 Schläge pro Minute liegen. Beim Radeln kann sie auch darunter liegen. Mit dieser Methode verbessern Sie Ihre Grundlagenausdauer. Diese befähigt Sie dann auch später längere Distanzen zu bewältigen.

Ausrüstung für Anfänger

Triathlonanfänger sollten sich keine großen Gedanken über ihre Ausrüstung machen. Zum Schwimmen benötigen Sie eigentlich nur einen Badeanzug bzw. Badehose sowie eine Schwimmbrille. Beim Neukauf eines/r Badeanzuges/-hose ist zu überlegen, ob diese/r nicht mit einem speziellen Fließeinsatz im Schritt ausgestattet werden soll. Das Radfahren wird hierdurch deutlich bequemer, und der Wechsel von Badeanzug/-hose zur Radhose kann bei warmer Witterung unterbleiben.

Auch der abschließende Lauf kann mit einem/r solchen Badeanzug/-hose bequem durchgestanden werden. Achten sollte man auch darauf, daß die Badehose keine ausgeprägte Mittelnaht besitzt. Diese kann das Radfahren zur Tortour machen. In jedem Triathlongeschäft bzw. gut sortierten Sportgeschäft gibt es Badeanzüge/-hosen mit Fließeinsatz. Die Schwimmbrille muß dem jeweiligen Gesichtstyp angepaßt sein. Spezielle Triathlon-Schwimmbrillen gibt es nicht. Innerhalb der Preisklasse von 15-30 DM gibt es keine guten und schlechten Brillen, sondern nur passende und nicht passende Modelle. Um beim Kauf einer Brille feststellen zu können, ob eine Brille paßt oder nicht, nehmen Sie folgenden kleinen Test vor: Stellen Sie die richtige Nasenstegweite ein und drücken Sie die Gläser fest über die Augen. Sie haben eine passende Brille gefunden, wenn aufgrund des Unterdruckes innerhalb der Gläser die Brille für einen kurzen Augenblick hält. Probieren Sie jedoch mehrere unterschiedliche Modelle und Fabrikate aus. Wegen der häufig zu erwartenden Sonnenstrahlung ist für die Freiluftsaison eine getönte Brille zu empfehlen.

Ein oder zwei Badekappen schützen bei kühlen Wassertemperaturen vor zu großen Wärmeverlusten. Wer beim Kraulen Probleme mit seinem Gleichgewichtssinn bekommt, sollte Ohrstöpsel tragen. Ein Neoprenanzug ist für Einsteiger nicht empfehlenswert. Erst bei längeren Distanzen ist dieser häufig erforderlich.

Anfänger benötigen zur Bewältigung der Jedermanndistanz nicht unbedingt ein Rennrad. Ein gut geöltes, stramm aufgepumptes Tourenrad erfüllt auch seinen Zweck. Informationen zur Anschaffung eines Rennrades siehe unter Kapitel „Ausrüstung für Triathleten“. Vorab jedoch eins: Wer mit einem Rennrad fährt, egal ob im Training oder Wettbewerb, sollte unbedingt zur eigenen Sicherheit einen Helm tragen.

Für die letzte Disziplin werden schließlich Laufhose und -hemd und ein paar gute Laufschuhe benötigt. Gerade die Laufschuhe sind enorm wichtig. Mehr darüber unter Ausrüstung für Triathleten.

Nachdem Sie sich nun gut vorbereitet und Ihre Triathlonausrüstung im Training vielfach getestet haben, können Sie ganz beruhigt an den Start gehen. Jeder Triathlet kann Ihnen Ihre Aufregung nachfühlen, wenn Sie zum ersten Mal an der Startlinie stehen. Anderen erging es genauso oder ähnlich.

Bleiben Sie locker und versuchen Sie Ihre Premiere bewußt zu erleben und bewußt zu genießen. Wer seine Hausaufgaben immer gelöst hat, braucht keine Angst vor einer Klausur zu haben.

Informieren Sie sich vor Beginn des Triathlons über die Streckenführung, insbesondere beim Radfahren. Gehen Sie die Wechselzonen Schwimmen–Rad und Rad–Lauf ab, damit Sie wissen, wie Sie vom Wasser zu Ihrem Rad kommen, wo Ihre Kleider liegen und wo Sie wieder hinausfahren oder laufen müssen.

Wichtig ist die offizielle Besprechung vor dem Start. Dort erfahren Sie alle Details zum Wettbewerb und können auch selbst Fragen stellen.

Und nun: VIEL SPAß und ERFOLG!

Merke: Eine/n Triathletin/Triathleten erkennt man nicht an ihrer/seiner Ausrüstung, sondern an ihrer/seiner Einstellung.

EINE FRAU, EIN MANN, die/der 500 m schwimmt, 20 km radelt und 5 km läuft, ist ein MENSCH MIT KERN!

Erlebnisse

Wie die 38jährige Paula Diekmann und ihre 12jährige Tochter Tanja jeweils ihren ersten Jedermann-Triathlon erlebten, schildern sie wie folgt:

Zuerst die quirlige Tanja: „Als Zuschauerin habe ich meine Mutter beim Jedermanntriathlon erlebt. Ich war so begeistert, daß ich meine Mutter auf der 5 km Laufstrecke sogar begleitet habe. Nächstes Jahr mache ich mit, stand für mich fest. Dann ist das doch alles so ein bißchen in Vergessenheit geraten, bis der neue Termin feststand. Ganz viel habe ich zwar nicht geübt, aber ich wollte mitmachen. Mit meiner Mutter bin ich ein paar mal gejoggt, und schwimmen war ich jede Woche drei mal im Sommer. Vier oder fünf mal bin ich auch noch Rad gefahren.

Als der Startschuß fiel, bin ich wie verrückt losgeschwommen. Nach 200 m dachte ich, das schaffst du nie. Aber mein Vater stand am Beckenrand und hat mir beide Daumen gedrückt. Die ersten 250 m waren die schlimmsten, danach habe ich gedacht: Habe ja schon mehr als die Hälfte geschafft. Die ersten beiden Radrunden waren harmlos, die andern zwei hatten es in sich. Als ich vom Rad stieg, war ich ganz wacklig in den Knien. Die ersten 100 m bin ich gegangen, dann gelaufen und zwischendurch mal gegangen. Beim Laufen habe ich nur erzählt, obwohl ich das nicht sollte. Mein Papa hat mich immer wieder angefeuert. Ohne ihn hätte ich das nicht geschafft. Im Ziel war ich total glücklich, und vor allem war ich stolz auf das, was ich geschafft hatte. Die Urkunde war das schönste Erlebnis zu der Zeit. Ich würde jedem raten, es einmal zu versuchen, da man dieses Erlebnis mal haben muß."

So unvoreingenommen sind Kinder. Wer sonst als ein Kind kann mit wenigen Worten soviel aussagen?

Die 38jährige Mutter Paula ist so zum Triathlon gekommen:

„Zwei Monate vor einem Jedermanntriathlon wollte ich einfach selbst erfahren, warum mein Bruder so ein engagierter Triathlet ist. Das ging nur, wenn ich selbst einen bestreite. Da ich seit einem Jahr 2x wöchentlich 4 km mit anderen Frauen laufe, in der Freibadsaison regelmäßig schwimme und mit meiner vierköpfigen Familie viele Radtouren unternehme, müßte das eigentlich klappen.

Vier Wochen vorher große Generalprobe für mich ganz allein, 500 m schwimmen, 20 km radfahren und noch 5 km laufen. Ich war zufrieden, merkte aber, daß ich die Wechsel radfahren-laufen noch einige Male trainieren muß. Mit gutem Mut ging ich an den Start und kam auch wohlbehalten ins Ziel. Meine Familie war begeistert und ganz stolz auf die Mutter, besonders die Tanja.

Seit nunmehr vier Jahren nehme ich jährlich an ein bis zwei Jedermanntriathlons teil und habe mich ständig verbessert. Ist einfach ein tolles Gefühl, zudem gibt es Selbstsicherheit, wenn man unter Beweis stellen kann, daß man fit ist", so die Anfängerin P.D.

Dem ist nichts hinzuzufügen.

Stufe 2 - Kurztriathlon 1,5/40/10 km

Die zweite Triathlonebene bietet nahezu allen Triathleten Möglichkeiten, ihre Ziele oder auch nur Teilziele zu erreichen:
- dem „Anfänger", der nach einem Jahr Training und Absolvierung einer oder mehrerer Jedermanndistanzen seine Ziele etwas höher stecken möchte,
- dem „Quereinsteiger", der bereits in anderen Ausdauersportarten Erfahrungen gesammelt hat und nun die Faszination der drei Ausdauersportarten erleben möchte,

- dem „Wettkampfsportler“, der von Natur aus im triathletischen Sinne ein Sprintertyp ist und sich auf der Kurzdistanz zu Hause fühlt,
- dem „Leistungssportler“, der aufgrund seiner hohen Grundschnelligkeit und seines Trainingsumfanges seine Erfolge auf der Kurzstrecke sucht und findet.

Hinzu kommt, daß auch der ambitionierte Langstreckenspezialist die Kurzdistanz benutzt, um seine Grundschnelligkeit zu testen und trainingsmäßig zu verbessern. Die Praxis zeigt ganz deutlich; Athleten, die auf den langen Strecken überragende Leistungen bringen, mischen auch auf den kurzen Distanzen ganz vorne mit.

Die Anzahl der Wettbewerbe, die ein Triathlet pro Saison bestreiten kann, sind auf der Kurzstrecke etwa so verteilt:

Anfänger 3 - 5
Wettkampfsportler 5 - 8
Leistungssportler 10

Kurz-Triathlontraining für Anfänger

Hiermit sind die gemeint, die aus der Jedermannklasse in die Kurztriathlonklasse aufsteigen möchten sowie die Quereinsteiger.

Wer also ein oder auch mehrere Jedermanndistanzen erfolgreich bestritten und dabei die große Faszination des Non-Stop-Dreikampfes am eigenen Leibe erlebt hat, der steckt in der Regel seine Ziele nun etwas höher. Richtig so!

Die Jedermannsaison endet bei uns in Deutschland und Mitteleuropa im September. Einerseits sind die, die Blut geleckt haben so stark motiviert, daß ihnen die Zeit bis zum Mai des nächsten Jahres viel zu lang ist, nämlich sieben Monate, andererseits wissen wir, daß es noch andere Dinge im Leben gibt die noch wichtiger sind als gute Ergebnisse beim Triathlon.

Gehen wir davon aus, daß Sie bedingt durch den Spaß an der Bewegung, der eigenen Leistung, die Sie früher nie für möglich gehalten haben, das Gefühl fit zu sein, den Körper nun besser als je zuvor zu kennen sowie den Erfolg sehr stark motiviert sind, sich noch intensiver mit dem Triathlon auseinanderzusetzen.

Aber, ruhig Blut, auch das beste Ackerpferd benötigt seine Winterpause. Dieses gilt besonders für Triathleten, die zumeist neben dem Beruf, eine Familie und ein recht strapaziöses Hobby, nämlich den kraftraubenden Triathlon haben.

Also, in den Monaten Oktober, November, Dezember evtl. auch im Januar ist aktive Ruhe angesagt. Das heißt, 3 lockere Trainingstage in der Woche reichen für 1 bis 2 Monate aus. Danach ist eine vierte Einheit empfehlenswert.

Solange das Wetter noch gut ist, sollte eine ruhige 60 bis 90 Minuten Radausfahrt beibehalten werden. Auf jeden Fall mindestens zwei Laufeinheiten pro Woche durchführen. Zur Trainingsauflockerung empfiehlt sich gelegentlich ein Volkslauf, aber bitte nicht mit vollem Einsatz; 90 oder 95% reichen völlig aus. Wer den Winter nutzen will, um seinen Schwimmstil zu verbessern oder gar zu ändern, der sollte dieses nach Möglichkeit unter Anleitung tun. Erfahrene Triathleten sind in der Regel dabei gern behilflich. Optimal wäre dies natürlich unter Anleitung eines erfahrenen Schwimmtrainers. Eine andere Variante, um vom Brustschwimmen wegzukommen, ist der Sommerurlaub in der Nähe eines Badesees. Wie dieses erfolgreich durchgeführt werden kann, können Sie ausführlich in meinem „Handbuch für Triathlon" (Seite 45 bis 59) nachlesen.

So könnte eine Woche in dem Zeitraum Oktober bis Januar aussehen:

Di.	schwimmen:	30-40 Minuten
Mi.	laufen:	10 km lockeres Fahrtspiel
Sa.	Radausfahrt:	60-90 Minuten
So.	laufen:	12 km locker

alternativ:

Di.	schwimmen:	30-40 Minuten
Mi.	laufen:	10 km
Fr.	schwimmen:	40 Minuten
Sa.	laufen:	12 km
So.	laufen:	8 km Fahrtspiel

Wer im Winter Möglichkeiten zum Skilanglauf hat, sollte diese Chance wahrnehmen. Eine hervorragende Ergänzung zum Triathlontraining. Hierbei werden Oberarm- und Beinmuskulatur gestärkt. Wenn die Witterungsbedingungen kein Radfahren mehr zulassen, ist es ratsam eine Laufeinheit mehr einzulegen. Auch nur mit Laufen und Schwimmen verbessert man weiter seine Kondition.

Gibt es dann im März oder April wetter- und zeitmäßig ein günstiges Wochenende, so ist eine Intensivphase Rad zu empfehlen, z.B. Fr. 20 km, Sa. 40-50 km, So. 30-40 km.

Die letzten 12 Wochen bis zum ersten Kurz-Triathlon

1. Kurztriathlonwettbewerb Ende Mai

Woche 1, 2, 5, 8, 11

Di.	schwimmen:	1,5 km Interv. ein, aus, 2 x 5 x 50 m
Mi.	laufen:	10 km Fahrtspiel, 25 km radfahren locker
Fr.	schwimmen:	1 km Dauermethode
Sa.	radfahren:	40 km locker kurbeln, 100 U/Min.
So.	laufen:	10 km locker

Summe: 2,5 km S/40 km R/20 km L

Woche 3, 4, 9, 10

Di.	schwimmen:	1,5 km Interv. 50/100/150/200/150/100/50 m
Mi.	laufen:	10 km locker
Do.	radfahren:	30 km, 90 % sehr flott
Sa.	schwimmen:	1 km
So.	laufen:	12 km mit flotten Abschnitten, radfahren 35 km locker

Summe: 2,5 km S/65 km R/22 km L

Woche 6, 7

Di.	schwimmen:	1 km Interv. ein, 5 x 100, aus
Mi.	laufen:	12 km locker
Do.	radfahren:	40 km mit flotten Abschnitten
Sa.	schwimmen:	1,5 km Dauermethode
So.	radfahren:	30 km locker + laufen 5 km flott

Summe: 2,5 km S/70 km R/17 km L

Wettbewerbswoche 12

Di.	radfahren:	40 km, flott 80%
Mi.	laufen:	10 km, locker 70%
Do.	schwimmen:	1 km Intervalle
Fr.	radfahren:	20 km ruhig 65%

Sa. - So. 1,5/40/10 km Kurztriathlon

Die folgenden zwei Wochen dienen der Regeneration. Jeweils nur 1mal locker schwimmen, radfahren und laufen.

Danach Neuaufbau siehe Woche 3, 4, evtl. 5 und erneuter Kurztriathlon.

Gehen Sie ganz unvorbelastet an diesen, Ihren 1. und auch an alle weiteren Kurztriathlonwettbewerbe heran. Sie haben nichts zu verlieren, nur zu gewinnen.

Noch ein Tip: Lassen Sie andere schwimmen, radeln und laufen wie sie wollen, machen Sie Ihren eigenen Wettbewerb. Genießen Sie die Vielfalt des Triathlons.

Gratulation!

Die 2. Stufe auf dem Weg zum Gipfel haben Sie erfolgreich erklommen. Trotz der noch größeren Motivation behalten Sie einen kühlen Kopf. Nun heißt es sich regenerieren. Ein oder zwei Wochen haben Sie eine aktive Pause verdient. Holen Sie andere bislang liegengebliebene Dinge nach. Danach kann ein Neuaufbau für den 2. Kurztriathlon beginnen.

Triathleten, die bereits Erfahrungen aus anderen Wettbewerben besitzen und sich weiter verbessern möchten, haben es natürlich nicht ganz so einfach wie die Anfänger.

Diesen Triathleten ist zu raten, sich bereits frühzeitig Gedanken über die bevorstehende Wettkampfsaison zu machen, wenn sie ihre sportlichen Möglichkeiten ausschöpfen wollen.

Die nunmehr grundlegenden Überlegungen, Trainingsvorschläge und Anregungen können nur Empfehlungen sein, die Sie auf Ihre individuellen Verhältnisse ummünzen sollten. Im Handbuch für Triathlon habe ich ausführlich auf den Seiten 78 bis 83 über das so wichtige „Umfeld" des Triathleten geschrieben und dargelegt, warum es bei der Trainingsplangestaltung so entscheidend ist.

Wer im Triathlon erfolgreich sein will, muß neben der rein sportlichen Belastung, alle anderen individuellen Einflüsse mit in die Planungen einbeziehen. Dieses sind zumeist berufliche, private und familiäre Belastungen. Hinzu kommt die so wichtige Regeneration. Es sei denn er ist Triathlonprofi und hat sich während der Haupttrainingsphase eben nur um sein Training zu kümmern. Diese Athleten können und müssen natürlich ganz andere Umfänge trainieren und können daher kein Maßstab sein für die 99,9 % der Triathleten, die nur in ihrer Freizeit ihrem Hobby nachgehen können.

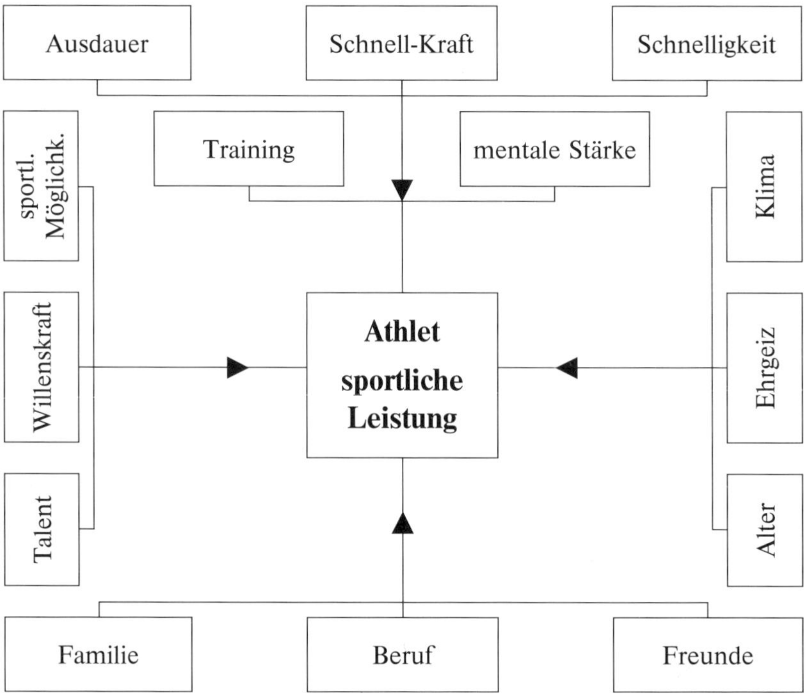

Das Umfeld des Triathleten

Eine Vielzahl von sportlichen und außersportlichen Faktoren haben Einfluß auf die sportliche Leistung eines Triathleten. Je mehr leistungsfördernde „Bausteine" bei einem Athleten zusammentreffen, um so besser wird seine sportliche Leistung.

Kurztriathlon-Training für Wettkampfsportler

Nachdem bereits Erfahrungen auf der kurzen Strecke vorliegen, geht es nun vornehmlich um die Verbesserung der Einzeldisziplinen.

Erste Anleitungen sind ja bereits aus dem Kapitel: Trainings- und Wettkampftips zum Schwimmen, Radfahren und Laufen zu entnehmen. Hier geht es jetzt um die Kombinationsmöglichkeiten und um Vorschläge wie man bei Kurztriathlonwettbewerben mit einem Aufwand von 1 Stunde reiner Trainingszeit pro Tag, allerdings im Jahresdurchschnitt, gut über die Runden kommt.
Anzahl der Triathlons pro Saison: 5 bis 8.

Folgender Jahresaufbau ist zu empfehlen:

Monate Oktober, November, evtl. auch der Dezember:

Übergangszeitraum. Alle Trainingsmaßnahmen werden locker und spielerisch durchgeführt. Viel nach Gefühl, wenig mit der Stopuhr. Langsame und unterhaltsame Läufe, erholsames Schwimmen und Stretching stehen auf dem Programm. Wer seinen Schwimmstil von Brust- auf Kraulschwimmen umstellen möchte, was unbedingt zu empfehlen ist, sollte diese Chance jetzt nutzen. Ideal wäre es, wenn es unter fachlicher Anleitung geschehen würde. Ansonsten mit Hilfe von erfahrenen Triathleten oder Schwimmern.

Dezember:

Mit Beginn des ersten Teils des Vorbereitungszeitraumes steigt der Trainingsumfang bei mittlerer Belastung, Pulswerte bei 130-140. Gelegenheiten zum Skilanglauf sollten genutzt werden. Eine hervorragende Möglichkeit um die Arm- und Rumpfmuskulatur zu trainieren.

Januar:

Entwicklung der Grundlagenausdauer aus dem Vormonat wird fortgesetzt bei gleicher Intensität. Mit Hilfe von Stretching und Krafttraining wird die vielseitige Durchbildung des Körpers unterstützt. Der Januar könnte der „Schwimmonat" sein.

Während des Schwimmonats gilt es die Schwimmzeit zu verbessern. Einige Möglichkeiten dazu: Umfang etwa 3 x 2000 m = 6000 m pro Woche.

Generell sollte das Ein- und Ausschwimmen 300-400 m betragen.

Beispiele:

a) 5 x 50 m mit 20 Sek. Pause +
   6 x 100 m mit 30 Sek. Pause +
   6 x 50 m mit 20 Sek. Pause
b) 3 x 400 m mit je 2 Min. Pause
c) 2 Serien 6 x 100 m mit 30 Sek. Pause, 3 Min. Serienpause
d) 1500 m Dauerschwimmen, Test

Februar:

Der Trainingsumfang nimmt weiter zu. Vereinzelte Cross- oder Volksläufe lockern das Training auf. Wer sein Rad noch nicht bewegt hat, sollte mit dem Heimtrainer oder auf dem Rad auf der Rolle den Radmonat März vorbereiten. Radausfahrten am Wochenende unterstützen dieses Vorhaben. Wichtig der lange ruhige Lauf pro Woche von Anfangs 20 km bis später dann auch 25 km mit einem Puls von 130.

Möglichkeiten zur Verbesserung der Laufzeiten:

Generell gilt auch hier: 10-15 Minuten Einlaufen, Stretching, Trainingsprogramm, 15 Min. Auslaufen.

a) 5 - 6 x 1000 m im 10 km Bestzeittempo, z.B. 40 Min. = 4:00 Min./km
   jeweils gleiche Strecke als Trabpause bis Puls 110

b) 3 x 1000 m 10 Sek. pro 1000 m schneller als zuvor
c) 10 - 12 x 400 m, gleiche Strecke als Trabpause
d) 1 x 1000 m, 1 x 2000 m, 1 x 3000 m, 1 x 2000 m, 1 x 1000 m, jeweils 1000 m Trabpause bis Puls 110
e) 4 x 2000 m, jeweils 1000 m Trabpause
f) 2 x 5000 m
g) 10000-m-Testlauf im Rahmen eines Wettkampfes
Die Häufigkeit dieser intensiven Trainingseinheiten 1 x pro Woche. In dem Laufmonat evtl. ein zweites Mal.

März:

Sollte der März der „Radmonat" sein, so wird das Laufen nur in verminderter Form weitertrainiert. Das Rad genießt Vorrang. Es kann evt. für den Weg von und zur Arbeit genutzt werden. Über die Osterfeiertage bietet sich regelrecht ein Radschwerpunkt an. Sooft wie möglich aufs Rad und locker kurbeln. Mit 100-110 Umdrehungen, was nicht sehr leicht zu erreichen ist, wird der runde Tritt geschult.

Der Trainingsumfang ist im März und April am größten. Spätestens jetzt, während des Radmonats schmilzt der Winterspeck. Tempoeinheiten auf dem Rad folgen erst später. Jetzt wird nur mit dem kleinen Kettenblatt trainiert.

April:

An den Wochenenden sollte der Wechsel Rad - Laufen trainiert werden. Möglichkeiten dafür sind:
a) 40 km ruhiges radfahren + 5 km flottes Laufen,
b) 20 km flott Rad + 10 km ruhiges Laufen,
c) 20 km flott Rad + 5 km flottes Laufen.

Ab der zweiten Aprilhälfte ist 1 x pro Woche eine Tempoeinheit auf dem Rad zu empfehlen, um sich langsam an die Triathlon-Radgeschwindigkeit zu gewöhnen.

Auch hier gilt: 15 Min. locker einfahren bei 100-110 Umdrehungen, Intervalle, 15 Min. locker ausfahren.

Folgende Intervalle sind alternativ zu empfehlen:
a) 1, 2, 3, 4, 5, 4, 3, 2, 1 Minuten Tempofahrt, jeweils gleiche Zeit locker mit dem kleinen Blatt kurbeln. Also 1 Min. Tempo, 1 Min. locker, 2 Min. Tempo, 2 Min. locker, 3 Min. Tempo...
b) 8 x 1 km, jeweils 1 km zwischendurch locker kurbeln
c) 2 x 10 km mit 5 Minuten aktiver Pause
d) Fahrtspiel auf dem Rad, z.B. „Ortsschildwertung"
Der lange ruhige 20-25-km-Lauf kann durch eine ruhige 70-80-km-Radausfahrt ersetzt werden.

Mai:

Letzte Testphase vor den ersten Wettkämpfen. Der Trainingsumfang verringert sich, die Intensität steigt dafür an. Aber Achtung: Jeweils nur eine harte Einheit auf dem Rad und beim Laufen in einer Woche. Das Intervalltraining beim Schwimmen einmal pro Woche zugunsten einer Ausdauereinheit reduzieren. Wenn die Wassertemperaturen es erlauben, sollte das Schwimmtraining in einen See verlegt werden. Hier ist die Dauermethode günstig, also 1500 m oder 2000 m. Kleine Intervalle sind im See durch Zählen der Schwimmzüge sinnvoll. Diese könnten wie folgt aussehen: 50 Züge Tempo, 25 Züge locker, 50 Züge Tempo, 25 Züge locker usw. Jetzt bietet sich die Chance, das Radtraining an das Schwimmtraining zu koppeln.

Juni - September:

Wettkampfzeitraum. Das Training in diesen interessantesten Monaten, auf die wir ja schließlich lange genug warten mußten, richtet sich in erster Linie nach der Häufigkeit und der zeitlichen Folge der Kurztriathlonwettbewerbe. Zwischen zwei Veranstaltungen, die im Abstand von zwei Wochen aufeinander folgen und mit vollem Einsatz bestritten werden, darf nur ein leichtes Regenerationstraining erfolgen. Die Anzahl der Trainingseinheiten ist zu reduzieren, s. Trainingsplan. Bei einem dreioder vierwöchigen Abstand bleiben dagegen einige Tage für das normale Trainingsprogramm übrig, bevor in den letzten drei Tagen gar nicht oder nur mit sehr niedrige Intensität trainiert wird.

Ein Urlaub während dieser Zeit sorgt durch die neue Umgebung für neuen Trainingsschwung. Dabei bekommen einem die möglicherweise zwangsläufigen trainingsfreien Tage besser als man es vermutet hat. Selbstverständlich soll man sich nicht ständig der prallen Sonne aussetzen und das Training in die Morgen- oder Abendstunden verlegen.

Trainingsempfehlungen für Wettkampfsportler, Kurztriathlon

Wie bereits erwähnt, sollen und können die folgenden Trainingsvorschläge nicht von jedem Triathleten einfach so hingenommen werden. Diese Pläne stellen eine konkrete Möglichkeit zur erfolgreichen Bewältigung von Kurztriathlons dar. Jeder Athlet sollte nun unter Berücksichtigung seines Umfeldes die Trainingsumfänge und -intensitäten auf seine persönlichen Gegebenheiten hin überprüfen und abändern. An den wöchentlichen Umfängen sollte man allerdings festhalten.

Nach dem ersten Wettbewerb heißt es dann, 10-14 Tage nur regenerativ, also 1-2 mal pro Woche schwimmen, radfahren und sehr locker laufen. Danach kann wieder das normale Training aufgenommen werden, bis in der Woche vor dem erneuten Triathlon (s. 2. Wo. Juni).

Verteilung der monatlichen Umfänge: (ca.-Angaben in km)
schwimmen/radfahren/laufen

Jan.	32/ 70/140	Juni	28/500/140	Nov.	24/100/100
Febr.	18/100/200	Juli	18/500/160	Dez.	24/ 80/120
März	18/660/160	Aug.	14/600/120	Summe	230/4290/1560 km im Jahr
April	24/400/120	Sept.	8/420/100		
Mai	20/600/120	Okt.	8/260/ 80		

Die letzten 4 Wochen vor einem Kurztriathlon

Datum: vom		bis 3. Woche Mai								Woche:	
Tag	Gew. kg (mo)	S		R		L		sonstige sportl. Betätig.	Kommentar	Puls Ruhe / Bel.	Gew. kg (ab)
		Dist. m	Zeit	Dist. km	Zeit	Dist. km	Zeit				
Mo.								Gymn./ Stretching			
Di.				40	flott	10	locker		Wechseltr. R + L		
Mi.		2000	Dauer. schw.								
Do.						12	Fahrt-spiel				
Fr.		1500	Intervall								
Sa.				50	locker						
So.		1500		40		10			Testwettbewerb 90 % hart		
Summe		5000		130		32					

Datum: vom		bis 4. Woche Mai								Woche:	
Tag	Gew. kg (mo)	S		R		L		sonstige sportl. Betätig.	Kommentar	Puls Ruhe / Bel.	Gew. kg (ab)
		Dist. m	Zeit	Dist. km	Zeit	Dist. km	Zeit				
Mo.								Stretching			
Di.				50	flott						
Mi.		1500	Interv.			10	locker				
Do.											
Fr.				30	hart	8	ruhig				
Sa.		2000	Ausd.								
So.				40	locker	10	sehr flott		Wechseltr. R + L		
Summe		3500		120		28					

Die letzten 4 Wochen vor einem Kurztriathlon

Datum: vom bis 1. Woche Juni — Woche:

Tag	Gew. kg (mo)	S Dist. m	S Zeit	R Dist. km	R Zeit	L Dist. km	L Zeit	sonstige sportl. Betätig.	Kommentar	Puls Ruhe / Bel.	Gew. kg (ab)
Mo.								Stretching			
Di.				50	2x100 km Tempo				R: 100 U/min		
Mi.		2000	Interv.			12	locker				
Do.				40	locker						
Fr.						8	flott				
Sa.		2500	Ausd.	30	flott						
So.						10	Tempolauf				
Summe		4500		120		30					

Datum: vom bis 2. Woche Juni — Woche:

Tag	Gew. kg (mo)	S Dist. m	S Zeit	R Dist. km	R Zeit	L Dist. km	L Zeit	sonstige sportl. Betätig.	Kommentar	Puls Ruhe / Bel.	Gew. kg (ab)
Mo.								Stretching			
Di.				40	20 km flott				R 100 Umdr.		
Mi.		2500	Interv.			12	locker				
Do.				20	ruhig						
Fr.		1000	ruhig								
Sa.									„Rad Check in"		
So.		1500		40		10			TRIATHLON		
Summe		5000		100		22					

Kurztriathlon-Training für Leistungssportler

Erfahrene Triathleten, Siegertypen, einfach gesagt „Könner ihres Faches“ beziehen ihr Können nicht nur aus ihrem überdurchschnittlichen Talent oder aus ihren trainingsmäßig günstigen familiären oder beruflichen Gegebenheiten, sie müssen auch für ihre besonderen Leistungen hohe Umfänge trainieren. Bei diesen Triathleten macht der Sport einen sehr gewichtigen Teil des Lebens aus. Für die Gesamtbelastung ist ein ausgewogenes Verhältnis von Belastung und Erholung wichtig, also die richtige Verteilung der Trainingseinheiten und der Trainingsintensitäten.

Gerade wegen der hohen Trainingsbelastung sind stets andere berufliche, familiäre Belastungen mit zu berücksichtigen. Diese Dinge sind nicht von außen durch gute Ratschläge und Empfehlungen an den Athleten zu lösen. Nur der Athlet selbst kann und muß bei seiner konkreten Trainingsgestaltung sein Umfeld mit berücksichtigen. Von daher verstehen sich die nachfolgenden Empfehlungen als eine - von vielen - Möglichkeiten, Triathlontraining zu planen.

Grundsätzlich unterscheiden sich die Jahresplanungen nicht sehr von den bereits für „Wettkampfsportler“ ausgegebenen Empfehlungen. Insgesamt wird jedoch schon in dem Vorbereitungszeitraum ein höherer Trainingsumfang und auch eine höhere Trainingsintensität praktiziert. Das Grundsätzliche zur Verbesserung der Einzelleistungen ist aus dem Bereich Wettkampfsportler zu übernehmen nur halt mit anderen Einzelgeschwindigkeiten.

Dieses ist möglich, weil Triathleten, die auf dieser Stufe trainieren, mit einem größeren Talent ausgestattet sind, demzufolge ein größeres Leistungsvermögen besitzen.

Selbstverständlich sind unter günstigen zeitlichen und sonstigen Bedingungen noch gößere Umfänge möglich. Die nachfolgenden Umfänge und Intensitäten stellen nicht das Ende der „Fahnenstange“ dar.

Verteilung der monatlichen Trainingsumfänge: (ca.-Angaben in km)

Monat	schwimmen/radfahren/laufen	
Jan.	50/100/180	Schwimmonat
Febr.	30/150/250	Laufmonat
März	30/700/200	Radmonat
April	40/900/230	
Mai	30/800/180	
Juni	30/700/200	
Juli	25/600/180	
Aug.	20/800/200	
Sept.	15/700/180	
Okt.	15/400/100	
Nov.	30/150/120	
Dez.	36/100/150	
Summe:	351/6100/2170 km	

Die letzten 4 Wochen vor dem ersten Saisonhöhepunkt

Datum: vom bis 3. Woche Mai — Woche:

Tag	Gew. kg (mo)	S Dist. m	S Zeit	R Dist. km	R Zeit	L Dist. km	L Zeit	sonstige sportl. Betätig.	Kommentar	Puls Ruhe	Puls Bel.	Gew. kg (ab)
Mo.								Stretching				
Di.				40	flott	10	locker		Wechseltr. R + L			
Mi.		3000	Dauer. schw.				Fahrt-spiel					
Do.				50	flott							
Fr.		2000	Intervall			15	ruhig					
Sa.				70	locker							
So.		1500	hart	40	hart	10	hart		Test-Wettbewerb 90 %			
Summe		6500		200		47						

Datum: vom bis 4. Woche Mai — Woche:

Tag	Gew. kg (mo)	S Dist. m	S Zeit	R Dist. km	R Zeit	L Dist. km	L Zeit	sonstige sportl. Betätig.	Kommentar	Puls Ruhe	Puls Bel.	Gew. kg (ab)
Mo.								Stretching				
Di.				50	flott							
Mi.		3000	Interv.			15	flott					
Do.		1000	2x500 Tempo									
Fr.				40	hart	8	locker					
Sa.		3000	Ausd.									
So.				60	locker	10	sehr flott		Wechseltr. R + L			
Summe		7000		150		33						

Die letzten 4 Wochen vor dem ersten Saisonhöhepunkt

Datum: vom bis 1. Woche Juni Woche:

Tag	Gew. kg (mo)	S Dist. m	S Zeit	R Dist. km	R Zeit	L Dist. km	L Zeit	sonstige sportl. Betätig.	Kommentar	Puls Ruhe / Bel.	Gew. kg (ab)
Mo.								Stretching			
Di.				70	50 km hart						
Mi.		3000	Interv.			12	locker				
Do.				50	locker						
Fr.		1200	Interv.			10	Tempo-lauf				
Sa.		2500	Dauer-schw.	30	sehr flott						
So.						18	Fahrt-spiel				
Summe		6700		150		40					

Datum: vom bis 2. Woche Juni Woche:

Tag	Gew. kg (mo)	S Dist. m	S Zeit	R Dist. km	R Zeit	L Dist. km	L Zeit	sonstige sportl. Betätig.	Kommentar	Puls Ruhe / Bel.	Gew. kg (ab)
Mo.								Stretching			
Di.				50	30 km sehr flott						
Mi.		1500	Interv.			15	locker				
Do.				25	sehr locker						
Fr.		1000	locker								
Sa.									Radpflege		
So.		1500		40		10			Wettbewerb		
Summe		4000		115		25					

Für die sich in dieser Gruppe befindlichen Leistungssportler gelten die vorgenannten Kapitel in besonderer Weise.

Die Anzahl der Wettbewerbe in einer Saison sollte auch ein Leistungssportler auf etwa 10 beschränken und möglichst jeweils mindestens zwei Wochen zwischen jeden Wettkampf legen. Ist dieses nicht der Fall, so ist sehr stark auf eine ausreichende Regeneration zu achten.

Der Leistungssportler auf der Kurzdistanz, der sich bereits seit Jahren erfolgreich dort tummelt, hat zum Saisonschluß möglicherweise das Ziel, einen Mitteltriathlon zu absolvieren. Aufgrund seines umfangreichen Trainings ist er dazu voll in der Lage. Mit der Einstreuung von noch längeren, aber bitte ruhigeren, Einheiten dürfte das Erreichen des Zieles auf der Mitteldistanz kein großes Problem sein.

Nähere Informationen dazu auf der nächsten Stufe.

Ein Wettkampftag bei einem Triathlon

Nachdem die Haupttrainingsphase eine Woche vor dem Wettkampftermin abgeschlossen ist und nur noch mit kleinen Ausnahmen locker und wenig trainiert wird, kann sich der Athlet mehr und mehr um die „Äußerlichkeiten" des Wettbewerbes kümmern. Um sein schlechtes Gewissen wegen des „zu wenigen" Trainings zu beruhigen, sollte sich jeder für diese Tage einige Erledigungen vornehmen, die in letzter Zeit liegengeblieben sind, z.B. Besuche bei Freunden und Bekannten, Familienangelegenheiten oder berufliche Dinge.

Zu den äußerlichen Triathlonvorbereitungen zähle ich auch den glykogenerschöpfenden Lauf am Dienstag, wenn Samstag der große Tag ist, oder Mittwoch, wenn Sonntag der Bewerb stattfindet. Nach diesem Lauf über etwa 5 km mit 95-100 % + 25 km hartem Radtraining, beginnt die dreitägige, sehr kohlenhydratreiche Ernährung zur Überfüllung der Glykogenvorräte.

Nunmehr können die Laufutensilien zur Seite gelegt werden. Sollte noch ein kurzer Lockerungslauf folgen, so kann das bestimmt in einer anderen als der Wettbewerbskleidung geschehen. Anfang der Woche ist noch Zeit und Gelegenheit das Rennrad einer gründlichen Reinigung und einer gleichzeitigen Inspektion zu unterziehen. Kontrolle: Rahmen auf Haarnadelrisse prüfen, Lenkervorbau, Sattelstütze, Kurbel, Pedale, Bremsenhebel, Kettenwerfer, Spannung der Speichen, Felge auf Haarnadelrisse prüfen, am Reifen Sitz des Mantels, kleinste Schnitte, Bremsen, Kabel, Funktionsfähigkeit der Bremszüge, Straffheit der Kette, schmieren von Kettenwerfer, Kette und Zahnrädern, Reifendruck verliert bis zu 10% in 24 Stunden, Test-Fahrt, Reserveschläuche, Helm, Sonnenbrille, evtl. Radhandschuhe usw.

Jedes Schräubchen sollte auf seine richtige Funktionsweise überprüft werden. Jetzt bleibt noch Zeit fehlerhafte Teile auszutauschen.

Die Schwimmausrüstung sollte im Laufe der Woche ebenfalls auf Herz und Nieren geprüft werden. Ist die Schwimmbrille dicht? Sicherheitshalber eine zweite Brille mitnehmen. Möglicherweise liegt noch ein Schwimmtest mit dem Neoprenanzug an.

In der letzten Woche gilt es ebenso Schliff anzulegen bei der geistigen, der mentalen Wettbewerbsvorbereitung. Nachdem ja bereits seit Festlegung des anstehenden Triathlons reichlich Gelegenheit war den „Wettkampfbogen“ leicht vorzuspannen, ist nun die Zeit gekommen ihn noch einmal leicht nachzuspannen, ohne ihn jedoch zu überspannen. Durch das gute Ausdauertraining der letzten Monate ist gleichzeitig die Selbstsicherheit kontinuierlich gewachsen, das angestrebte Ziel zu erreichen. Dieses sollte beim ersten Saisonwettkampf lauten: Finishen, einen guten Wettbewerb erleben, mit Spaß den Triathlon genießen. Später in der Saison lassen sich die Ziele höher ansetzen.

Bei allen Vorgaben ist wiederum zu beachten, daß man sich selbst sportlich einigermaßen einschätzen kann, ansonsten kann der Triathlon zu einem Fiasko werden. In den letzten Tagen vor dem Bewerb positiv denken. Nur nicht in alle Eventualitäten die innerhalb eines Triathlons vorkommmen können eine Verschwörung oder ähnliches sehen.

So, mit Selbstbewußtsein packt man nun spätestens einen Tag vor dem Wettbewerb seine Schwimm-, Rad- und Laufsachen ein. Für unvorhersehbare Wetteränderungen ebenfalls vorsorgen, vor allem dann, wenn man im Rahmen des Triathlons bereits einige Tage vorher losfährt und ein paar Besuche macht. Dafür lohnt sich eben eine längere und weitere Reise zu einem besonders schönen und reizvollen Triathlon.

An folgende Gegenstände ist möglicherweise zu denken:

Zum Schwimmen:	Badeanzug/-hose 2 Schwimmbrillen Neoprenanzug Badekappen und Ohrstöpsel Vaseline, evtl. Nasenzwicker Triathlonanzug
Zum Radfahren:	Rennrad mit Pumpe, Schläuchen, Getränkeflaschen Energiebarren, Banane, Startnummernband Helm, Handtuch, Sonnenbrille Radtrikot, evtl. Radhose
Zum Laufen:	Eingelaufene Schuhe mit Klettverschluß (Tanka) Lauftrikot und Laufhose helle Mütze
Nach dem Triathlon:	trockene Kleidung, Handtuch, Duschzeug bequeme Schuhe, Massageöl, Getränke
Vor dem Triathlon:	Startunterlagen Sicherheitsnadeln, Gummiband Flüssigkeitsaufnahme, Banane

Nachdem alles gepackt ist, kann man mit innerer Gelassenheit, Selbstsicherheit, Vorfreude und der richtigen inneren Spannung dem Ereignis in Ruhe entgegensehen. Dazu gehört auch ein gesunder sportlicher Ehrgeiz, um mit meinen Mitteln meine persönlichen Möglichkeiten auszuschöpfen.

Der Renntag, der Tag an dem „mein" eigenes Rennen stattfindet, beginnt spätestens drei Stunden vor dem Start. Morgentoilette und Frühstück in aller Ruhe einnehmen. Dabei auf leichtverdauliche Kohlenhydrate achten. Vorsicht bei Milchprodukten. Nicht jeder kann Milchprodukte vertragen, wenn einige Stunden später im Salzwasser geschwommen wird.

Die Anmeldung für den Triathlon erfolgt in der Regel bereits sehr frühzeitig. Trotzdem ist es ratsam, mindestens zwei Stunden vor dem Startschuß am Ort des Geschehens einzutreffen, um die doch ziemlich umfangreichen Startvorbereitungen in Ruhe und Besonnenheit tätigen zu können.

Einige Mühen lassen sich ersparen, wenn die Ausschreibung nicht nur einmal sondern zweimal intensiv durchgelesen wird. Bereits hiermit klären sich Fragen zu den äußeren Gegebenheiten wie: Streckenprofil, Verpflegungsstellen, schwierige Abschnitte usw.

Reihenfolge der Vorbereitungstätigkeiten:

- Abholen der Startunterlagen. Kontrolle der Startnummern für das Rennrad, für das Radfahren und für das Laufen.
- Radzusammenbau mit Luftkontrolle und kurzer Probefahrt. Dabei geeigneten Gang für die ersten 500 m auflegen. Gefüllte Radflasche und evtl. Kraftriegel am Rad anbringen.
- Radsachen in die dafür vorgesehene Tüte einlegen. Radschuhe, Socken, Helm, Sonnenbrille, Handtuch, Trikot, Top, Kurz-Langtrikot je nach Witterung, Hose. Bei warmer Witterung reicht Badehose mit Filzeinsatz und Top. Gummiband mit Startnummer vorn und hinten vorbereiten. Evtl. Startnummern in eine Klarsichtfolie einlegen und diese mit 3 Sicherheitsnadeln am Gummiband befestigen.
- Lauftüte packen, Schuhe mit Klettverschluß oder Tanka, evtl. Laufhose, Laufhemd, Laufmütze.
- Unbedingt an Wettkampfbesprechung teilnehmen, hier wird der gesamte Wettbewerbsablauf besprochen und Fragen geklärt.
- So, mit Badeanzug/-hose evtl. Neoprenanzug, Schwimmbrille und vom Veranstalter gestellte Badekappe geht es in Richtung Startplatz, um die Oberarmbeschriftung vornehmen zu lassen.
- 15 Minuten wie gewohnt in wärmender Kleidung aufwärmen. Lockeres Traben, leichte Dehn- und Lockerungsübungen.
- Anlegen der Schwimmbekleidung, Neoprenanzug, Badekappe mit Startnummer.
- Nach Schwimmleistung in den Startpulk einordnen.
- START
- Auf den ersten 300 Metern nicht in Panik geraten. Möglichst schnell seinen eigenen Rhythmus finden.
- Wer das Glück hat, den richtigen Vordermann zu haben, sollte dicht hinter ihm bleiben, ohne ihn an den Füßen zu berühren. Es schwimmt sich im Sog des Vordermannes etwas leichter, zudem erspart es einem ein ständiges Anheben des Kopfes zur genauen Orientierung.

Aber Vorsicht. Vertrauen ist gut, Kontrolle ist besser. Mancher Vordermann hat Probleme seine Richtung zu finden!

- Auf den letzten 20 Metern einige Brustzüge einstreuen.
- In der Wechselzone auf das achten, was in der Wettkampfbesprechung bekanntgegeben wurde. Evtl. ist die Badekappe abzugeben, das Umziehen nur in vorgesehenen Zelten erlaubt, Salzwasser abspülen, Füße vom Sand befreien, bei kalter Witterung abtrocknen und umziehen. Helm aufsetzen und schließen.
- Rad in die Wechselzone schieben, erst ab einer bestimmten Markierung aufsteigen und im kleinen Gang losfahren, bis sich die Muskulatur erwärmt hat.
- Nie Windschatten fahren. 10 m Abstand zum Vordermann und 2 m Seitenabstand sind zwingend einzuhalten. Der Überholte hat für den Abstand zu sorgen!!!!
- Nicht zu risikoreich fahren. Die Gesundheit ist wichtiger als ein paar Sekunden!!
- Regelmäßig trinken, evtl. Banane essen.
- Letzten Kilometer wieder mit kleiner Übersetzung fahren, um die Muskulatur fürs Laufen zu lockern.
- Rad in die Wechselzone schieben. Erst jetzt Helm öffnen und absetzen.
- Rad an der richtigen Stelle abstellen.
- Laufschuhe mit Klett- oder Tankaverschlüssen lassen sich auch bei kalter Witterung schnell schließen.
- Bei Hitze Mütze tragen.
- Verpflegungsstellen nutzen. Schwämme zur Kühlung von Puls und Kopf einsetzen.

- Nach Erreichen des Ziels reichlich Flüssigkeit und später Nahrung aufnehmen.
- Einsammeln der Kleiderbeutel und des Rades. Ausrüstung auf Vollständigkeit überprüfen.
- Später 15 Minuten locker radeln, ausschwimmen.
- Regenerationsmaßnahmen nicht vergessen (s. Erholung und Regeneration).

Stufe 3 - Mittel-Triathlontraining 2/80/20 km

Im Blut eines Triathleten liegt es, weitere Herausforderungen zu suchen und anzugehen. Für Athleten, die bislang die Kurzdistanz von 1500 m Schwimmen, 40 km Radfahren und 10 km Laufen erfolgreich bestritten haben und den Traum „Ultratriathlon“ verwirklichen wollen, bedeutet die Mitteldistanz ein entscheidendes Teilziel auf dem Weg zum IRONMAN:
Die Distanzen beim Mitteltriathlon sind:

1,9 - 2,5 km Schwimmen,
80 - 90 km Radfahren,
20 - 21,1 km Laufen,

diese wird ferner als Halbdistanz bezeichnet. Der Grund dafür ist recht einfach. Der Ironman, als das Maß aller Dinge im Triathlon, wird als „die einfache“ Distanz bezeichnet. Die Hälfte davon eben als Halbdistanz, ein Viertel vom Ironman als Vierteldistanz. Diese letzte Bezeichnung trifft in etwa auf die Kurzdistanz zu.

Beim Mitteltriathlon hat man es bereits mit drei ausgewachsenen Ausdauerdisziplinen zu tun, die alle ein regelmäßiges Training erfordern.

Für wirkliche Anfänger sind diese Distanzen ungeeignet. Die Anzahl der sogenannten Quereinsteiger ist hierbei gering. Am ehesten ist das noch bei den Marathonläufern möglich, die muskulär gut gebaut sind und eine hohe Beweglichkeit aufweisen. Das Laufen und Radfahren sind bei diesen Längen typische Ausdauerübungen. Probleme beim Schwimmen können von diesen Sportlern oft durch starke Rad- und Laufleistungen überbrückt werden.

Auf dieser Mitteldistanz tummeln sich entweder Triathleten die mittel- oder langfristig die Ultrastrecke in Angriff nehmen wollen, oder halt ausgewachsene Ultraathleten. Die Letzteren absolvieren diese 2,5/90/20 km gerne 4 Wochen vor einer Ironmandistanz als letzte Generalprobe.

Andererseits besitzt die Mitteldistanz national und international einen beträchtlichen Stellenwert. Neben verschiedenen Landesmeisterschaften gibt es ferner Deutsche- und Europameisterschaften.

Gute Voraussetzungen für eine erfolgreiche Absolvierung von Mittel-Triathlonwettbewerben sind:
Zweijähriges regelmäßiges Ausdauertraining,
Teilnahme an einem oder mehreren Marathonläufen,
Radfahrten von 80-100 km Länge,
Schwimmeinheiten von 2000-2500 m.

Über die Anzahl der Wettkämpfe in einer Saison läßt es sich sehr schwer präzise Angaben machen, da Mitteldistanzen oft im Wechsel mit Kurz- oder Ultradistanzen bestritten werden.

Als Anhaltspunkt für Triathleten, die nur Kurz- und Mitteldistanzen bestreiten, meine ich:
Einsteiger: 2-4 Kurzdistanzen + 2 Mitteldistanzen,
Wettkampf-und Leistungssportler: 2-4 Kurz- + 2-3 Mitteldistanzen.

Training für Einsteiger

Hiermit werden wiederum die Triathleten angesprochen, die von der Kurztriathlondistanz in die nächsthöhere, die Mitteltriathlonklasse „aufsteigen“ wollen. Damit rückt für viele das große Ziel „Ironman“ immer näher, womit gleichzeitig die Motivation weiter zunimmt.

Nur müssen wir uns bei aller Motivation und Tatendrang darüber im Klaren sein, daß unser Triathlontraining im Normalfall nicht alles ist. Beruf, Familie und Freunde sollten nicht vernachlässigt werden. Wenn unser Training Spaß machen soll, so müssen wir auch den Stellenwert der sportlichen Betätigung entsprechend ansetzen. Rechtzeitig zu Beginn eines neuen Jahres, wenn die genauen Veranstaltungstermine bekannt werden, sollte die Wettkampfplanunng für die neue Saison beginnen.

Vor dem ersten Mitteltriathlon, der nicht vor Ende Juni auf dem Programm steht, ist zumindest ein Kurztriathlon einzuplanen. Dieser kann aus dem vollen Training heraus bestritten werden. Gleichzeitig dient er als echter Form- und Materialtest. Ein zweiter Mitteltriathlon ist dann im August oder Anfang September als Saisonabschluß möglich. Zwischendurch bleibt dann Zeit und Gelegenheit für einige Kurzwettbewerbe.

Voraussetzung für solch ein Triathlonprogramm ist ein regelmäßiges Wintertraining mit den Schwerpunkten Laufen und Schwimmen. Ab Januar könnte das ein ein- bis zweimaliges Schwimmtraining in der Woche sein, dazu dann ruhige Dauerläufe. Wer aus dem Läuferlager kommt, wird evtl. für den Monat März/April seinen Frühjahrsmarathon einplanen. Nach einer anschließenden dreiwöchigen Regenerationszeit, in der dann besonders das Schwimmen und Radfahren locker trainiert wird, beginnt dann das Wechseltraining.

Ohne den erwähnten Marathonlauf könnte ein Training wie folgt aussehen:
- jeweils pro Woche

Januar:	1-2x Schwimmen, 1500 m Dauermethode, 1500 m Intervalle, 3 x 100 m; 3 x 200 m Laufen, 1 x 25 km am Wochenende ruhig, 1 x 14 km Fahrtspiel, 1 x 12 km locker, Stretching.
Februar:	2 x Schwimmen je 1500 m, Dauermethode und Intervalle 2 x Laufen, 1 x 2 h ruhig, 1 x 1:15 h mit Fahrtspiel,
März:	2 x Schwimmen, 1 x 2000 m mit Intervallen 6 x 100 m, 4 x 200 m 1 x 1500 m 1 Bahn flott, 1 Bahn locker, Dauers. 3 x Laufen, 1 x 20-25 km ruhig, 1 x 1:15 h locker, 1 x 10 km

Tempodauerlauf mit 90-95 % Intensität, oder in Abständen von 2 Wochen Teilnahme an 10-15 km Straßenläufen, Stretching.
Wochenende zur Radausfahrt nutzen.
Eine Regenerationswoche einlegen, nur leicht und mit 60% Umfang trainieren.

April: An den Wochenenden und Feiertagen Radschwerpunkt, 40, 60 und 80 km oder auch mal 100 km ruhige Ausfahrten, locker kurbeln, insgesamt 3x Rad pro Woche. Dazu 1-2 x Schwimmen, Intervalle 3 x 500 m; 10 x 100 m, 5 x 200 m, Pyramide, 2 x Laufen, 1 x 20-25 km ruhig, 1 x Fahrtspiel 15 km, Stretching.

Mai: 2 x Schwimmen, 2 x Laufen, 2 x Radfahren, Stretching, Letzten 6 Wochen bis zum 1. Mitteltriathlon siehe Tagespläne.

Wer in ähnlicher Form wie von mir vorgeschlagen für seinen ersten Mitteltriathlon trainiert, kann mit einem ruhigen Gewissen an den Start gehen. Selbstverständlich kann man mit dem geringen Trainingsaufwand nicht zu den Sieganwärtern gehören, Spaß sollte es auf jeden Fall machen. Das gesetzte Ziel hieß ja auch finishen und nicht gewinnen.

Wer mehr Zeit in das Training investieren möchte, kann das gerne tun. Er sollte dann besonders die allgemeinen Trainingsgrundsätze beherzigen, also Regenerationswochen, Training in der Gruppe, in der Regel ein Trainingstempo wählen, bei dem man sich unterhalten kann und viele Dinge mehr.

In der letzten Woche vor dem Mitteltriathlon wie bereits beim Kurztriathlon so wenig trainieren, daß man ein schlechtes Gewissen bekommt. Ein paar lockere Einheiten sollten es trotzdem sein.

Die unmittelbaren Wettbewerbsvorbereitungen und der Wettkampftag selbst sind bereits beim Kurztriathlon ausführlich geschildert worden. Allerdings haben die Mitteldistanzen gegenüber den Kurzdistanzen einen großen Vorteil. Die Wechselphase muß nicht ganz so hektisch ablaufen, und bei kühler Witterung ist das Abtrocknen und Umkleiden nach dem Schwimmen mehr als sinnvoll, es ist notwendig. Was sind schon ein paar Minuten, gegen möglicherweise gesundheitliche Risiken wie Nierenprobleme und andere.

Training für Wettkampf- und Leistungssportler

Wer auf der Mitteldistanz mehr als nur finishen möchte, hat bereits Erfahrungen im Dreikampf aus Schwimmen, Radfahren und Laufen. Zu dieser Gruppe gehört ein Großteil der Altersklassenathleten. Sie haben zumeist den Vorteil einer bereits jahrelang ausgeübten sportlichen Tätigkeit und verfügen daher über eine gute bis sehr gute Grundlagenausdauer. Die jüngeren Triathleten haben dagegen in der Mehrzahl ihre Vorteile bei der Schnelligkeitsausdauer und der Schnellkraft. Bekanntlich läßt sich die Ausdauer leichter antrainieren als die Schnellkraft. Als grobe Richtlinie für das Training auf der Mitteldistanz muß also lauten:

Die „Sprintertypen“ sollten zusätzlich lang und ruhig trainieren, die „Ausdauertypen“ ihr Training mit kürzeren und flotteren Einheiten ergänzen, um sich insgesamt zu verbessern. Der Erfolg dieser Bemühungen hängt sehr stark davon ab, ob

Mitteltriathlon: Die letzten 6 Wochen für Einsteiger

Datum: vom bis Woche: 1

Tag	Gew. kg (mo)	S Dist. m	S Zeit	R Dist. km	R Zeit	L Dist. km	L Zeit	sonstige sportl. Betätig.	Kommentar	Puls Ruhe / Bel.	Gew. kg (ab)
Mo.				40	locker						
Di.		1000	Interv.					Stretching			
Mi.				80	flott						
Do.						15	locker				
Fr.											
Sa.				50	locker	20	flott		Wechseltr. R + L		
So.		2000	Ausd.								
Summe		3000		170		35					

Datum: vom bis Woche: 2

Tag	Gew. kg (mo)	S Dist. m	S Zeit	R Dist. km	R Zeit	L Dist. km	L Zeit	sonstige sportl. Betätig.	Kommentar	Puls Ruhe / Bel.	Gew. kg (ab)
Mo.						25	locker	Stretching			
Di.		1500	Interv.	60	Fahrt-spiel						
Mi.						15	ruhig				
Do.				70	locker						
Fr.											
Sa.						15-20			Wettbewerb Straßenlauf		
So.		2000	locker								
Summe		3500		130		60					

Die letzten 6 Wochen für Einsteiger

Datum: vom bis — Woche: 3

Tag	Gew. kg (mo)	S Dist. m	S Zeit	R Dist. km	R Zeit	L Dist. km	L Zeit	sonstige sportl. Betätig.	Kommentar	Puls Ruhe / Bel.	Gew. kg (ab)
Mo.					8			Stretching	Regenerationslauf		
Di.		2000	3x500 Ausd.								
Mi.				70							
Do.						15					
Fr.											
Sa.				50	flott	12	locker		Wechseltr. R + L		
So.		2000	Interv.								
Summe		4000		120		35					

Datum: vom bis — Woche: 4

Tag	Gew. kg (mo)	S Dist. m	S Zeit	R Dist. km	R Zeit	L Dist. km	L Zeit	sonstige sportl. Betätig.	Kommentar	Puls Ruhe / Bel.	Gew. kg (ab)
Mo.				40	3x10 km Tempo			Stretching			
Di.		1500	Interv.			15	Fahrt-spiel				
Mi.				60	locker						
Do.						25	ruhig				
Fr.											
Sa.				110	ruhig	+ 5	flott				
So.		2000	2x1000 Ausd.								
Summe		3500		210		45					

Datum: vom bis Woche: 5

Tag	Gew. kg (mo)	S Dist. m	S Zeit	R Dist. km	R Zeit	L Dist. km	L Zeit	sonstige sportl. Betätig.	Kommentar	Puls Ruhe	Puls Bel.	Gew. kg (ab)
Mo.				40	30 km Tempo			Stretching				
Di.		1500	Ausd.			15	Fahrt-spiel					
Mi.				60	locker							
Do.						25	ruhig	Puls 130				
Fr.												
Sa.				80	flott	10	locker					
So.		2500	Interv.									
Summe		4000		180		50						

Datum: vom bis Woche: 6

Tag	Gew. kg (mo)	S Dist. m	S Zeit	R Dist. km	R Zeit	L Dist. km	L Zeit	sonstige sportl. Betätig.	Kommentar	Puls Ruhe	Puls Bel.	Gew. kg (ab)
Mo.				50	Fahrt-spiel			Stretching				
Di.						15	Fahrt-spiel					
Mi.		1500	locker									
Do.				30	locker							
Fr.												
Sa.		2000		80		20			Mitteltriathlon			
So.				40	ganz ruhig							
Summe		3500		200		35						

sich der Einzelne zu solch einer Umstellung der Trainingsgewohnheiten aufraffen kann. Dieses Problem löst sich nahezu von ganz allein, wenn man eine etwa gleichstarke Trainingsgruppe vorfindet. Vorausgesetzt, diese hat die gleichen Ziele. Andernfalls ist es ratsam für die verschiedenen Trainingsformen sich unterschiedlichen Trainingsgruppen anzuschließen.

Dieses unbedingt flottere Trainieren hat für Seniorensportler nur bedingt Gültigkeit.

Wer ambitioniert die Mitteldistanz betreiben möchte, sollte versuchen, folgende Einzelleistungen zu erreichen:

2000 m Schwimmen	< 42 Minuten,
40 km Radfahren	< 1:12 h,
10 km Laufen	< 42 Minuten.

Auf dieser Basis läßt es sich aufbauen.

Bei den nun folgenden Trainingsempfehlungen darf von mir der Hinweis nicht fehlen, daß jeder Triathlet bei seiner individuellen Planung und Durchführung des Trainings sein gesamtes Umfeld mitberücksichtigen muß, wenn er mit Freude und Erfolg seinem Sport nachgehen will.

Detaillierte Angaben zum Schwimmen, Radfahren oder Laufen findet man in den jeweiligen Kapiteln „Trainingstips für ...“!

Jahresaufbau

Übergangszeitraum:	Oktober, November, evtl. Dezember und Januar. 2 x wöchentlich lockeres Traben 1-1:15 h, wenn möglich leichte Radausfahrt, 2 x wöchentlich spielerisches Schwimmen. Analyse der vergangenen, Planung der neuen Saison.
Vorbereitungszeitraum:	bis einschließlich Mai

Januar:

Erster Teil des Vorbereitungszeitraumes. Der Trainingsumfang steigt bei geringer körperlicher Belastung, Pulswerte 130. Skilanglaufmöglichkeiten nutzen. Mit Hilfe von Stretching und leichten Kraftübungen wird die vielseitige Durchblutung des Körpers unterstützt.

Laufen ca. 50-60 km, gleichmäßige Dauerläufe, 1 x wöchentlich langer, ruhiger Lauf über 25 km, wer seinen Frühjahrsmarathon laufen möchte legt 28 km zurück. Gelegentlich Teilnahme an Volksläufen jedoch nicht mit vollem Einsatz.

Bei offener Witterung am Wochenende 1 Stunde lockere Radausfahrt. Wer Lust hat auf der Rolle zu fahren, sollte damit sein Radtraining vorbereiten.

Schwimmen: 2-3 x je Woche, Techniktraining, Ausdauerschwimmen und Intervalle.

Februar: Schwimmonat 1000 m Bestzeit=100%

Hier gilt es so oft wie möglich zu schwimmen. Wer in der Nähe eines Bades wohnt, oder in der Mittagspause die Gelegenheit hat wird dieses häufiger tun als jemand er 20 km fahren muß.

Ideal wären 4 x pro Woche je 2000-2500 m. Unter Anleitung 1x Ausdauerschwimmen, 1 x 2000 m oder 1 x 2500 m am Stück mit 85 %.
Sonst Intervalle: ein/aus 2 x 6 x 100, 2 x 4 x 250 je 1 Minute Pause, Pyramidenschwimmen.
Laufen: je 1 x 12 km, 15 km mit Fahrtspiel, 20 km ruhig.
Radfahren: je nach Witterung lockere Ausfahrten, 100 Umdrehungen/Min.

März: Laufmonat
Neben dem normalen Schwimmtraining 3x pro Woche, 1x Ausdauer und 2x Intervalle, stehen am Wochenende und einmal in der Woche Radausfahrten auf dem Programm. Der Radmonat April muß schließlich vorbereitet werden. Mit dem Rad zum Dienst wäre ideal.

Schwerpunkt des Monats ist das Laufen. Denkbar und realisierbar ist natürlich auch: Januar, Schwimmonat, Februar Laufmonat, März Radmonat und Mitte-Ende April der Frühjahrsmarathonlauf.

Ausführliche Anleitungen zu Marathonläufen in 3:15 h, 2:59 h oder 2:44 h befinden sich im Kapitel Lauftraining.

Wichtig auch hier das Stretchen und Dehnen der besonders beanspruchten Körperpartien.

April: Radmonat
Wer seinen Frühjahrsmarathonlauf absolviert hat, kann sich neben dem lockeren Laufen in der Marathonregeneration ausgiebig dem Schwimmen und Radfahren widmen. Radschwerpunkte liegen an den Wochenenden und den Osterfeiertagen. Touren bis 100 km Länge mit 100-110 Umdrehungen auf dem kleinen Kettenblatt sind wichtig z.B. Freitag 70 km, Samstag 100 km + 8 km laufen, Sonntag 90 km, Mittwoch 50 km. Hier geht es vor allem um die Grundlagenausdauer beim Radfahren, darum sind die ersten Intervalle frühestens am Monatsende sinnvoll. Ortsschildwertungen beleben diesen Radmonat.

Skilanglauf ist eine ausgezeichnete Sportart, um während des Vorbereitungszeitraums seine Grundlagenausdauer zu verbessern.

Ideal wäre natürlich ein zweiwöchiger Mallorca-Trip. Da wäre neben dem Training selbst noch reichlich Zeit für ein ausführliches Privatleben.

Dort wären 1200 km in zwei Wochen eine gute Basis für die bevorstehende Saison. Laufen 3 x 1:00 h - 1:15 h. Schwimmen ist dort nur selten möglich.

Mai:
An den Wochenenden Wechsel Radfahren-Laufen trainieren. Jeweils eine Einheit locker, die andere dagegen flott. 1 x pro Woche Tempoeinheiten auf dem Rad. Z.B ein/aus 8 x 1000 m Intervall, gleiche Strecke zwischendurch locker kurbeln; alternativ 4 x 3 km mit 3 km lockerem Kurbeln; 3 x 8 km mit je 5 km locker.
Rhythmus der Wochen: N H R (normal/hart/regenerativ)
Schwimmen wie im April, Intervalle, 1x Dauerschwimmen.
Laufen: 1x pro Woche Intervalle: ein/aus 2 x 5000 m 95%, 6-8 x 1000 m im 10-km-Renntempo 100 %. Trabpause 1 km, bis Puls 110.
Kurztriathlonwettbewerb als Generalprobe.
Wettkampfzeitraum: Ende Mai bis Ende September.

Juni: s. Trainingspläne S. 151/152

Juli:
Nach dem Mitteltriathlon zwei Wochen regeneratives Training, danach normal, also R R N. Weitere Kurz- und Mitteltriathlons in den Monaten August und September.

Stufe 4 - Ultra-Triathlontraining 3,8/180/42 km

Nahezu jeder Triathlet hegt und pflegt einen Gedanken: „Irgendwann einmal die Ironmandistanz zu packen und dann....." Ja und dann der Traum vom echten Hawaii-Ironman. Diese enorme sportliche Hürde ist jedoch nur für sehr gut ausdauertrainierte Leute überwindbar.

Wer die ersten 3 Stufen geschafft hat und willens ist die vierte zu nehmen, der packt das.

Gehen wir's gemeinsam an. Gemeinsamkeit macht bekanntlich stark. Wer glaubt, nur er hätte mental mit diesem Stier „Ultratriathlon" Probleme, der irrt gewaltig. Jeder, der diese Distanz bewältigen will hat diese Probleme und Schwierigkeiten zuerst im mentalen Bereich.

Ich ganz besonders. Wer es mir nicht abnimmt, weil ich bereits eine Vielzahl solcher Distanzen bewältigt habe, der kann alles ganz detailliert in meinem ersten Buch: „Mein Abenteuer Hawaii-Triathlon" nachlesen.

Das jede Athletin und jeder Athlet, der dieses kalkulierbare 226 km lange Abenteuer angeht gut vorbereitet sein muß, versteht sich von ganz allein. Alles andere

Datum: vom bis Woche: 1

Tag	Gew. kg (mo)	S Dist. m	S Zeit	R Dist. km	R Zeit	L Dist. km	L Zeit	sonstige sportl. Betätig.	Kommentar	Puls Ruhe / Bel.	Gew. kg (ab)
Mo.								Stretching			
Di.		2000	Interv.			15	6x1000 je 5 Min. Trabpause				
Mi.				100	locker 75 %						
Do.				80	hart						
Fr.						24	Puls 130	Stretching			
Sa.		2000	2x1000 Ausd.	70	90 % hart	12	locker		Wechseltraining R + L		
So.		2500	Interv.			15	Fahrt-spiel				
Summe		6500		250		66					

Datum: vom bis Woche: 2

Tag	Gew. kg (mo)	S Dist. m	S Zeit	R Dist. km	R Zeit	L Dist. km	L Zeit	sonstige sportl. Betätig.	Kommentar	Puls Ruhe / Bel.	Gew. kg (ab)
Mo.								Stretching			
Di.		2500	Interv.			15	10 km Tempol. hart				
Mi.				100	locker						
Do.		2000	Interv.	50	4x10 km hart						
Fr.				60	locker	24	ruhig	Stretching			
Sa.		2000	Ausd.	90	flott	5	flott		Wechseltraining R + L		
So.		2000	Interv.			15	Fahrt-spiel				
Summe		8500		300		59					

Datum: vom bis Woche: 3

Tag	Gew. kg (mo)	S Dist. m	S Zeit	R Dist. km	R Zeit	L Dist. km	L Zeit	sonstige sportl. Betätig.	Kommentar	Puls Ruhe / Bel.	Gew. kg (ab)
Mo.								Stretching			
Di.		2000	Interv.			15	6x1000				
Mi.				110	locker						
Do.		2000	Interv.	50	4x10 km hart						
Fr.				60	75 % locker	24	70 % ruhig	Stretching			
Sa.		2000	Ausd.	80	flott	12	locker				
So.		2000	Interv.			12	Fahrtspiel				
Summe		8800		300		63					

Datum: vom bis Woche: 3

Tag	Gew. kg (mo)	S Dist. m	S Zeit	R Dist. km	R Zeit	L Dist. km	L Zeit	sonstige sportl. Betätig.	Kommentar	Puls Ruhe / Bel.	Gew. kg (ab)
Mo.								Stretching			
Di.				50	25 km 95 %	15	5 km 100 %				
Mi.		2000	Interv.			10	ruhig				
Do.				60	locker			Stretching			
Fr.		1000	locker			5	traben				
Sa.											
So.		2500		80		20			Mitteltriathlon		
Summe		5500		190		50					

wäre Unvernunft, um es noch deutlicher zu sagen Idiotie. Unvorbereitet kommt keiner über diese Distanz. Zum Glück ist dieses sportliche Abenteuer selbst nicht kaufbar. Diese Lorbeeren muß wirklich jeder für sich selbst verdienen durch vernünftiges, ausgewogenes und ruhiges Ausdauertraining.

Wie sich jeder Athlet, der die ersten drei Stufen erklommen hat, erfolgreich auf diese 226 km vorbereiten kann, daß zeigen die nächsten Buchseiten.

Relativ einfach kann man sich das Unternehmen „Ultratraining" dadurch machen, indem jeder für sich versucht sein Trainingsprogramm in seinen Alltag zu integrieren. Also das Schwimmen, Radfahren oder Laufen geschickt in den normalen Tagesablauf mit einzuplanen. Reichlich Vorschläge dazu habe ich bereits an anderer Stelle gemacht. Wem dieses gelingt, der hat beste Voraussetzungen geschaffen sein großes, lohnendes Ziel zu erreichen.

Zur Motivationssteigerung möchte ich einflechten, daß solch ein Triathlon über 226 km nie zur Routine wird. Nach meinen 13 Ultras inclusive einem Doppelten Ultra mit den unterschiedlichsten Erfahrungen, werden auch die für die nächste Saison geplanten weiteren 3 Ultrawettbewerbe sicherlich nicht zur Routine. Sie werden zum neuerlichen sportlichen Abenteuer mit nicht vorherbestimmbarem Ablauf werden, dessen bin ich mir sicher. Gerade darin liegt für mich ein großer Reiz.

Beispielsweise habe ich für die neue Saison den Australien Ironman geplant, da er erstmals in meine Osterferienzeit fällt. Bis Ende März ist in unseren Breiten jedoch kaum Radtraining möglich. In den vergangenen Jahren war ich stets froh bis zu diesem Zeitpunkt auf 700-800 Radkilometer als Vorbereitung für Mallorca zu kommen. Sehr viel mehr werden es als Vorbereitung für Australien auch nicht werden. Gerade da liegt für mich die neue Herausforderung, der große Reiz, die Leidenschaft zur Ultradistanz. Hinzu kommt selbstverständlich für mich immer das touristische Interesse.

Trotz der vielen Unwägbarkeiten darf ein Ultratriathlon nicht zum Risiko werden. Wer allerdings die Grundregeln zu diesem Wettbewerb beachtet, wird fasziniert sein.

Die Bewältigung einer 226-km-Triathlondistanz fällt eindeutig in den Leistungssportbereich. Aus diesem Grund werden im folgenden Möglichkeiten aufgezeigt, wie Triathleten die bereits einige Jahre systematisches Ausdauertraining betrieben haben diese Ultradistanz

in ca. a) 12 Stunden,
b) 11 Stunden,
c) 10 Stunden,
oder d) in 8:45 - 9:00 Stunden absolvieren können.

Dabei greife ich nicht so sehr auf rein theoretische Pläne zurück, sondern auf Pläne, die in der Praxis so durchgeführt worden sind und zu dem angestrebten Erfolg geführt haben. Also, für jeden engagierten Triathleten nachvollziehbar sind.

Wer die sportlichen Voraussetzungen, mindestens 3 jähriges regelmäßiges Ausdauertraining und die später angegebenen Leistungen, erfüllt und sein Umfeld soweit geordnet hat, sollte sich an die Planung für seinen Ultratriathlon begeben.

Diese Planung ist bereits während des Übergangszeitraumes sinnvoll. In diesen Herbst- und Wintermonaten beginnt dann die Vorfreude auf das große Ereignis des nächsten Sommers. Zur Unterstützung der so entscheidenden Motivation empfiehlt der dreimalig Hawaii-Finisher Georg Kröger das Buch „Mein Abenteuer Hawaii-Triathlon". Hier wird ausführlich dargestellt, wie ein Triathlet mit Ende 30 in den Ultratriathlon hineinwächst, welche Probleme und Schwierigkeiten auftauchen können und wie man diese so gut es geht meistert. Dieses Buch ist kein Trainingsbuch, sondern ein Erlebnisbericht über die Vorbereitung und das Erleben dieses kalkulierten Abenteuers Hawaii-Triathlon.

Zielsetzung der Wettbewerbszeiten

Wer zum ersten Mal eine Ultradistanz bestreitet, wird sicherlich viele Gedanken um seine mögliche Endzeit kreisen lassen. Anhaltswerte dazu zeigt die nachfolgende Aufstellung. Hilfreich können auch Kenntnisse aus dem nahen Umfeld eines nahezu gleich starken Triathleten sein. Aber Vorsicht mit solchen Vergleichen: Der Triathlet X ist auf der Kurzstrecke so schnell wie ich, demzufolge muß ich auf der Lang- oder Ultradistanz genauso schnell sein wie er. Ein Vergleich Kurzstrecke zur Ultrastrecke ist nur sehr, sehr schwer direkt möglich. Ein guter „Sprinter" auf der Kurzdistanz ist noch lange kein guter „Steher" auf der Ultradistanz. Wobei unter Kurzstreckler und Sprinter im Triathlon hervorragende Ausdauersportler zu verstehen sind. Selbst eine Kurzdistanz von 1,5/40/10 km mit Wettbewerbszeiten um die 2 Stunden für die Topathleten sind ausgewachsene Ausdauerdisziplinen.

Eine Ultrazeit von 12 oder sogar 11 Stunden können viele Athleten bereits in ihrem ersten Wettbewerb dieser Art über die magischen 226 km erzielen. Voraussetzung dafür ist ein systematisches Training und ein entsprechendes Umfeld. Um die 10 Stunden Marke anzugehen, dazu gehört in der Regel bereits ein etwas höherer Trainingsaufwand, gute sportliche Möglichkeiten, mehr an Stehvermögen, Willenskraft, Talent zur Ausdauer und ein insgesamt positives Umfeld. Betonen möchte ich hierbei „in der Regel". Jährlich kann man in Roth beobachten, wie relativ junge Athleten bereits in ihrem ersten Wettbewerb dieser Art die 10 Stunde Marke deutlich unterbieten. Diesen jungen Burschen steht bei weiterem, auf ihre individuellen Möglichkeiten ausgerichtetes Training eine tolle sportliche Zukunft bevor. Leider muß man immer wieder feststellen, daß viele Athleten einfach zu ungeduldig sind, wenn es um das große Ziel Hawaii geht. Die Folge ist ein Hochpushen im Training, einige hervorragende Wettbewerbe und dann ein schnelles - zu schnelles - Ende ihrer sportlichen Ambitionen. Triathlon, die Verknüpfung dreier Ausdauersportarten, erfordert ein über mehrere Jahre kontinuierliches Training. Erfolge im Triathlon lassen sich deshalb nur mittel- und langfristig planen, und nur wer die Geduld hat über mehrere Jahre systematisch zu trainieren, dem ist der Erfolg sicher. Ein Vergleich zu einem Marathonläufer verdeutlicht dieses. Jeder erfahrene Marathonläufer weiß, daß der eigentliche Marathonlauf erst bei Kilometer 32 beginnt. Alles andere was vorher war, zählt nicht mehr. Ab 32 km geht es an das Eingemachte. Wer dabei auf den ersten 10, 20 oder 30 km sein Pulver verschießt, der büßt dafür jenseits der 30-km-Marke schwer. Geduldig abwarten heißt es bis km 30. Diese Geduld wird beim Ultratriathlon noch länger strapaziert. Sowohl im Wettbewerb als ganz besonders im langjährigen Trainingsaufbau.

Wer einen Ultratriathlon von 9 Stunden und sogar darunter anstrebt, der muß - wenn er kein Profi ist - in der Lage sein, nahezu alle positiven Einflüsse auf sich zu vereinigen. Als da wären: Talent, Durchsetzungsvermögen, Willenskraft, gute Trainingsmöglichkeiten, Zeit, Ehrgeiz, Trainingsfleiß, physische und psychische Stärke, Motivation. Demnach ein insgesamt sehr positives Umfeld. Ein typisches Beispiel für solch einen Erfolgstyp ist Karl-Heinz Nottrodt, besser bekannt als Kalli Nottrodt, der Wetterfrosch aus Oberursel. Ihm gelang es in Roth 1992, im Alter von 40 Jahren, eine Zeit von 8:49h zu erreichen. Wie er das geschafft hat und mehr darüber später.

Partnerfreundlich trainieren

Für jeden berufstätigen Triathleten, davon gehe ich bei meinen realistischen Trainingsempfehlungen jeweils aus, hängt der Erfolg oder Mißerfolg beim Triathlon davon ab, inwieweit es ihm gelingt, sein insgesamt umfangreiches Training in den Alltag zu integrieren. Und zwar so, daß sich der zeitliche Aufwand vertreten läßt. Lange Anfahrtswege zum Training erschweren die Bedingungen enorm. Dagegen sollte jeder Athlet in seinem Umfeld eingehend überprüfen, ob er nicht eine oder mehrere der folgenden Möglichkeiten nutzen kann:

- Täglich mit dem Rad zum Dienst fahren, nachmittags liefern Umwege die entsprechend gewünschte Trainingsfahrt.
- Vor Dienstantritt eine Schwimmhalle aufsuchen.
- In der Mittagspause schwimmen oder laufen.
- An einigen Tagen zum Dienst laufen.
- Bei Bekannten- oder Verwandtenbesuchen die Familie mit dem PKW fahren lassen und selbst den Weg mit dem Rad zurücklegen.
- Einen Weg zum Dienst mit öffentlichen Verkehrsmitteln oder Mitfahrgelegenheit nutzen, Rückweg laufen.
- Während einer Laufeinheit von einem oder mehreren Familienmitgliedern auf dem Rad begleiten lassen.
- Im Urlaub morgens früh von 7 bis 9 das Radfahren trainieren, dann herrscht noch kein Verkehr, die Temperaturen sind angenehm und man hat den ganzen freien Tag vor sich.
- Beim Schwimmen im See sich von einem Familienmitglied im Boot begleiten lassen.
- Gemeinsame Besuche im Freibad.

Es gibt also eine ganze Reihe von Möglichkeiten, sein Training so an- und einzuordnen, daß es z.B. für eine Familie kaum belastend ist. Allerdings muß man schon mal die ein oder andere Stunde früher als normal aufstehen. Vor allem im Urlaub fällt mir dieses ebenfalls nicht leicht. Andererseits sind es für mich herrliche Stunden im Sommerurlaub, wenn ich an jedem zweiten Morgen um 7:15 Uhr auf meinem Rad sitze und 50 bis 60 km kurbeln kann. Kaum ein Mensch bewegt sich um diese Zeit auf den Straßen und die angenehmen Temperaturen ersparen mir das Fahren in der Hitze und vor allem auf den vollen Straßen. Zudem ein Training das ungemein den Fettstoffwechsel trainiert, da ich nur mit einer Banane und meinem Brottrunk-Apfelsaftgemisch auf Tour gehe.

Neben dieser geschickten Trainingsgestaltung halte ich das Einbeziehen der Familie-Freundin-Freund in den Sport für eine ganz entscheidene Angelegenheit. Wenn die Freundin, der Freund, die Lebensgefährtin oder die Familie den Sport nicht nur mißmutig hinnimmt, sondern auch noch aktiv unterstützt, so kann das nur unserer sportlichen Entwicklung förderlich sein. Als Gegenleistung sollten wir gemeinsam mit unseren Partnern die oft reizvollen Reisen, Kurzurlaube und langen Wochenenden antreten. Dabei muß es ja nicht ausschließlich um den Triathlon gehen.

Mit ein wenig Fantasie läßt sich dieser partnerfreundliche Triathlonkatalog noch erweitern.

So, genug der allgemeinen Ratschläge. Nun zu den konkreten Trainingsempfehlungen für die vier unterschiedlichen Ultraziele:

a) 12-Stunden-Ziel
b) 11-Stunden-Ziel
c) 10-Stunden-Ziel
d) 8:45 bis 9:00-Stunden-Ziel

Über die so wichtige, vielfach entscheidende mentale Vorbereitung auf das nunmehr anzugehende Ziel, die Ironmandistanz erfolgreich zu absolvieren, habe ich bereits ausführlich an anderer Stelle geschrieben.

Spezielles über den jährlichen Trainingsaufbau und über die einzelnen Trainingsarten ist im Kapitel „Grundlagen des Triathlontrainings“ nachzulesen. Jetzt geht es um die Realisierung der drei recht unterschiedlichen Ausdauersportarten.

Trainingsempfehlungen für den Ultratriathlon

Voraussetzungen für das 12- und 11-Stunden-Ziel

Die nachfolgenden Seiten zeigen einen Weg auf, der bei annähernder Einhaltung mit Sicherheit die physischen Voraussetzungen erfüllt, um den Ultratriathlon erfolgreich zu bestehen.

Die gesteckten Ziele lauten:

a) 3,86/180/42,2 km in 12 Stunden
b) 3,86/180/42,2 km in 11 Stunden

in etwa erforderliche Wettkampfzeiten:		12:00 h		11:00 h
Schwimmen:	1:30 h	23 Min./1000 m	1:20 h	21 Min./km
Radfahren:	6:30 h	27,7 km/h	5:55 h	30,5 km/h
Laufen:	4:00 h	5:40 Min./km	3:45 h	5:20 Min./km

Voraussetzungen für:	12:00 h	11:00 h
2000 m Schwimmen	42 Min	39 Min.
80 km Radfahren	2:40 h 30 km/h	2:30 h 32 km/h
10 km Laufen	41-42 Min.	37-38 Min.
25 km Laufen	1:50 h	1:42 h
Marathonlauf	3:15 h	3:00 h

Empfehlungen für die letzten $6^1/_2$ Monate vor dem Wettbewerb (28 Wo.)

Schwimmen	106 km = 3,8 km/Wo.	150 km = 5,4 km/Wo.
Radfahren	4000 km = 143 km/Wo.	5000 km = 180 km/Wo.
Laufen	1176 km = 42 km/Wo.	1350 km = 48 km/Wo.
erf. Zeitaufwand pro Woche im Mittel	11 h	13 h
(reine Trainingszeit)	+ Stretching + Krafttraining	

Übergangszeitraum:

Oktober, November evtl. Dezember, Januar
2x wöchentlich lockeres Traben je 1-1:15 h
2x wöchentlich lockeres Schwimmen
Analyse der vergangenen Saison, Planung der neuen Saison
Vorbereitungszeitraum:
Januar, Februar, März, April, Mai
Grundlagentraining; Schwerpunkt Laufen + Schwimmen

Mit Beginn des ersten Teils des Vorbereitungszeitraumes steigt der Trainingsumfang bei geringer Belastung, Pulswerte 130. Chancen zum Skilanglauf nutzen, um Arm- und Rumpfmuskulatur zu trainieren. Mit Hilfe von Stretching und Krafttraining wird die vielseitige Durchblutung des Körpers unterstützt.

Januar: Laufen ca. 60 km/Wo. bzw. für das 11-h-Ziel Laufen ca. 60-70 km/Wo. gleichmäßige Dauerläufe mit Puls 130, 1 x pro Woche langer, ruhiger Lauf über 25-28 km.
Gelegentliche Teilnahme an Volksläufen, 90 %.
Bei offener Witterung 1 - 1:30 h Radausfahrt. Wer Spaß hat, auf der Rolle zu fahren, sollte dies tun.
Schwimmen 4 km/Wo., Schwimmen 5-6 km/Wo.

Februar: Schwimmonat 1000-m-Bestzeit = 100 %.
Hier gilt es so oft wie möglich zu schwimmen, z.B. 4 x 2-3 km ca. 10 km bzw. 4 x 2-3 km, ca 10 km.
Möglichst unter Anleitung trainieren.
1x pro Woche Ausdauer 1 x 2000 m; 2 x 1000 m.
Intervalle: 2 x 8 x 100 m; 2 x 4 x 250 m je 1 Min. Pause,
4 x 500 m, Pyramidenschwimmen 50 m bis 250 m bis 50 m.
Laufen: 2 x 15 km, 1 x 25 km.

März: Laufmonat
Normales Schwimmtraining.
4 km/Wo. Ausdauer+Interv. 5-6 km/Wo.
Radausfahrten am Wochenende 60-80 km locker kurbeln, 100 Umdrehungen/Min.
Rad zur Arbeit nutzen.
Mittelpunkt Laufen; Ziel Marathonlauf Ende März/Anfang April 3:15 h bzw. 3:00 h.
Trainingspläne s. Kapitel Trainingstips Laufen.

April: Radmonat
Schwimmen: 4 km/Wo. 5-6 km/Wo.
Laufen: 40-50 km/Wo. 50 km/Wo.

Nach dem Marathonlauf ist für 2 Wochen nur lockeres Laufen angesagt. Im Vordergrund steht das Radtraining. An den Wochenenden wird mit kleinem Kettenblatt der runde Tritt geübt. Dabei unbedingt auf Drehzahl 100-110 pro Minute achten, z.B. Freitag 70 km, Samstag 100 km+8 km laufen, Sonntag 120 km, Mittwoch 60 km. Wer Möglichkeiten zu einem Trainingscamp auf Mallorca oder sonstwo hat, sollte dieses nutzen. Umfang 900-1200 km in zwei Wochen bilden eine gute Grundlage. Dazu 2-3x 1 h locker laufen. Schwimmen ist auf Mallorca nur selten möglich.

Mai:
An den Wochenenden Wechsel Rad-Laufen trainieren, jeweils eine Einheit locker, die andere dagegen flott, z.B. 100 km Rad + 12 km laufen; 60 km Rad + 20 km laufen.
1 x pro Woche Intervalle auf dem Rad, z.B. 5 km Tempo, 5 km ruhig, 5 km Tempo.....; 2 x 10 km mit je 90-95 % Intensität.
Normale, harte und regenerative Trainingswochen wechseln einander ab; N H R.
Schwimmen wie im Vormonat, Intervalle, 1x Dauermethode.
Laufen: 1 x pro Woche Intervalltraining 6 x 1000 m, im 10-km-Renntempo, jeweils 1 km locker traben bis Puls 110; 2 x 5000 m 90 %, Pause 10 Minuten dabei locker traben.
Laufumfang 50-60 km, dabei unbedingt den wöchentlichen langen ruhigen 25-28-km-Lauf beibehalten.
Ende Mai: Kurztriathlon als Testwettkampf.
Wettkampfzeitraum: Ende Mai bis Oktober.

Trainingspläne für 12 h
Juni, Juli siehe detaillierte Trainingspläne S. 160 - 162

Trainingspläne für 11 h
Ziel 11 h siehe Trainingspläne S. 163 - 165

Anfang **Juni** evtl. Mitteltriathlon zur Formüberprüfung.
Bei aller körperlichen Vorbereitung das mentale Training nicht vernachlässigen.

Juli/August ULTRATRIATHLON.

Allen Finishern meine aufrichtige Gratulation! War es nicht ein tolles Erlebnis? Auf ein neues im nächsten Jahr!

Jetzt hat jeder Finisher seine Regeneration verdient. 3-4 Wochen heißt es richtig ausspannen und nur locker trainieren, trotz der nun noch größeren Motivation. Zeit um alles Liegengebliebene nachzuholen.

September:
Nach 2-3 normalen Trainingswochen 1-2 Kurz- oder Mitteltriathlonwettbewerbe zum Saisonausklang.

Ziel 11:59 h

Datum: vom bis Woche: 1

Tag	Gew. kg (mo)	S		R		L		sonstige sportl. Betätig.	Kommentar	Puls		Gew. kg (ab)
		Dist. m	Zeit	Dist. km	Zeit	Dist. km	Zeit			Ruhe	Bel.	
Mo.								Stretching				
Di.				100	hart	20	locker					
Mi.		2500	Interv.	60	locker							
Do.				40	ruhig	10	traben					
Fr.		1000	Ausd.									
Sa.												
So.		2000		80		20			Mittel- oder Kurzdistanz			
Summe		5500		280		50		Harte Woche				

Datum: vom bis Woche: 2

Tag	Gew. kg (mo)	S		R		L		sonstige sportl. Betätig.	Kommentar	Puls		Gew. kg (ab)
		Dist. m	Zeit	Dist. km	Zeit	Dist. km	Zeit			Ruhe	Bel.	
Mo.								Stretching				
Di.				50	locker							
Mi.		2000	Ausd.			12	locker					
Do.												
Fr.						20	ruhig					
Sa.				80	locker							
So.		1500	Interv.									
Summe		3500		130		32		Regeneration				

Ziel 11:59 h

Datum: vom		bis								Woche: 3	
Tag	Gew. kg (mo)	S		R		L		sonstige sportl. Betätig.	Kommentar	Puls Ruhe / Bel.	Gew. kg (ab)
		Dist. m	Zeit	Dist. km	Zeit	Dist. km	Zeit				
Mo.								Stretching			
Di.				40	locker	12	Fahrt-spiel		Wechseltraining		
Mi.		2000	Interv.								
Do.				60	Fahrt-spiel						
Fr.						25	ruhig				
Sa.				100	90 %						
So.		2000	Ausd.			10					
Summe		4000		180		47			Normale Woche		

Datum: vom		bis								Woche: 4	
Tag	Gew. kg (mo)	S		R		L		sonstige sportl. Betätig.	Kommentar	Puls Ruhe / Bel.	Gew. kg (ab)
		Dist. m	Zeit	Dist. km	Zeit	Dist. km	Zeit				
Mo.								Stretching			
Di.				50	locker	18	6x1000				
Mi.		2500	Interv.	40	Fahrt-spiel						
Do.						28	ruhig				
Fr.				80	90 % hart						
Sa.				120	locker	15	Fahrt-spiel		Wechseltr. R + L		
So.		2500	Ausd.								
Summe		5000		290		61			Harte Woche		

Ziel 11:59 h

Datum: vom		bis									Woche: 5	
Tag	Gew. kg (mo)	S		R		L		sonstige sportl. Betätig.	Kommentar	Puls Ruhe		Gew. kg (ab)
		Dist. m	Zeit	Dist. km	Zeit	Dist. km	Zeit			Bel.		
Mo.								Stretching				
Di.				100	locker	12	flott		Wechseltr.			
Mi.		2000	Interv.									
Do.						18	10 km Tempo		Mentales Training			
Fr.				80	90 % hart							
Sa.		3000	Ausd. + Interv.	140	locker							
So.						25	ruhig					
Summe		5000		320		55		Harte Woche				

Datum: vom		bis									Woche: 6	
Tag	Gew. kg (mo)	S		R		L		sonstige sportl. Betätig.	Kommentar	Puls Ruhe		Gew. kg (ab)
		Dist. m	Zeit	Dist. km	Zeit	Dist. km	Zeit			Bel.		
Mo.								Stretching	Mentales Training			
Di.				40	25 km hart	15	5 km hart		„Glykosetraining"			
Mi.		1500	locker									
Do.				30	ganz ruhig							
Fr.												
Sa.		3800		180		42,2		< 11:59	Viel Erfolg es klappt bestimmt			
So.				30	ganz ruhig							
Summe		5300		280		57						

Ziel 10:59 h

Datum: vom		bis									Woche: 1
Tag	Gew. kg (mo)	S		R		L		sonstige sportl. Betätig.	Kommentar	Puls Ruhe / Bel.	Gew. kg (ab)
		Dist. m	Zeit	Dist. km	Zeit	Dist. km	Zeit				
Mo.								Stretching			
Di.				100	hart 90 %	18	locker				
Mi.		2500	Interv.	60	locker						
Do.				40	ruhig	12	locker				
Fr.		1000	Ausd.								
Sa.											
So.		2000		80		20			Mitteldistanz evtl. Kurzdistanz		
Summe		5500		280		50		Harte Woche			

Datum: vom		bis									Woche: 2
Tag	Gew. kg (mo)	S		R		L		sonstige sportl. Betätig.	Kommentar	Puls Ruhe / Bel.	Gew. kg (ab)
		Dist. m	Zeit	Dist. km	Zeit	Dist. km	Zeit				
Mo.								Stretching			
Di.				60	locker						
Mi.		2000	Ausd.			12	locker				
Do.											
Fr.						22	ruhig				
Sa.				90	ruhig						
So.		2000	Interv.								
Summe		4000		150		34		Regenerations-Woche			

Ziel 10:59 h

Datum: vom		bis								Woche: 3	
Tag	Gew. kg (mo)	S		R		L		sonstige sportl. Betätig.	Kommentar	Puls Ruhe / Bel.	Gew. kg (ab)
		Dist. m	Zeit	Dist. km	Zeit	Dist. km	Zeit				
Mo.								Stretching			
Di.				60	locker	15	Fahrtspiel		Wechseltraining		
Mi.		2500	Interv.								
Do.				60	mit flotten Abschn.						
Fr.		1500	Ausd.			25	ruhig				
Sa.				100	90 % hart						
So.		2500	Interv.			10	locker				
Summe		6000		230		52		Normale Woche			

Datum: vom		bis								Woche: 4	
Tag	Gew. kg (mo)	S		R		L		sonstige sportl. Betätig.	Kommentar	Puls Ruhe / Bel.	Gew. kg (ab)
		Dist. m	Zeit	Dist. km	Zeit	Dist. km	Zeit				
Mo.								Stretching			
Di.				50	locker	18	8x1000				
Mi.		2500	Interv.	40	Fahrtspiel						
Do.						28	ruhig				
Fr.				80	hart 90 %						
Sa.		2000	Ausd.	140	locker	15	ruhig		Wechseltr. S + R + L		
So.		3000	Interv.								
Summe		7500		310		61		Harte Woche			

Ziel 10:59 h

Datum: vom bis Woche: 5

Tag	Gew. kg (mo)	S		R		L		sonstige sportl. Betätig.	Kommentar	Puls Ruhe / Bel.	Gew. kg (ab)
		Dist. m	Zeit	Dist. km	Zeit	Dist. km	Zeit				
Mo.								Stretching			
Di.				100	locker	15	flott		R + L		
Mi.		2500	Interv.								
Do.						18	10 km Tempol.				
Fr.				80	hart 90 %				Mentales Training		
Sa.		3000	Ausd.	150	locker						
So.		1500	„baden"			25	ruhig				
Summe		7000		330		58		Harte Woche			

Datum: vom bis Woche: 6

Tag	Gew. kg (mo)	S		R		L		sonstige sportl. Betätig.	Kommentar	Puls Ruhe / Bel.	Gew. kg (ab)
		Dist. m	Zeit	Dist. km	Zeit	Dist. km	Zeit				
Mo.								Stretching	Mentales Training		
Di.				40	25 km hart	15	6 km hart		„Glykosetraining"		
Mi.		2000	Ausd.								
Do.				30	ruhig	6	locker traben				
Fr.											
Sa.		3800		180		42,2		< 10:59	Viel Spaß „finisher" Gratulation!		
So.				30	radeln						
Summe		5800		280		63		Ultra-Wettkampf			

Ziel 10 Stunden und 8:45-9:00 Stunden

c) Ziel 3,86/180/42,2 km in 10:00 h
d) Ziel 3,86/180/42,2 km in 8:45-9:00 h

	10 h	8:45-9:00 h
ca. Wettkampfz.		
Schwimmen	1:10 h 18 Min./1000 m	52-55 Min. 14 Min./km
Radfahren	5:20 h 34 km/h	4:50 h 37 km/h
Laufen	3:30 h 5:00 Min./km	3:05 h 4:20 Min./km

Voraussetzungen für:	10 h	8:45-9:00 h
2000 m Schwimmen	35 Min.	29 Min.
80 km Radfahren	2:15 h 36 km/h	2:00 h 40 km/h
10000 m Laufen	35 Min.	33 Min.
25 km	1:35 h	1:30 h
Marathon	2:50 h	2:35 h

Empfehlungen für die letzten 6 Monate vor dem Wettbewerb (28 Wo.)

Schwimmen	200 km = 7 km/Wo.	300 km = 10-11 km/Wo.
Radfahren	6000 km = 215 km/Wo.	8-9000 km = 300 km/Wo.
Laufen	1500 km = 54 km/Wo.	1800 km = 64 km/Wo.
erf. Zeitaufwand		
pro Woche im Mittel	15 h	20 h
(reine Trainingszeit)	+ Stretching und Krafttraining	

Übergangszeitraum: Oktober, November evtl.Dezember, Januar
Erholung, körperlich und geistig.

2-3 x wöchentlich lockeres Laufen 12-15 km, lockeres Schwimmen ohne Uhr. Analyse der vergangenen Saison, Verbesserungsvorschläge und Planung der kommenden Wettbewerbssaison.
Vorbereitungszeitraum: Dezember bis Mitte Mai.

Grundlagenausdauertraining; Schwerpunkt Laufen und Schwimmen.
Mit Beginn des ersten Teils des Vorbereitungszeitraumes steigt der Trainingsumfang bei geringer Belastung. Pulswerte 130. Um die Arm- und Rumpfmuskulatur zu trainieren, sollten Chancen zum Skilanglauf genutzt werden. Mit Stretching und Krafttraining wird die vielseitige Durchblutung des Körpers unterstützt.

Laufen: 3-4x wöchentlich 70-80 km 4-6x 70-120 km
Gleichmäßige Dauerläufe 1-2,5 h. Dabei ein langer ruhiger Lauf pro Woche mit Puls 130 über 25-30 km.

Radtraining: Bei offener Witterung 1-1:30 h, evtl.Rolle 2x45 Min.

Krafttraining:	1 x je Woche	2 x je Woche
Stretching:	2 x 20 Min.	3 x je 20-30 Min.
Schwimmen:	3-4 x 8-9 km/Wo.	4-5 x 15 km/Wo.

Technik + Intervalle + Dauerschwimmen
Interv. ein/aus z.B. 10 x 100 m + 10 x 50m
5 x 500 m; 8 x 250 m; Pyramidenschwimmen
50/100/150/200/250/300/250/200/150/100/50 — Schwimmprogramm
1x Ausdauer 3x1000 m, 2000 m, 3000 m — verschiedene Lagen

Februar: Schwimmonat
Unter Beibehaltung des normalen Trainings wird so oft wie möglich geschwommen. Wünschenswert unter Anleitung.

Umfang:	12 km/Wo.	20 km/Wo.

Jede 3. Woche sollte eine Regenerationswoche sein mit geringerer Intensität und Umfang. Radausfahrten bei offenem Wetter.
Wenn möglich 1 Woche Trainingslager.

März: Laufmonat

Normales Schwimmtraining:	7-8 km/Wo.	12-15 km/Wo.

Stretching, Krafttraining noch beibehalten.
Radtraining: Ausfahrten locker kurbeln mit 110 Umdrehungen/Min. und kleinem Kettenblatt. Radmonat April vorbereiten. Radtraining in die Marathonvorbereitungen einbeziehen.
Schwerpunkt: Laufen mit dem Ziel Ende März/Anf. April Marathonlauf in:

	2:50 h	2:30-2:40 h

Trainingsanleitungen im Kapitel „Trainingstips-Laufen"

April: Radmonat
Alternativ: März Radmonat/Februar Laufmonat/Januar Schwimmonat

Schwimmen evtl. reduzieren	5-6 km	6-10 km

Laufen: Nach erfolgreichem Marathonlauf 2 Wochen nur locker trainieren 3 x 15 km, danach wieder normal.
Radtraining: Schwerpunkt an den Wochenenden und Feiertagen. Wenn möglich zweiwöchiger Trainingsaufenthalt in wärmeren Regionen. Italien, Südfrankreich, Spanien, Mallorca.

	1200 km/2 Wo.	1400-1500 km/2 Wo.

Runder Tritt, Ausdauer trainieren. Während dieser Zeit nur locker schwimmen und laufen. Siehe „Trainingstips Radfahren".

Mai:
An den Wochenenden Wechseltraining:
flottes Radtraining (80-100 km) + ruhiger 15-20-km-Lauf,
ruhiges Radtraining (120-150 km) + flotter 10-km-Lauf.

Schwimmen: Neben Intervalltraining zum Dauertraining Freigewässer aufsuchen.
Laufen: 70 km 70-100 km
1 x pro Woche Intervalltraining z.B. 2-3 x 5000 m, 8 x 1000 m, 1, 2, 3, 2,1 km Tempo jeweils zwischendurch 1 km locker traben
Wettkampfzeitraum: Mitte Mai - Mitte Oktober.
Stabilisierung der sportlichen Höchstform.
Gezielte Wettkampfvorbereitung.
Die Belastung in den letzten 10-12 Tagen vor dem Wettkampf verringern. 1-2 Kurz-Mitteltriathlons als Aufbauwettbewerbe bestreiten. Mentales Training im Hinblick auf Saisonhöhepunkt nicht unterschätzen.
Nach dem Wettkampf ausreichend lange regenerieren:
geringe Belastung, Ruhetage, nur 1x pro Tag locker trainieren, Sauna, Massage, reichlich Flüssigkeit, Mineralien, Vitamine.
Überlastung durch zuviele Triathlons vermeiden.
Nach einem Ultratriathlon 3 Wochen regenerieren, nur 50 % Umfang.

Trainingspläne für 10 h (s. S. 169 - 174)

Erläuterungen zu den Trainingsplänen für 10 Stunden

Hier werden Trainingspläne angeführt, die exakt so von mir durchgeführt worden sind. 1990 erzielte ich nach dem angegebenen Training eine Zeit von 10:10 h, 1992 bei völlig anderer Trainings- und Wettkampfweise 10:06h. Bei etwas anderer Wettkampfplanung 1992 und für mich wärmeren Außentemperaturen wäre bei realistischer Einschätzung auch eine Zeit von knapp unter 10 Stunden möglich gewesen.

Trainingsumfang der letzten 6 Monate		
vor Roth 1992	incl. Wechselzeiten	Zeiten von Roth 92
Schwimmen	103 km = 3,7 km/Wo.	1:15:18 h
Radfahren	6024 km = 215 km/Wo.	5:24:59 h
(davon 2500 km zum Dienst)		
Laufen	1749 km = 62 km/Wo.	3:26:15 h
		10:06:32 h
Roth 1990		
Schwimmen	140 km = 5 km/Wo.	1:11:26 h
Radfahren	4980 km = 177 km/Wo.	5:37:05 h
Laufen	1800 km = 64 km/Wo.	3:21:53 h
		10:10:24 h

Datum: vom 01. 06. bis 07. 06 92											Woche: 23/92
Tag	Gew. kg (mo)	S Dist. m	S Zeit	R Dist. km	R Zeit	L Dist. km	L Zeit	sonstige sportl. Betätig.	Kommentar	Puls Ruhe / Bel.	Gew. kg (ab)
Mo.									30. 05. Ultratriathlon Lanzarote		
Di.				50	ganz locker	10	traben				
Mi.		1000									
Do.		2100	2x1000 19:30 18:45						Schwimmen im Neopren		
Fr.				18 18						45	
Sa.											
So.				10,6/60/10,6 ab 1:40 fehlte die nötige Kraft			3:20		Duathlon WM Frankfurt		
Summe		3100		146		31		„Platt"			

Datum: vom 08. 06. bis 14. 06. 92											Woche: 24/92
Tag	Gew. kg (mo)	S Dist. m	S Zeit	R Dist. km	R Zeit	L Dist. km	L Zeit	sonstige sportl. Betätig.	Kommentar	Puls Ruhe / Bel.	Gew. kg (ab)
Mo.				40							
Di.						10	locker				
Mi.		2100	4x500	18 18							
Do.				18 18		10			laufen schwer		
Fr.		2100	Pxra- mide	18 18							
Sa.		2500	2x500 5x100 5x50	100	27,5 km/h						
So.											
Summe		6700		248		20					

Datum: vom 15. 06. bis 21. 06 92											Woche: 25/92
Tag	Gew. kg (mo)	S		R		L		sonstige sportl. Betätig.	Kommentar	Puls Ruhe / Bel.	Gew. kg (ab)
		Dist. m	Zeit	Dist. km	Zeit	Dist. km	Zeit				
Mo.		2000	See	18 48	3x3 km flott						
Di.				18 45		14	4x1000 3:25 Min		Laufen prima Puls bis 165	46	79
Mi.		1000		18 18							
Do.	77					11	50 Min		Portugal Abflug		
Fr.											
Sa.				40	25ziger Schnitt						
So.		1500	28:30	42	1:17	10	39.25		Senioren EM Villanouva		
Summe		4500		247		35		9,AK45			

Datum: vom 22. 06. bis 28. 06. 92											Woche: 26/92
Tag	Gew. kg (mo)	S		R		L		sonstige sportl. Betätig.	Kommentar	Puls Ruhe / Bel.	Gew. kg (ab)
		Dist. m	Zeit	Dist. km	Zeit	Dist. km	Zeit				
Mo.									Rückreise Portugal		
Di.		2000	ohne Zeit nahme			12					
Mi.		1500	Interv.	18 60							
Do.				18 18		28			L ab 20 km sehr schwer		
Fr.				18 18		28			R Fahrt nach Minden		
Sa.		1000		40					„platt"		
So.				150	29,7	17			R prima		
Summe		4500		442		57					

Datum: vom 29. 06. bis 05. 07 92											Woche: 27/92
Tag	Gew. kg (mo)	S Dist. m	S Zeit	R Dist. km	R Zeit	L Dist. km	L Zeit	sonstige sportl. Betätig.	Kommentar	Puls Ruhe / Bel.	Gew. kg (ab)
Mo.				18 18		28	2:15				
Di.											
Mi.		3500	See	18 25		12			Schwimmrhythmus gefunden		
Do.				18 18		24	1:46			48 125-140	
Fr.				18 110	28						
Sa.		4000	3x1000 19:30 18:30								
So.		2000				28	2:14 Puls 130				
Summe		9500		243		92					

Datum: vom 06. 07. bis 12. 07. 92											Woche: 28/92
Tag	Gew. kg (mo)	S Dist. m	S Zeit	R Dist. km	R Zeit	L Dist. km	L Zeit	sonstige sportl. Betätig.	Kommentar	Puls Ruhe / Bel.	Gew. kg (ab)
Mo.				18 18		12	1:00				
Di.				18 75	Fahrt- spiel				Rad: flotte Abschnitte		
Mi.		2000	See			12	1:00		Blutuntersuchung zu wenig Eiweiß 6,6 %		
Do.									Ferritin extrem niedrig 17,1		
Fr.											
Sa.		3,8	1:15	180		42		Regen, Kälte!	Roth 10:06 h		
So.											
Summe		5800		309		66					

Datum: vom bis Woche: 23

Tag	Gew. kg (mo)	S Dist. m	S Zeit	R Dist. km	R Zeit	L Dist. km	L Zeit	sonstige sportl. Betätig.	Kommentar	Puls Ruhe / Bel.	Gew. kg (ab)
Mo.									seit 1 Woche keine Lust auf Radtr.		
Di.				30		12	59				
Mi.		2500	mit Neo								
Do.		2500	mit Neo 10x100 1:45			15	1:10				
Fr.											
Sa.		1000	17:40	42	1:13	10	38	2:12 h	Kurztriathlon Harsewinkel		
So.											
Summe		6000		72		37			Urlaub		

Datum: vom bis Woche: 24

Tag	Gew. kg (mo)	S Dist. m	S Zeit	R Dist. km	R Zeit	L Dist. km	L Zeit	sonstige sportl. Betätig.	Kommentar	Puls Ruhe / Bel.	Gew. kg (ab)
Mo.						15	1:16				
Di.											
Mi.						23	1:50				
Do.					lustlos				Fahrt in den Urlaub		
Fr.											
Sa.		1000				17,2	1:06		Wörtherseelauf Puls bis 184		
So.	79,4	1000									
Summe		2000				55					

Datum: vom bis Woche: 25

Tag	Gew. kg (mo)	S Dist. m	S Zeit	R Dist. km	R Zeit	L Dist. km	L Zeit	sonstige sportl. Betätig.	Kommentar	Puls Ruhe	Puls Bel.	Gew. kg (ab)
Mo.				59	2:01	17	1:25		Radtraining aufgenommen			
Di.		2000	im See	60	30,5				Schwimmen im See mit Neopren			
Mi.				68	29							
Do.		2000				26	2:02					
Fr.		2000		60					Radtraining morgens vor dem Frühstück			
Sa.						26	1:59					
So.		2800		59	32,2							
Summe		8800		306		69			Urlaub			

Datum: vom bis Woche: 26

Tag	Gew. kg (mo)	S Dist. m	S Zeit	R Dist. km	R Zeit	L Dist. km	L Zeit	sonstige sportl. Betätig.	Kommentar	Puls Ruhe	Puls Bel.	Gew. kg (ab)
Mo.		2000	See	50	30,0	25	2:00					
Di.	78	2900		58	33,0							
Mi.		2900				17	1:22					
Do.		2000	See	60	30,3				sehr heiß			
Fr.		2000				9,6	35:50		Straßenlauf			
Sa.		2000	See	60	30,2	5						
So.		800		55	29							
Summe		14600		283		57			Urlaub			

Datum: vom bis Woche: 27

Tag	Gew. kg (mo)	S Dist. m	S Zeit	R Dist. km	R Zeit	L Dist. km	L Zeit	sonstige sportl. Betätig.	Kommentar	Puls Ruhe / Bel.	Gew. kg (ab)
Mo.						17	locker		Schwimmen mit Neo		
Di.				58		28	2:20				
Mi.				60	31,5						
Do.		5000	1:35	60	31,3				Schwimmen super		
Fr.		2000				25	ruhig				
Sa.		2900		68	30	19	flott				
So.		2900		52	28				URLAUB		
Summe		12800		298		89					

Datum: vom bis Woche: 28

Tag	Gew. kg (mo)	S Dist. m	S Zeit	R Dist. km	R Zeit	L Dist. km	L Zeit	sonstige sportl. Betätig.	Kommentar	Puls Ruhe / Bel.	Gew. kg (ab)
Mo.		5000	1:32	26	30,7	20	1:28				
Di.				70	60 km 32,8						
Mi.		1000				12	55	sehr heiß (Mo.–Fr.)			
Do.									aus dem Urlaub angereist		
Fr.											
Sa.		3,8	1:11	180		42		heiß	ROTH 10:10 keine Probleme		
So.		2000									
Summe		11800		276		74					

Sportliche Eckdaten meiner Person:
geb. 17.1.47, seit 1983 Triathlet

1000-m-Schwimmbestzeit:	17:20 Min. mit Neo; 18:20 Min. ohne Neo
1500 m	27:00 Min.
10000-m-Laufbestzeit	34:50 Min. auf der Bahn 1988
Marathonlauf	2:44 h
40 km Radfahren	1:05 h
180 km	5:21 h

Besonderheiten: Oktober bis Januar 4 Monate Regeneration.
Wintertraining: Schwimmen 4 km/Wo. (ja, ja ich weiß zu wenig!)
Laufen ab Februar 70 km.
Radfahren von Oktober bis Februar gar nicht.
Ab März, täglich 18-19 km zum Dienst und zurück mit dem Rad.
2 Wochen Radtraining in Mallorca mit insgesamt 1200 km und 100 km laufen. Ausnahme 1990; 3 Wochen Kalifornien mit nur 30-40 Laufkilometer pro Woche.
Frühjahrsmarathon mit 70 km/Wo. in ca. 2:48 h.

Persönliche Unzulänglichkeiten:
Nur sporadisch Krafttraining und Stretching. Von Oktober bis Mitte Februar kein Radtraining, auch nicht auf der Rolle: Insgesamt zu wenig Schwimmtraining. Kaum Intervalltraining auf dem Rad oder beim Laufen.

Persönliche Stärken:
Kontinuierliches Training; mentale Stärke; sehr gutes Gefühl bei der Wettkampfeinteilung, dieses zeigt sich durch sehr gleichmäßige Einzelzeiten.

Interessant ist für mich selbst der Vergleich der Trainingsaufzeichnungen von 1990 und 1992. Dabei wird deutlich, daß die Pläne kaum zu vergleichen sind.

Besonderheiten 1990: Zugunsten einer Kalifornienreise entfiel mein Radblock völlig. Der Vorsatz, einiges davon anschließend wieder wettzumachen ging 3 Wochen gut, dann konnte ich 2 Wochen lang kein Rad mehr „sehen“. Schließlich sah ich 3 Wochen vor Roth die Notwendigkeit des Radtrainings wieder ein und trainierte im Urlaub nüchtern morgens vor dem Frühstück in der Regel 2 Stunden auf dem Rad. Zu mehr war ich im Urlaub einfach nicht bereit. Ich tröstete mich mit dem umfangreicheren Schwimmtraining.
Zu 1992:

6 Wochen vor Roth erreichte ich beim Ironman Lanzarote auf einer extrem schweren Radstrecke eine Gesamtzeit von 11:22h. Da ich meine Meldung für die Duathlon Weltmeisterschaft Frankfurt sehr frühzeitig abgegeben hatte, die Bestätigung dafür aber sehr spät bei mir eintraf, wollte ich dort auch nicht absagen und startete nur eine Woche nach Lanzarote in Frankfurt über 10,6 km Laufen/60 km Radfahren/10,6 km Laufen. Eine nicht zu empfehlende Sache. Weiterhin hat die Senioren-Europameisterschaft in Portugal nur 2 Wochen später meine Vorbereitung für Roth auch nicht gerade gefördert. Die vielen Feiertage verbunden mit einigen beweglichen Ferientagen gaben mir eben die Gelegenheit dort zu starten.

Sinnvoll vom sportlichen her waren die beiden Wettbewerbe sicher nicht. Andererseits bin ich mir sicher, daß es diese für mich günstige Konstellation von interessanten Wettbewerben und freien Tagen so schnell nicht wieder geben wird.

Wenn also zwei Ironmandistanzen innerhalb von nur 6 Wochen zurückgelegt werden, so sollte man zwischendurch keine weiteren Triathlons mehr bestreiten. Neben den 3 Wochen Regenerationzeit bleiben dann eh nur zwei Wochen für ein normales Training um sich in der 6. Woche wieder auf den neuen Ultratriathlon einzustellen.

Erläuterungen zu den Trainingsplänen von Kalli Nottrodt
(s. S. 178 - 181)

Auch mit seinen vierzig Jahren ist der voll berufstätige Diplom-Meteorologe Kalli Nottrodt ein absoluter Weltklassemann. Mehrfach siegte er auf Hawaii und in Roth in seiner jeweiligen Altersklasse. Bereits zum dritten Mal unterbot er 1992 in Roth mit 8:49 h die 9 Stunden Marke. Wie macht man so etwas? Hier gilt der Spruch: Von Nichts kommt nichts!

Seine Trainingsaufzeichnungen aus der Zeit Ende April-Anfang Mai zeigen (Plan S. 178), wie bei einem solch erfolgreichen Mann eine „normale" und eine „harte" Trainingswoche aussehen.

Trainingspensum 1992 bis zum Wettkampf in Roth:		Wettkampfzeit
Schwimmen	320 km = 11,4 km/Wo.	52:32 h
Radfahren	8200 km = 293 km/Wo.	4:48:10 h
Laufen	1600 km = 57 km/Wo.	3:09:09 h
		8:49:51 h

In den Vorjahren lag sein Pensum wesentlich höher:

1991:	Schwimmen	350 km = 12,5 km/Wo.	über 28 Wochen gemittelt
	Radfahren	9600 km = 343 km/Wo.	
	Laufen	2000 km = 71,5 km/Wo.	

Erstaunlich ist dabei die Tasache, daß Kalli wöchentlich seinen ganz normalen Dienst von 38 Stunden versieht. Möglicherweise kommt ihm dabei sein Wechselschichtdienst mit Früh (6-14 Uhr), Spät (12-20:30 Uhr), Nacht (19:30-7:30 Uhr) und 2 Tagesschichten von 9-18 Uhr zugute.

Sein Grundprinzip: 3 Tage Belastung, 1 Tag Regeneration oder Ruhe.

Eine lockere 2,5-km-Schwimmeinheit zählt dabei noch zu einem Ruhetag. Das solch ein Training einen langjährigen Aufbau erfordert, versteht sich von selbst. Hinzu kommen weitere Eigenschaften wie: Talent, Durchhaltevermögen, Willenskraft, Trainingsfleiß, mentale Stärke, körperliche Robustheit und vieles andere mehr, um solch ein Trainingsprogramm bewältigen zu können.

Das gesamte Umfeld muß halt stimmen.

Das im Triathlon gar Trainingsumfänge bis zu 50 Stunden pro Woche möglich sind, das beweisen uns Triathlonprofis wie Wolfgang Dittrich und Jürgen Zäck. Nur tägliche Trainingszeiten von 6 bis 8 Stunden über viele Monate im Jahr hinweg, lassen Zeiten um 8:15 Stunden zu. Nachdem ich diesen beiden 1990 in Kalifornien nur bei einer Schwimmeinheit von 3,6 km zugeschaut habe, weiß ich, was dahintersteckt. Ich gönne ihnen ihre großen Erfolge von ganzem Herzen, da sie diese hart erarbeiten müssen.

Nur wenige Menschen sind in der Lage, solche Trainingsprogramme und die daraus resultierenden Wettkampfergebnisse zu erzielen.

Um die Trainingsaufzeichnungen von Kalli Nottrodt besser zu verstehen hier ebenfalls seine sportlichen Eckdaten:

Geburtsjahr 1952, Triathlet seit 1984, zuvor Wettkampfschwimmer mit Bestzeiten von 1:09 über 100 m Brust und 2:31 Min. über 200 m Brust.

1000-m-Schwimmbestzeit:	13:00 Min. ohne Neo.
1500 m	19:30 Min. ohne Neo.
10000-m-Laufbestzeit:	33:50 Min.
40-km-Radfahrbestzeit:	60 Min.
180 km	4:48 h

Wintertraining: Schwerpunkt	Laufen 70-120 km/Wo.
	Schwimmen 15-20 km/Wo.
	2 x Krafttraining
	2-3 x Aerobic/Gymnastik

Frühjahrstraining: Radtraining bei Temperaturen größer +5 Grad und trocken. Im März 2 Wochen Mallorca ca. 1400km Rad.

Kalli Nottrodt

Datum: vom 27. 04. bis 03. 05. 92 — Woche: Harte Woche

Tag	Gew. kg (mo)	S		R		L		sonstige sportl. Betätig.	Kommentar	Puls	Gew. kg (ab)
		Dist. m	Zeit	Dist. km	Zeit	Dist. km	Zeit			Ruhe / Bel.	
Mo.	73	2500	:45	143	30,4	11	:50				
Di.	72	3500	1:10	74	31,1	17	1:15				
Mi.	71	2200	:40	87	29,7	15	1:05	Krafttraining			
Do.	71,5	4000	1:10						40. Geburtstag „Absturz"		
Fr.	70,5					25	1:50				
Sa.	71	3000	1:00	93	30,8	5-6	:25				
So.	72			121	Berge 29,0				R: RTF		
Summe		15200		518		74			≈ 29 h		

Datum: vom bis — Woche: Normale Woche

Tag	Gew. kg (mo)	S		R		L		sonstige sportl. Betätig.	Kommentar	Puls	Gew. kg (ab)
		Dist. m	Zeit	Dist. km	Zeit	Dist. km	Zeit			Ruhe / Bel.	
Mo.		2100	:40						„Ruhetag"		
Di.		3000	1:00	58	30,4	10	:45	Seilzug			
Mi.		3200	1:00	77	30,4	14	1:00				
Do.		1800	:30	97	30,6	14	1:00	Seilzug			
Fr.		2500	:50 locker						„Ruhetag"		
Sa.		3400	1:00			20	1:30	Krafttr.	kein Rad wg. Regen		
So.				73	29,0	5					
Summe		16000		301		64			≈ 20 h		

Datum: vom 01. 06. bis 07. 06. 92 Woche:

Tag	Gew. kg (mo)	S		R		L		sonstige sportl. Betätig.	Kommentar	Puls		Gew. kg (ab)
		Dist. m	Zeit	Dist. km	Zeit	Dist. km	Zeit			Ruhe	Bel.	
Mo.	72	3300	1:00	105	33,1	14	1:00	Seilzug				
Di.		3300	1:00	50	1:30	14	1:00					
Mi.	72	2200	:40	66	locker 27,0	10	:45					
Do.	72								Ruhetag			
Fr.	72	1600	locker :30									
Sa.	72			15	:30	2						
So.	72			60	1:32	10,6 10,6	38:40 39:10		Duathlon WM			
Summe		10400		296		60		16-17 h				

Datum: vom 08. 06. bis 14. 06. 92 Woche:

Tag	Gew. kg (mo)	S		R		L		sonstige sportl. Betätig.	Kommentar	Puls		Gew. kg (ab)
		Dist. m	Zeit	Dist. km	Zeit	Dist. km	Zeit			Ruhe	Bel.	
Mo.		1.000	locker :20:00						Ruhetag			
Di.	72	2000	:40	67	locker 2:20							
Mi.		2600	:50	58	locker 1:50							
Do.		2200	:40			13	1:00					
Fr.	72	3000	:60	75	Fahrtsp. 31,9	7	:30					
Sa.				115	3:30	14	1:00	Seilzug				
So.		1500	locker						Ruhetag			
Summe		12030		315		34		lockere Woche, wg. Duathlon WM				

Datum: vom 15. 06. bis 21. 06. 92 Woche:

Tag	Gew. kg (mo)	S		R		L		sonstige sportl. Betätig.	Kommentar	Puls Ruhe / Bel.	Gew. kg (ab)
		Dist. m	Zeit	Dist. km	Zeit	Dist. km	Zeit				
Mo.	72	3000	1:00	114	hart 32,1	13	1:00		2 harte Tage (Mo.–Di.)		
Di.		2200	:40	89	31,5	14	1:00				
Mi.									Anreise Portugal		
Do.		500	:15	45	locker 1:30	9	:45				
Fr.		500	:15								
Sa.				25	locker 1:00						
So.		1500		42		10			EM Senioren Villanouva		
Summe		7700		315		46			15-16 h		

Datum: vom 22. 06. bis 28. 06. 92 Woche:

Tag	Gew. kg (mo)	S		R		L		sonstige sportl. Betätig.	Kommentar	Puls Ruhe / Bel.	Gew. kg (ab)
		Dist. m	Zeit	Dist. km	Zeit	Dist. km	Zeit				
Mo.		800	:20						Ruhetag		
Di.				70	3:00						
Mi.		2400	:40	72	32,0	7	:30				
Do.	71,5	2200	:40			11	:50	Seilzug			
Fr.	72	3200	1:00	77	32,6	13	1:00	Seilzug			
Sa.	72	1800	:30	64	locker 31,1	7	:30				
So.				80	Berge 29,1	11	:50	Seilzug			
Summe		10400		363		50			19 h		

Datum: vom 29. 06. bis 05. 07. 92 — Woche:

Tag	Gew. kg (mo)	S Dist. m	S Zeit	R Dist. km	R Zeit	L Dist. km	L Zeit	sonstige sportl. Betätig.	Kommentar	Puls Ruhe / Bel.	Gew. kg (ab)
Mo.	72	2000	:40	77	32,0	30	2:10		Harte Woche!		
Di.		1600	locker :30						Ruhetag		
Mi.		2900	1:00	175	30,7	11	:50	Seilzug			
Do.		3200	1:00	117	Berge 29,5	13	1:00				
Fr.	71,5	3200	1:00	73	locker 30,5	10	:45	Seilzug			
Sa.				72	30,7				„Kaputt"		
So.									Ruhetag 10 h Dienst + Regen		
Summe		12900		514		64		26-27 h			

Datum: vom 06. 07. bis 12. 07. 92 — Woche:

Tag	Gew. kg (mo)	S Dist. m	S Zeit	R Dist. km	R Zeit	L Dist. km	L Zeit	sonstige sportl. Betätig.	Kommentar	Puls Ruhe / Bel.	Gew. kg (ab)
Mo.	72	2000	:40			13	1:00		Regen deshalb kein Rad		
Di.		2300	:45	88	33,5	7	:30				
Mi.	72	1800	:30	55	32,3	9	:40				
Do.	71	1500	locker :30						„Ruhetag"		
Fr.									wg. Regen kein Rad gepl. 30 km		
Sa.		3800	:52	178	4:48	42	3:09		ROTH 8:49!!!		
So.											
Summe		11400		321		71					

Stufe 5 - Hawaii-Qualifikation und die Krönung Hawaii

Wer bereits die 4 Stufen durchlaufen hat und - so hoffe ich - stets gefinisht hat, der ist nicht nur um viele Erlebnisse und Erfahrungen reicher, sondern hat die Faszination, die Leidenschaft, die Herausforderung der Ultradistanz voll erlebt.

Gleichzeitig hat jeder, der es will die Weichen in Richtung Hawaii gestellt.

Während des Übergangszeitraumes hat nun jeder Triathlet die Zeit, um in aller Ruhe für die nächste Saison die zwei absoluten Triathlonhöhepunkte zu planen.

1. Hawaii - Qualifikationswettbewerb
2. IRONMAN - HAWAII

Dabei geht es vor allem darum, die selbst gemachten Erfahrungen mit in die Planungen einfließen zu lassen. Ebenso die eigenen Unzulänglichkeiten mitzuberücksichtigen. Eventuell noch mehr das Training in den normalen Tagesablauf einfließen zu lassen.

Generell heißt die Devise:

„Arbeite an Deinen Schwächen, behalte Deine Stärken bei."

Mit Hilfe der eigenen Trainingsaufzeichnungen und den in diesem Buch gemachten Vorschlägen, sollte eine konkrete Planung für die nächste Saison möglich sein. Wichtige Fixpunkte sind halt die beiden Ironmandistanzen. Man sollte nicht den Fehler begehen und meinen da müssen noch 8-10 andere Wettkämpfe dazukommen. Alle Konzentration und Aufmerksamkeit sollte den beiden Saisonhöhepunkten gehören. Und wenn es mit der Hawaiiqualifikation nicht klappt, keine Sorge, daß nächste Jahr kommt bestimmt.

Warnen möchte ich vor einer allzu frühen und überschwenglichen Motivation. Die nächste Saison wird lang, sehr lang. Selbst wenn der 1. Ultratriathlon toll geklappt hat, sollte keiner auf die Idee kommen auf die Regenerationszeit verzichten zu wollen. Frühestens im Dezember sollte wie beschrieben langsam mit dem ruhigen Ausdauertraining begonnen werden.

Noch eins zur Planung der neuen Saison. Die Urlaubsplanung muß rechtzeitig getätigt werden. Nach erfolgreicher Qualifikation sind für Hawaii mindestens zwei Wochen zu veranschlagen, besser drei, vor allem dann, wenn man sich nach dem Ironman die ein oder andere reizvolle Insel anschauen möchte. Sicherlich sind die finanziellen Dinge möglichst frühzeitig zu regeln.

Wer Hawaii nicht nur sportlich, sondern auch touristisch kennenlernen möchte, dem rate ich unbedingt sich Hannes Blaschke anzuschließen. „Hannes der kann es" trifft auf ihn doppelt zu. 1985 hat er mit seinem vierten Platz bewiesen, was er sportlich drauf hat. Seit einigen Jahren organisiert er die Hawaiireisen und kennt sich drüben bestens aus, seitdem er jährlich mehrere Monate auf Big Island lebt. Mit folgenden Kosten muß man pro Person etwa rechnen: Startgebühr ca. 400 DM, diese sind bereits bei der Einschreibung für Hawaii fällig. 3.500 DM kommen für Flug und Unterkunft dazu. Was noch fehlt, sind Verpflegungskosten und evtl. Flugkosten zu den anderen Inseln. Bei nicht allzu großen Ansprüchen kann man demnach mit rund 5.000 DM pro Person auskommen.

Viel Geld; für den einen oder anderen Schüler, Auszubildenden oder Studenten vielleicht zuviel des Guten. Andererseits ist dieser Ironman auf Hawaii einfach das Größte für einen Triathleten. Zudem ist der Triathlon ja eine Ausdauersportart, die man sehr lange bestreiten kann und demnach nicht unbedingt mit Anfang zwanzig auf Hawaii gewesen sein „muß“. Ob man allerdings ein zweites, drittes Mal nach Hawaii fährt oder fahren sollte, darüber läßt es sich lange streiten. Ich persönlich zweifele derzeit stark, ob es mich ein drittes Mal dorthin zieht. Ganz eindeutig war mein erster Start 1985 - siehe das danach entstandene Buch „Mein Abenteuer Hawaii-Triathlon“- der beeindruckendste. 1989 bei meinem zweiten Start war bereits vieles zur Routine geworden, und der Blick ging mir eigentlich zu oft zur Uhr. Obwohl ich 1989 (10:44h) um knapp eine Stunde schneller war, hat mich mein Wettkampf 1985 mehr und tiefer beeindruckt. Andererseits verhehle ich nicht ein besonders starkes Kribbeln in den Gliedern zu spüren, wenn der Ironmanmonat Oktober anbricht. Vor allem deshalb, weil ich mich 1992 sowohl auf Lanzarote als auch in Roth für den Ironman Hawaii qualifiziert hatte und aus beruflichen Gründen nicht fahren konnte.

Zurück zum Qualifikationswettkampf. Theoretisch gibt es ja eine ganze Reihe von Möglichkeiten, sich für Hawaii zu qualifizieren. Im März auf Neuseeland, im April in Australien, Ende Mai in Lanzarote, Mitte Juli in Japan und Roth, im August in Kanada. Bei all diesen Wettbewerben geht es über die volle Ironmandistanz. Hinzu kommen eine Reihe amerikanischer Wettbewerbe über die Mitteldistanz. Die aktuellen Termine findet jeder rechtzeitig in den Triathlonmagazinen.

Der Traum jedes Triathleten

Hier die Anschriften der derzeitigen „International Ironman Qualifiers":

Ironman Europe, Kohlengasse 8, D-8542 Roth, Germany, Tel. 09171/63535
Ironman Lanzarote, Club La Santa, Tinajo, Lanzarote,
Islas Canarias, Espana, Tel. 34 (9)28840101.
Ironman New Zealand, P.O.Box 34-551, Birkenhead,
Auckland 10, New Zealand, Tel. (64)(9)480-6033
Ironman Australian, PO Box 153 Tuncurry NSW 2428 Australia, Tel. (065)547188
Ironman Japan, c/o Dentsu, Inc.Sports & Culture Business Div.
1-11 Tsukji, Chuo-ku, Tokyo 104, Japan, Tel. (81)(3)544-6787
Ironman Canada, Box 278, Penticton, B.C. Canada V2A 6K4, Tel. (604) 493-9303.

Für uns in Mitteleuropa sind die Veranstaltungen von Roth und Lanzarote naheliegend. Beide lassen uns Zeit, auch in unseren Breiten genügend Radkilometer zu sammeln, um die 180 km in einer angemessenen Zeit zu absolvieren. Wer allerdings neben der Qualifikation für Hawaii Wert auf eine gute Zeit legt, der ist in Roth besser dran. Der Wind und das enorm schwierige Streckenprofil auf der Radstrecke lassen auf Lanzarote keine schnellen Zeiten zu. Die Radzeiten aus Lanzarote liegen im 10-Stunden-Bereich um mehr als eine ganze Stunde über der Radzeit von Roth.

Nur sehr erfahrenen Athleten ist es möglich, beide Veranstaltungen zu absolvieren und dann noch im Oktober auf Hawaii an den Start zu gehen.

Wie jeder Athlet sein Training organisiert, durchführt, sich mental auf seine entscheidenden Wettbewerbe einstellt, seinen großen Tag ausrüstungsmäßig angeht, wie der Tag der Wahrheit abläuft, was man während solch langer Wettbewerbe erlebt, denkt und fühlt ist sehr ausführlich in „Mein Abenteuer Hawaii-Triathlon" festgehalten, was nun noch zum kompletten Überblick fehlt, ist der Eindruck eines Außenstehenden zu dem ganzen Spektakel „Ironman".

Wer könnte das besser wiedergeben als die 52jährige Gudrun Schmidt aus Suhl, die ihren 18jährigen Sohn Jan 1992 in Roth auf seinem ersten Ultratriathlon von außen und „innen" begleitete. Sie ist selbst eine engagierte Triathletin, erfolgreiche Skilanglauf-Olympiateilnehmerin und mitfühlende Triathletenmutter.

Sie schreibt: „Triathleten sind es gewohnt, daß ihr Geisteszustand in Frage gestellt wird. Schließlich hält der Normalbürger selbst nach 10 Jahren Triathlongeschichte in Deutschland und fünf Ironman-Wettkämpfen in der Triathlonhochburg Roth 3,8 km Schwimmen, 180 km Radfahren und 42 km Laufen am Stück für den organisierten Wahnsinn. Jüngstes Beispiel: Eine Spiegel TV-Reportage mit dem Titel „Ironman, Endsieg im Kampf gegen den eigenen Körper".

Zugegeben, ein bißchen anders als der Durchschnitt ist der Triathlet schon. Etwas munterer, ein wenig moderner, vielleicht einen Tick dynamischer. Oder welche Sportler tragen Neon-Sonnenbrillen, nabelfreie Tops und Badehosen auf dem Rad selbst bei Regen, Wind und 10 Grad Celsius.

Aber wer sich in dieses Unternehmen stürzt, wer 300 DM Startgeld bezahlt, monatelang zielgerichtet entsprechend seiner Möglichkeiten trainiert, geht ein kalkulierbares Risiko ein. Der weiß, was er sich zumuten kann und wo seine Grenzen sind. Natürlich wird er Lehrgeld zahlen, besonders wenn er noch sehr jung und zum ersten Male dabei ist. Und auch der Betreuer, der bisher glaubte, im Sport schon fast alles erlebt zu haben, muß sich korrigieren: Der Ironman war das Größte, Schwimmer, Radsportler und Marathonläufer werden es mir verzeihen, aber was ist schon ein Sieg beim Langstreckenschwimmen, bei einem Radrennen über 180 km oder bei einem Marathonlauf wert, wenn es hier Frauen und Männer gibt, die das nonstop in Klassezeiten schaffen?

So ein Ironman beginnt eigentlich schon einen Tag vorher. Da werden haufenweise Nudeln gekocht und gegessen, die Helden ruhen sich aus und sammeln Kraft. Dann werden die Beutel für die verschiedenen Wechselräume gepackt. Neoprenanzug und Schwimmbrille, Helm, Radschuhe und Brille, Laufschuhe und diverse Bekleidung – alles muß woanders hin! Am Nachmittag erfolgt dann die Radabgabe. Allein das ist ein Spektakel für sich. Man trifft sich und kann die Stars aus nächster Nähe betrachten. Jeder Teilnehmer muß sein Rad am Standplatz abgeben. Am Ende stehen dort 1700 Rennräder, streng bewacht bis zum nächsten Morgen.

Und der beginnt bereits um 4 Uhr für uns. 6:30 Uhr sind wir am Schwimmstart, und ich traue meinen Augen nicht. Tausende sind schon da. Wir lassen die Helden jetzt allein, denn das Betreten der Wechselzone ist nur den Aktiven erlaubt. Nun hat jeder mit sich selbst zu tun. Irgendwie herrscht eine eigenartige Stimmung, dezente Musik spielt, so ist eben die Ruhe vor dem Sturm, der um 7 Uhr beginnt.

In breiter Front versammeln sich in der ersten Startgruppe 850 Sportler, 750 Männer mit roten Bademützen, 100 Frauen mit weißen. Beim Startschuß bekomme ich die Gänsehaut und muß die Tränen hinunterschlucken. Das ist ein Wahnsinnsbild!

Start-Schwimmen in Hawaii

Im Wasser sehen alle gleich aus, es ist kaum möglich, Bekannte zu finden, auch wenn man direkt am Ufer mitläuft.

Der Radkurs ist dreimal zu durchfahren. Leider beginnt es nun zu regnen und hört bis zum Abend nicht mehr auf. Aber der Regen tut der Begeisterung an der Strecke keinen Abbruch. Im dichten Spalier treiben die Zuschauer die Athleten die Berge hinauf. Sie schreien sie förmlich hoch, haben mit bunter Kreide und Farbe den Asphalt bemalt und aufmunternde Sprüche daraufgepinselt. Dort traut sich keiner einen Schritt auszulassen - und sicherlich bekommt auch hier nicht nur der Betreuer eine Gänsehaut. Die Jungs frieren. Netzhemd und Badehose sind auf die Dauer doch etwas wenig auf dem nassen Körper. Nach mehr als sechs Stunden Belastung beginnt der Marathon – ein weiter Weg um Roth und entlang des Main-Donau-Kanals. Erst hier zahlen sich Erfahrung und Alter so richtig aus. Der 38jährige Matthias hat Jan nach 15 km eingeholt und nimmt ihm bis zum Ziel noch 26 Minuten ab. Das ist eben nicht nur Marathon - so ist Ironman.

Am Ziel reißen alle die Arme hoch, dann kommen bei den meisten die Tränen vor Freude, auch bei den Betreuern."

Soweit eine außenstehende, nicht eingreifen dürfende, mitfühlende Betreuerin und Mutter.

Jeder Finisher darf sich im Ziel selbst gratulieren. Ein Tag mit einem tiefgreifenden Erlebnis liegt hinter ihm. Wer sich zusätzlich noch für Hawaii qualifiziert hat, sollte stolz auf sich sein. Diesen Stolz muß man ja nicht unbedingt nach außenhin zeigen. Er gibt Selbstvertrauen, bestätigt Willenskraft und schafft weitere Motivation.

Qualifiziert, was jetzt?

Zwischen Roth und Hawaii liegen in der Regel drei volle Monate, also 12 Wochen. Jeder Triathlet hat nach dem europäischen Ironman eine ausreichend lange Phase der Regeneration nötig. Zwei bis drei Wochen lockeres, zwangsloses Training sind zur physischen und psychischen Erholung dringend erforderlich. Keiner sollte auf die Idee kommen, trotz des womöglich unerwartet guten Abschneidens zusätzlich Trainingskilometer und -intensität „draufzupacken". Die Rache wäre ihm sicher in Form von Verletzungen, die möglicherweise die Teilnahme am Ironman Hawaii in letzter Minute unmöglich machen oder aber in Form von Übertraining mit den sich daraus ergebenden Leistungseinbußen.

Die Trainingsplanung sollte im September durchaus nochmals eine Qualitätssteigerung (Umfangssteigerung) vorsehen. Jedoch sollte dadurch kein Extrastreß erzeugt werden, zumal noch gleichzeitig berufliche und private Verpflichtungen zu tätigen sind. Wichtig sind regenerative Maßnahmen wie: Sauna, Massagen, Stretching und genügend Schlaf. Wer im September Möglichkeiten zu einem Trainingslager hat, sollte diese nutzen.

Besonderheiten auf Hawaii

Hawaii ist nicht Roth!

Gewiß sind die Erfahrungen durch den Qualifikationswettkampf von Roth auch für Hawaii sehr nützlich, doch überschätzen darf man sie keineswegs. Selbst unter Berücksichtigung der völlig unterschiedlichen Klimaverhältnisse, kaum eine Strecke ist so unberechenbar wie die durch Hawaiis Lavawüste. Eine Formel wie Roth-Zeit + X Minuten = Hawaii-Zeit ist so nicht lösbar. Insbesondere dann nicht, wenn man das erste Mal auf Big Island, der Triathloninsel an den Start geht. Jeder Athlet sollte versuchen ohne großen Zeitdruck seinen Ironman zu machen. Die Amerikaner haben einen zutreffenden Begriff dafür: „Just do it“, sagen sie. Was soviel heißt wie: „Mache es einfach und sieh was auf dich zukommt”. Das ist genau die richtige Einstellung für diesen einmaligen Wettbewerb. Ich muß hinzufügen: „Schwimme, fahre und laufe nicht gegen andere sondern nur für dich“.

Wann anreisen?

Hier läßt sich keine generelle Empfehlung aussprechen. Es gibt viele Athleten, die bereits zwei oder drei Wochen vor dem Tag X in Kailua-Kona eintreffen und im Wettbewerb genauso gut oder schlecht abschneiden wie andere, die erst fünf Tage vorher erscheinen. Viele Topathleten reisen erst knapp eine Woche vor dem Rennen an, kommen dann aber bereits aus dem sonnigen Kalifornien und haben nur ganze 3 Stunden Zeitverschiebung zu überwinden. Wer aus Europa kommt, hat erstens mit dem heißen Klima seine Probleme und hinzu kommen 11 bzw. 12 Stunden Zeitverschiebung. Je nachdem wann die Uhren bei uns und in Hawaii wegen unterschiedlicher Umstellung der Sommer- und Winterzeit umgestellt werden.

Wenn ich die entsprechende Zeit hätte, ich würde zwei Wochen vor dem Start anreisen und eine weitere Woche nach dem Rennen bleiben, um die anderen Hawaii-Inseln teilweise noch kennenzulernen.

Dabei stellen die ersten 3 bis 4 Tage die erste kritische Phase der Akklimatisation dar. In den nächsten 4 bis 5 Tagen wäre dann Gelegenheit die Wettkampfstrecken zu erkunden, bevor die letzten Tage wiederum für die Erholung und Startvorbereitungen freigehalten werden sollten. Wer zu lange vorher anreist, läuft Gefahr „hawaiimüde" zu werden, bevor der Startschuß gefallen ist. Die bis zum Wettkampf hin langsam steigende, positive innere Anspannung und der Reiz der neuen Umgebung darf keinesfalls verloren gehen.

Der Ironman beginnt bei der Landung in Kailua-Kona.

Völlig geschafft von der langen Reise landet man nach rund 20stündigem Flug und einer Zwischenübernachtung auf einem Flecken der großen Lavawüste. Bei der feuchtheißen Luft kann man sich nicht vorstellen, hier einen Triathlon von 226 km zu absolvieren. Die Sorge um das Gepäck hält möglicherweise einige Zeit an. Vor allem der Radtransport von Honolulu nach Kona dauert manchmal einige Tage. Die Ruhe bewahren kann es in den ersten Tagen deshalb nur heißen. Die schwierigste Phase des Ironmans hat begonnen. Durch grobe Fehler in den nächsten Tagen kann das Rennen anstatt zu einer Krönung zu einer Tortour werden.

Der Körper ist durch das Klima und die lange Reise mehr als gestreßt. Wer jetzt meint, versäumtes Training unmittelbar nach Ankunft nachholen zu müssen, setzt auf das falsche Pferd. Ausgiebig schlafen, mal einen 40minütigen ganz lockeren Lauf oder baden im Pazific heißt die Devise. Möglichst viel im Schatten aufhalten und sich langsam an die starke Sonneneinstrahlung gewöhnen. Creme mit hohen Lichtschutzfaktoren benutzen. Vor allem bei den ebenfalls lockeren Radausfahrten. Enorm wichtig ist der Flüssigkeitsbedarf beim Radfahren. Immer 2 große Radflaschen gefüllt mitnehmen. Tagsüber ebenfalls ständig eine volle Radflasche mitführen. Man kann auf Hawaii überhaupt nicht zuviel Flüssigkeit zu sich nehmen. Nachts ebenso eine Flasche ans Bett stellen. Alkoholische Getränke würden die Flüssigkeitsausscheidung noch erhöhen. Darum sind alkoholische, aber auch coffein und zuckerhaltige Getränke unbedingt zu meiden.

Beim Lauftraining stets eine große Radflasche Flüssigkeit mitführen. Auf der Wettkampfstrecke gibt es verschiedene Getränkestationen auch bereits während der Wochen vor dem großen Rennen. Wer im Training richtig dehydriert, läuft Gefahr sich davon mehrere Tage nicht mehr zu erholen.

Wer mit einen Pulsmesser regelmäßig seinen Ruhepuls mißt, wird feststellen, daß dieser um einige Schläge pro Minute höher ist als daheim. 1989 stieg mein Ruhepuls von 47-48 zu Hause auf 55 Schläge in Hawaii an.

Wie sollte man auf Hawaii trainieren?

Die spezielle Problematik der Formzuspitzung ist selbstverständlich davon abhängig, wann der Athlet anreist. In dieser Phase sollte jeder so trainieren, wie es sich für ihn persönlich bewährt hat. Konkrete Umfänge und Intensitäten sind daher nicht mehr zu verallgemeinern.

In diesen unmittelbaren Vorwettkampftagen sollte sich jeder Athlet ganz besonders nach seinem Gefühl richten, weniger nach einem festgelegten Plan. In den Körper hineinzuhorchen ist jetzt wichtiger denn je, um zu merken, was ich ihm noch zumuten darf und was nicht. Nach einigen Tagen gewöhnt sich der Körper langsam an die Hitze.

Trotzdem sollten die längsten Einheiten beim Entspannen am Pool getätigt werden. Keiner sollte sich von den anderen Triathleten verrückt machen lassen. Von Sonnenaufgang bis Sonnenuntergang sieht man in Kona Athleten schwimmen, radfahren und laufen. Da ist es oft schwer nicht mitzumachen. Jetzt heißt es stur zu bleiben.

Am wenigsten belastend ist das Schwimmen. Morgens um 7 Uhr ist der Pazifische Ozean noch relativ ruhig und direkt einladend.

Mentale Vorbereitung

Da das physische Training bereits eine Woche vor dem großen Rennen so gut wie abgeschlossen ist, bleibt noch mehr Zeit sich der mentalen Vorbereitung zu widmen. Sicherlich ist dieses mentale Training bereits seit vielen Monaten vornehmlich während der langen Trainingseinheiten mittrainiert worden. Jetzt geht es darum, diese Fähigkeiten wirksam werden zu lassen und im richtigen Moment einzusetzen.

Der erste richtige Schritt wird getan, indem man keinerlei Angst vor dem Ironman entwickelt, allenfalls Respekt. Wenn man in seiner mentalen Vorbereitung von den ungünstigsten äußeren Bedingungen wie, starker Wellengang beim Schwimmen, extremer Gegenwind über 180 km beim Radfahren und schier unerträglicher Hitze beim Laufen ausgeht, so kann es im Wettkampf nur noch leichter werden. Mit diesem Naturerlebnis muß man gewillt sein zu kämpfen, festentschlossen diese berühmt berüchtigten 226 km trotz aller Unannehmlichkeiten zu packen. Geistig müssen diese schwierigsten Situationen möglichst oft durchlebt werden, damit diese dann, wenn es darauf ankommt, auch körperlich bewältigt werden können.

Auch hier der wichtigste Tip aus dem Kapitel „mentales Training": Ich mache meinen Ironman, nicht gegen oder für andere, sondern nur meinen eigenen. Daher orientiere ich mich nicht an anderen, nur an mir selbst, an meinen Möglichkeiten.

Ich möchte meinen Ironman bewußt erleben.

So „stur" muß ich als Athlet dann auch tatsächlich bleiben und nicht jede Atacke eines anderen Triathleten mitgehen. Dabei sicher sein, daß ich auf viele von denen, die anfangs scheinbar unwiderstehlich an mir vorbeiziehen, im Ziel warten muß. Spaß soll die ganze Sache außerdem machen, oder?

Wer seinen Traum „Hawaii" verpaßt, der sollte sich einen anderen lohnenden Saisonabschluß auswählen, z. B. den historischen Marathonlauf nach Athen, der ebenfalls Mitte Oktober stattfindet.

Ausrüstung des Triathleten

Auf nahezu jeder Triathlonveranstaltung kann man selbst als Insider immer wieder triathletische Neuigkeiten bewundern, was die Ausrüstung anbetrifft.

Interessierte Zuschauer bei Triathlonwettbewerben kommen oft aus dem Staunen nicht heraus. Beim Anblick des Radparks in der Wechselzone wird jedem klar, welche „Materialschlacht“ hier ausgefochten wird. Ist Triathlon also nur ein Sport für reiche und ausgeflippte „Rambos“?

Zum Glück ist dieses keineswegs der Fall. Triathlon ist, in der persönlichen Leistungsfähigkeit angepaßten Maßen betrieben eine äußerst gesunde Ausdauersportart. Und daß ein hochmodernes, aerodynamisch durchgestyltes Super-Rennrad nicht von ganz allein fährt, erlebt man, Gott sei Dank, immer wieder. Bei den Deutschen Mitteltriathlon-Meisterschaften 1991 deklassierte der Sieger, Olaf Rennike, auf seinem älteren, konventionellen Rennrad die gesamte Elite auf ihren Edelrössern.

Ein Anfänger kommt sicherlich mit dem aus, was er als sportlicher Mensch sowieso bereits besitzt. Badeanzug/-hose, Rennrad + Helm und ein Paar Laufschuhe samt Lauftrikot.

Ein ambitionierter Triathlet, der die Kurz-, Mittel- oder gar Ultradistanzen anstrebt und absolviert, kann sich aufgrund unserer geographischen Witterungsverhältnisse nicht damit zufrieden geben.

Schwimmausrüstung

Badeanzug/-hose:
Beim Neukauf eines/r Badeanzuges/-hose ist zu überlegen, ob diese/r nicht mit einem speziellen Fließansatz im Schritt gewählt wird. Dadurch wird das anschließende Radfahren deutlich bequemer. Der Wechsel von Badeanzug/-hose zur Radhose kann damit zumindest für die Kurz- und Mitteldistanz unterbleiben. Ebenso kann in diesem schnell trocknenden Material auch der abschließende Lauf bequem durchgestanden werden.

Schwimmbrille:
Diese sorgt für einen klaren Blick, schützt die Augen vor Salz beim Schwimmen im Meer, oder vor den Chemikalien (z.B. Chlor) in den öffentlichen Bädern. Die Brillenauswahl sollte individuell erfolgen, es empfiehlt sich verschiedene Modelle von unterschiedlichen Firmen auszuprobieren. Dazu drückt man die Gläser, bei korrekter Nasenstegweite, fest über die Augen. Hält die Brille für einen kurzen Moment aufgrund des Unterdruckes innerhalb der Gläser, so ist es die Richtige. Um das unangenehme Anlaufen der Gläser zu vermeiden, genügt es oft, die Brille im trockenen Zustand mit etwas Haarshampoon oder Spucke auszuspülen. Getönte Gläser erleichtern die Sicht beim Schwimmen im Freien.

Badekappe:
Wird im Wettbewerb meist vom Veranstalter gestellt. Sie ist unerläßlich für Leute, die empfindliche Ohren haben. Bei kühler Witterung schützen 2 Badekappen vor zu viel Wärmeverlust.

Neoprenhaube:
Für Schwimmstrecken in Freibädern und bis zu 1000 m Länge nicht empfehlenswert. Neoprenanzüge sind Kälteschutzanzüge, die lt. DTU Sportordnung nur bis zu einer Wassertemperatur von 23 Grad getragen werden dürfen. Sie bieten einen ausgezeichneten Schutz gegen Unterkühlungen bei niedrigen Wassertemperaturen. Die Anzüge werden in Stärken zwischen 2 und 5 mm hergestellt. Kosten je nach Stärke und Armlänge (langen/kurzen/Armen/Beinen) zwischen 200-500 DM. Eine optimale Paßform sollte gewährleistet sein, um die volle Bewegungsfreiheit und eine ausreichende Blutzirkulation zu garantieren. Durch das leichte Kautschukmaterial verbessert sich der Auftrieb, damit die Wasserlage und die erzielten Schwimmzeiten.

Ohrenstöpsel/Nasenklammern:
Beide Gegenstände werden von Sportlern verwendet, die allergisch auf Chlor reagieren oder das Eindringen von Wasser in Nase und Ohren als unangenehm empfinden. Ohrenstöpsel verhindern auch Schwindelgefühle, da sich unser Gleichgewichtssinn im Ohr befindet.

Paddels:
Schwimm-Paddels sind kleine, rechteckige Kunststoffbretter, die mit Gummis an Handgelenken und Fingern befestigt werden. Sie dienen zur Verbesserung der Armzugtechnik, da ungünstige Handstellungen unter Wasser sehr viel deutlicher wahrgenommen werden. Das Schwimmen mit Paddels erfordert einen größeren Kraftaufwand und trainiert so die Muskulatur.

Schwimmbrett:
Dient zum Erlernen und Trainieren von Beinschlagbewegungen.

Neoprenanzüge: für lange Strecken und kühle Wassertemperaturen unverzichtbar.

Pullbuoy:
Er dient als Schwimmhilfe beim reinen Armzugtraining, da er zwischen den Oberschenkeln festgeklemmt die Wasserlage verbessert.

Triathlonuhr:
Eine wasserdichte Uhr, die im Schwimmtraining eine häufige Zeitkontrolle und damit eine Leistungskontrolle ermöglicht, ist eine nützliche Anschaffung für jeden Triathlonsportler. Wer sich allerdings ständig durch Zeitnahmen unter Druck gesetzt fühlt, sollte häufiger ohne Uhr schwimmen und sich nach seinem Gefühl richten.

Vaseline:
Sie schützt vor Reibungsstellen, die vom Neoprenanzug am Hals und in der Achselgegend auftreten können.

Radausrüstung

Über die Radausrüstung eines Triathleten ließe sich leicht ein eigenes Buch schreiben. Im Rahmen dieses Buches soll nur versucht werden, Hilfen bei der Anschaffung von Rädern oder Radteilen zu geben. Empfehlenswert ist auf jeden Fall der Gang zu einem Radhändler mit Werkstatt und Reparaturservice. Der prompte Service ist wichtiger als ein paar gesparte DM in einem Kaufhaus.

Rennradkauf ist eine Vertrauenssache. Kompetente und ehrliche Beratung durch den Fachhändler sind bei solch kostspieligen Anschaffungen gefragt. Wenn man die Frage nach dem individuell optimalen Rad stellt, so muß man wissen, welche Ansprüche erfüllt werden sollen und wieviel Geld dafür zur Verfügung steht.

Ein Einsteiger kann mit 1000-1100 DM bereits auskommen. Schaut man sich dagegen den Radpark bei mittleren oder größeren Veranstaltungen an, dann wird einem klar, daß hier teilweise ganz andere Summen in des vielfach „Triathleten liebstes Kind“ investiert werden können, zum Glück jedoch nicht müssen. Die bekanntlich große Experimentierfreudigkeit der Triathleten hat in den letzten Jahren eine Vielzahl von Neuerungen hervorgerufen mit dem Ziel, die Aerodynamik zur Verringerung des Luftwiderstandes zu verbessern und gleichzeitig das Gewicht zu verringern.

Rahmen:
Der Reaktor, das Herzstück, eines Rennrades ist der Rahmen. Dieser muß eine große Stabilität bei möglichst geringem Gewicht aufweisen. Besonders an diesen Punkten wird seit einigen Jahren mit unterschiedlichen Materialien experimentiert. Neben den Stahlrahmen aus Reynolds- (England) oder Columbusrohren (Italien) werden Rahmen aus Stahl mit einem hohen Kohlenstoffgehalt und hochwertige Aluminiumlegierungen zur Gewichtsreduzierung eingesetzt.

Karbonrahmen haben in letzter Zeit hauptsächlich zu dem zukunftsträchtigen Bild der Radparks beigetragen. Hier sei nur der sitzrohrlose Rahmen von Giotto

Cinetica erwähnt. Wichtiger als eine Gewichtseinsparung von einigen Gramm ist die richtige Rahmenhöhe. Ein Anhaltswert hierfür ist die Formel: Rahmenhöhe = Schrittlänge x 0,66, z.B. 87 cm Schrittlänge x 0,66 = 58 cm Rahmenhöhe. Die Schrittlänge, besser wäre der Begriff Schritthöhe, wird wie folgt gemessen:

Man stellt sich ohne Schuhe aufrecht mit dem Rücken zur Wand. Die Füße ca. 10-20 cm auseinander. Ein Besenstiel wird waagerecht im Schritt hochgezogen, bis man einen leichten Druck verspürt. Von der Oberkante des Besenstiels lotrecht bis zum Boden gemessen ergibt nun die Schritthöhe.

Exakt messen kann man die geeignete Rahmenhöhe nur in einem Fachgeschäft auf einem sogenannten „Vermessungsbock". Gleiches gilt für die Sitzposition, die abhängig ist von folgenden Größen:
Sattelhöhe,
Einstellung der Sicherheitspedale,
Ausrichtung des Sattels (American Position),
Vorbaulänge und
Lenkerhöhe.

Triathlonlenker:
Auch für Einsteiger sollte ein Triathlonlenker obligatorisch sein. Dieser verringert den Luftwiderstand und entspannt die Muskulatur des Oberkörpers.
Für weitere aerodynamisch günstige Auswirkungen sorgen:
- eine flach ausgestreckte Haltung des Triathleten durch einen tief montierten Vorbau,
- ein enger Abstand der auf dem Lenker liegenden Arme,
- steil gestellte Unterarme.

Am Triathlonlenker, von dem es ständig Neuerungen und Neuentwicklungen gibt, werden in der Regel auch die Schalthebel montiert. Dadurch kann der Athlet seine aerodynamisch günstige Position sogar beim Schalten beibehalten. Dieses hat wiederum zur Folge, daß man schaltfreudiger wird und eine günstige Trittfrequenz länger als bislang beibehalten kann.

Laufräder:
Hier sollte besonders auf Qualität geachtet werden, denn bei allen zu bewegenden Teilen entsteht Reibung. Viele Athleten haben speziell für den Wettkampf einen Satz besonders hochwertiger Laufräder. Normale Laufräder besitzen 36 Speichen. Für Wettbewerbe gibt es bereits Laufräder mit nur 16 Speichen, oder auch Karbonfiberglaskonstruktionen mit nur 3 Speichen (Tri-Spoke) oder Scheibenräder. Durch Verringerung der Speichenzahl und auch der Form der Speichen (Messerspeichen) wird die Wirbelbildung und damit der Luftwiderstand reduziert. Gleiches gilt für die Radialbespeichung. Das Vorderrad sollte daher unbedingt radial gespeicht sein. Das Hinterrad verträgt bei guten Doppeldickend-Speichen eine Radialbespeichung auf der Gegenkranzseite, die Kranzseite sollte aufgrund der Kraftübertragung dreifach gekreuzt eingespeicht sein.

Zahnkranz:
Unterschieden wird hierbei nach: Schraubkranz, er wird als Block auf die Nabe geschraubt und ist nur in seiner Gesamtheit auswechselbar. Kassettenkranz (Steckkranz), bei ihm sind die einzelnen Ritzel austauschbar. Man kann ihn je nach Geländeform zusammensetzen. Die Abstufung der Kränze ist unterschiedlich: In der Ebene reichen 12-21 sonst 13-23, für bergige Strecken 14-28 Zähne.

Kette:
Die Kette sollte bei normaler Beanspruchung alle 3000-4000 km gewechselt werden. Viele Bergfahrten erfordern ein früheres Wechseln. Wird eine Kette zulange gefahren, beeinträchtigt sie die Zahnkränze. Ob eine Kette ausgefahren ist, läßt sich wie folgt überprüfen: Kette vorne auf das große Kettenblatt legen. Läßt sich diese mit zwei Fingern mehr als 2 mm vom Kettenblatt abziehen, so ist eine Erneuerung fällig.

Schaltung:
Die heute übliche SIS- oder Rasterschaltung läßt selbst bei Konzentrationsschwäche einen sauberen und schnellen Gangwechsel zu. Auch erfahrene Athleten schalten mit der SIS- oder Klickschaltung häufiger und können ihre Trittfrequenz annähernd auf dem gleichen Niveau halten.

Reifen:
Grundsätzlich gibt es Schlauchreifen und Drahtreifen. Beim Schlauchreifen sind Schlauch + Mantel eine Einheit. Dieser wird mittels beidseitigem Klebeband oder Reifenkitt auf die Felge geklebt. Bei einigem Üben ist bei einem Defekt ein sehr schneller Wechsel der Schlauchreifen möglich. Allerdings sollten Reserveschläuche vorgedehnt werden. Am einfachsten ist es, wenn die Schlauchreifen bereits einige Wochen auf einer Felge gesessen haben.

Drahtreifen bestehen aus einem Mantel und einem separaten innenliegenden Schlauch. Mittels Drahtring in der Wulst wird der Drahtreifen gehalten.

Vorteile des Drahtreifens:
a) sehr lange Lebensdauer 2-3000 km,
b) leicht auszuwechseln und zu reparieren,
c) deutlich billiger als Schlauchreifen,
d) Reserveschläuche sind einfacher mitzuführen.

Nachteile:
a) werden im allgemeinen mit geringerem Druck gefahren,
b) durchschnittlich etwas geringere Rolleigenschaften.

1. Generation

2. Generation

Der „CONCEPT 2"-Powercurve-Rahmen, ein Produkt der 3. Generation.
Wesentliche Vorteile: schnellere Kurvenfahrten, verminderter Rollwiderstand durch Auffangen von Bodenunebenheiten, verbesserte Aerodynamik.
Hinterrad: flache Scheibenkonstruktion von Zipp.
Vorderrad: der hohe Carbonfelgenrand verkürzt die Speichenlänge.
Vorteile: weniger Speichen, weniger Verwirbelungen.

Tri-Spoke (drei Speichen), ein leichtes, steifes und schnelles Rad

Schlauchreifen

Vorteile:

a) hervorragende Rolleigenschaften,
b) werden mit sehr hohem Druck gefahren,
c) beste Fahreigenschaften in den Kurven,
d) weniger steif als Drahtreifen.

Nachteile:

a) kürzere Lebensdauer,
b) deutlich teurer als Drahtreifen,
c) das Wechseln des Reifens erfordert einige Übung,
d) der richtige Reifendruck spielt eine wichtige Rolle,
e) Ersatzschläuche erfordern viel Platz.

Pedale:

Die Sicherheitspedale z.B. Look, Time, AeroLite u.a. ermöglichen ein schnelles Ein- und Ausklinken des Schuhes. Diese Tatsache hat sich vor allem bei Radstürzen bestens bewährt. Neben dem Radhelm ist die Sicherheitspedale das zweitwichtigste Utensil am Rennrad und sollte selbst den Triathloneinsteigern ca. 150 DM Wert sein.

Sattelstütze, Sattel und Sattelhöhe:

Eine Sattelstütze muß aus Sicherheitsgründen mindestens 6 cm in das Sattelrohr hineinragen. Je nach Rahmenhöhe und Körpergröße benötigen Athleten mit langen Beinen eine längere Sattelstütze als normal. Die richtige Sattelhöhe ermittelt man wie folgt: Der Athlet setzt sich auf das stillstehende Fahrrad und stellt einen Absatz auf das Pedal, das dazu die tiefste Stellung einnimmt. Jetzt muß bei richtiger Sattelhöhe das Bein völlig gestreckt sein.

Um die „American - Position" auf dem Rennrad einnehmen zu können, bedarf es besonderer Sattelstützen. Aus Gründen der Gewichtseinsparung werden heute überwiegend Kunststoffsättel mit Lederüberzug benutzt. Sie weisen nur noch ein Gewicht zwischen 200 und 300 g auf.

Rad-Helm:

Die heutigen, sehr leichten und modischen Radhelme sind für jeden Triathleten beim Wettkampf ein unbedingtes „MUSS". Ohne Radhelm darf man sich nach dem Schwimmen gar nicht aufs Rad setzen. Diese Regel hat schon viele Athleten vor bösen, schweren Kopfverletzungen bewahrt. Bei unserer heutigen Verkehrsdichte ist ein Kopfschutz für Rennradfahrer unbedingt erforderlich. Selbstverständlich gilt das ebenso für jede Trainingsfahrt. Nicht nur auf Hawaii, sondern bei den meisten internationalen Triathlonwettbewerben werden die Radhelme beim „Check in" ganz besonders überprüft.

Flaschenhalter:

Ein Triathlonrad sollte mindestens mit 2 Flaschenhaltern ausgestattet sein, um bei längeren Trainingsausfahrten oder bei Wettbewerben sich ausreichend mit Flüssigkeit versorgen zu können. Mittlerweile gibt es verschiedene Trinksysteme, die den Griff zur Flasche ersparen. Über dünne Schläuche kann man unter Beibehaltung der aerodynamisch günstigen Form die Getränke aufnehmen. Probleme bereitet lediglich die spätere Reinigung und Desinfizierung dieser Trinksysteme. Bei längeren Triathlondistanzen sind diese Systeme allerdings nicht ausreichend von der Flüssigkeitsmenge her.

Möglichkeiten weitere Flaschenhalterungen zu montieren gibt es am Lenker und an der Sattelstütze.

Radcomputer:
Sie eigenen sich zur Leistungskontrolle im Training und Wettbewerb. Momentangeschwindigkeit, Durchschnittsgeschwindigkeit, Streckenlänge und besonders die Trittfrequenz liefern wichtige Anhaltswerte. Für Athleten, die sich ständig von ihrem Radcomputer unter Druck gesetzt fühlen und damit ihre Trainingsgeschwindigkeit zu oft überziehen, sollten ihn dagegen seltener benutzen.

Rolle:
Training auf der Rolle kann bei regelmäßiger Ausübung im Winter für die Erhaltung der entsprechenden Radmuskulatur sorgen. Ebenso dient es dem Aufbautraining nach einem harten Wettbewerb oder dem lockeren Austreten nach einer langen Laufeinheit. Die große Eintönigkeit beim Training auf der Rolle kann man durch gleichzeitiges Hören von Musik ein wenig ausgleichen. Gleiches gilt für das Fahren auf dem Hometrainer. Durch den fehlenden Luftwiderstand kommt es bei dieser Trainingsart zu starker Schweißbildung.

Radschuhe:
Diese sollten unbedingt eine harte Sohle aufweisen und mit den Pedalen fest verbunden werden. Dadurch ist eine gute Kraftübertragung und ein runder Tritt möglich. Für schnelle Wechsel sind Klettverschlüsse an den Radschuhen ratsam.

Radhose:
Für längere Trainings- und Wettkampffahrten empfiehlt sich eine Radhose mit einem entsprechenden Ledereinsatz. Dieser sorgt für einen komfortablen Sitz und verhindert das Wundwerden.

Radtrikot:
Sie sollten am Körper gut sitzen und nicht herumschlottern. Radtrikots dürfen an den Armen nicht zu eng anliegen und müssen vor allem den Rücken völlig bedekken. Die Rückentasche bietet die Möglichkeit, Bananen oder Energieriegel für unterwegs mitzunehmen.

Radfahrhandschuhe:
Sie sollen dafür sorgen, daß der Athlet trotz schweißnassen Händen stets einen festen Griff hat, die Erschütterungen gedämpft werden, die Reifen unterwegs abgewischt werden können und stellen bei Stürzen einen Schutz für die Hände dar.

Laufausrüstung

Bevor ich auf den alles überragenden Punkt bei der Laufausrüstung komme - nämlich den Laufschuh -, vorweg einige andere Gegenstände, die ebenfalls zum Laufen gehören.

Pulsmesser:
Dieses bereits mehrfach angesprochene, für einen Triathleten vielseitig einsetzbare Sportgerät eignet sich hervorragend zur Kontrolle und Überwachung der sportlichen Leistungsfähigkeit, sowohl beim Schwimmen als auch insbesondere beim Radfahren und beim Laufen.

Bereits ab 199 DM gibt es den Polar Favor, ein wasserdichtes Pulsmeßgerät, das sowohl am Arm als auch am Rennrad befestigt werden kann. Mit dem ACCUREX II Herzfrequenz-Meßgerät (499DM) ist jeder Athlet allein in der Lage z.B. den Conconitest durchzuführen.

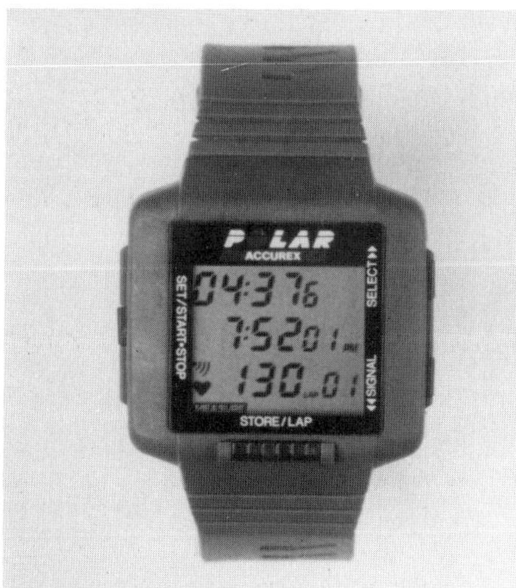

Polar ACCUREX II

Ausrüstung im Sommer:

Netzhemd:
Bei hochsommerlichen Temperaturen ist ein Netzhemd sehr vorteilhaft. Die Haut kann frei atmen und das Hemd klebt selbst bei starker Transpiration (Schwitzen) nicht am Oberkörper. Zum Schutz der Brustwarzen empfiehlt sich entweder ein Netzhemd mit glatter Innenseite oder das Abkleben derselben. Häufig reicht bereits ein wenig Vaseline um die Brustwarzen und mögliche Scheuerstellen im Achselbereich zu verhindern.

Lauf-Radtops:
Moderne Lauf- und Radtops bestehen aus Schweiß absorbierenden und von der Haut wegleitenden Kunstfasergemischen.

Laufhosen:
Durchgesetzt haben sich mittlerweile die sogenannten Athletikshorts mit einem Innenslip aus sehr weichem Material. Viele Triathleten absolvieren auch das Lauftraining in gut sitzenden Badehosen. Wichtig zu beachten ist lediglich, daß Stepp- und Randnähte nicht zu grob gearbeitet sind.

Strümpfe:
Bei gut angepaßten Laufschuhen kann darauf verzichtet werden. Ist dies nicht der Fall, sind Baumwoll- oder Wollsocken zur Vermeidung von unangenehmen Blasen unbedingt erforderlich. Strümpfe sollen neben einem guten Absorptionsvermögen die richtige Paßform besitzen und dürfen während des Laufens nicht rutschen.

Unterbekleidung:
Bei etwas weniger hohen Temperaturen sind Unterhemden, T-Shirts und Slips aus Baumwolle am besten geeignet, um die Feuchtigkeit zu absorbieren. Sie sollten nicht zu eng anliegen.

Für Triathletinnen sind die speziellen Sport-BHs angenehm zu tragen. Sie sind aus einem Stück aus atmendem und elastischem Material gefertigt.

Stirnband:
Verhindert, daß beim starken Schwitzen der brennende Schweiß in die Augen läuft.

Mütze:
Eine Laufmütze erfüllt den gleichen Zweck wie ein Stirnband, zudem schützt sie vor direkter Sonneneinstrahlung. Ich persönlich habe bei hochsommerlichen Temperaturen, die nicht nur auf Hawaii herrschen, unter einer Schirmmütze das angenehme Gefühl, wie unter einem kleinen Sonnenschirm zu laufen.

Ausrüstung im Winter

Unterwäsche:
Hier empfiehlt sich die Anschaffung der sogenannten nordischen Unterwäsche z.B. von Hęlly Hansen. Diese hat die hervorragende Eigenschaft Feuchtigkeit sehr schnell an die darüber getragene T-Shirts abzugeben. Ähnliches gilt für die lange Strumpfhose. Selbstverständlich eignet sich diese nordische Unterwäsche ebenso hervorragend für das Training auf dem Rad.

Handschuhe:
Kälteempfindliche Athleten sollten sich hier keinen Zwang antun und bei Bedarf Fingerhandschuhe oder die noch besser wärmenden Fausthandschuhe tragen. Die Meinung „Eisenmänner" tragen keine Handschuhe ist völlig fehl am Platze.

Mütze:
Wer an den Ohren und am Kopf empfindlich ist, der sollte sich nicht genieren eine Wollmütze zu tragen.

Windjacke:
Bei kaltem, nassen und auch windigem Wetter ist eine Windjacke unentbehrlich. Neuentwickelte Materialien wie z.B. Goretex sind zum einen wasserabweisend, zum anderen transpirationsfähig, d.h. sie geben die Feuchtigkeit nach außen ab. Leider sind diese Anzüge derzeit noch sehr teuer.

Leuchtstreifen:
Fluoreszierende Streifen (Leuchtstreifen) sind bei Dunkelheit an der Körperoberfläche und an den Laufschuhen anzubringen. Mittlerweile gibt es überzustreifende Leuchtwesten. Für die Herbst- und Wintermonate sind diese Sicherheitsutensilien genauso wichtig, wie der Helm beim Radfahren. Hätte es diese Leuchtstreifen bereits 1967 gegeben, so wäre höchstwahrscheinlich dem „Laufpapst" Dr. Ernst van Aaken ein schrecklicher Unfall beim Laufen auf Wirtschaftswegen erspart geblieben. Bei diesiger Witterung wurde er von einem PKW erfaßt und verlor dabei beide Beine.

Der Laufschuh
Für einen Triathleten hat der Laufschuh, genauer gesagt die Laufschuhe, eine essentielle Bedeutung. Man kann mit wenig geeigneten Shorts oder Laufhemden seinen Sport ausüben, wer das aber mit Laufschuhen versucht, der wird mittel- und langfristig keinen Spaß daran haben. Er wird sich sogar durch ungeeignete Laufschuhe eine Reihe von Verletzungen zuziehen, z.B.:

Verhärtungen der Waden,
Gelenk- und Muskelschmerzen,
Knieprobleme,
Rückenbeschwerden u.a.

Hinzu kommt, daß heute nur jeder dritte Mensch noch einwandfreie Füße hat. Alle anderen müssen sich mit mehr oder weniger stark ausgeprägten Spreiz-, Senk-, Platt- oder Knickfüßen, häufig sogar mehreres kombiniert, herumplagen. Daher sollte jeder Athlet bei Muskel-, Sehnen- und Gelenkbeschwerden vom Kopf über Wirbelsäule, Becken, Knie bis zum Fuß als erstes die Füße auf Fehlstellungen untersuchen lassen. Da viele Menschen ungleich lange Beine haben, sollten auch die vermessen werden.

Unterschiede von mehr als 10 mm werden in der Regel durch einzuklebende Fersenkeile teilweise ausgeglichen. Senk- und Plattfußstellungen bereiten beim

Laufen nur selten Beschwerden. Einen Spreizfuß kann man mit einer Pelotte stützen. Nur muß diese an der richtigen Stelle angebracht sein.

Gelenk- und insbesondere Kniebeschwerden werden durch einen Knickfuß hervorgerufen. Diese Fußfehlstellungen kann man auf folgende Weise analysieren:
- im Stand,
- durch Barfußlaufen,
- Laufen mit Laufschuhen.

Besonders beim Laufen mit Laufschuhen zeigt sich ganz deutlich, daß ausgetretene und ungeeignete Laufschuhe die Knickfußkomponente (Pronation) erheblich verstärken können. Dadurch wird natürlich die Überlastung einzelner Gelenke regelrecht provoziert. Ideal ist ein Lauftest auf einem Laufband, der mit einer Videokamera aufgenommen wird. In der Zeitlupenwiedergabe sind dann Fehlstellungen präzise auszumachen. Einige Sportgeschäfte mit besonders guter Laufschuhberatung verfügen über diese Diagnosemöglichkeit.

Durch geeignete Laufschuhe lassen sich dann in den meisten Fällen die angesprochenen Probleme lösen. Sollten Einlagen in Laufschuhen erforderlich sein, so müssen es Ganzeinlagen sein. Teileinlagen verrutschen. Eine Reihe von Orthopädie-Schumachermeistern sind in der Lage, Einlagen für Laufschuhe aus sehr leichtem Material herzustellen, z.B. Korkschaumstoff oder Hochdruckpolyäthylenschaumstoff.

Persönliche Erfahrungen auf diesem Sektor sahen für mich wie folgt aus: Um meine Spreizfußfehlstellung zu beheben, erhielt ich von einem orthopädischen Schuhmachermeister Ganzeinlagen mit eingearbeiteter Pelotte. Meine Fußbeschwerden wurden zwar geringer, doch die Einlagen waren so massiv und schwer, daß diese nur in wenige Laufschuhe paßten und mir das Laufen mit diesen Fußbeschwerern mehr als unangenehm wurde. Bei Radtouren, die länger als 80 km waren, konnte ich über weite Strecken nur einbeinig treten, da ich den anderen Fuß massieren mußte. So erging es mir selbst auf Lanzarote bei der ungemein schwierigen 180-km-Strecke.

Danach krampfhafte Versuche dieses Problem durch leichte Einlagen zu lösen. Tatsächlich fand ich den Orthopädie-Schuhmachermeister H. Ansorge in 4630 Bochum-Stiepel, Kemnader Straße 104, der mir sehr leichte Kunststoffeinlagen anpaßte, die sowohl die Probleme beim Laufen als auch beim Radfahren beseitigten.

Welche Belastungen für Athleten beim Laufen auftreten, dazu ein kleines eindrucksvolles Rechenbeispiel:

Bei einem 10-km-Lauf setzt jeder Fuß 4000 mal auf. Für einen 75-kg-Läufer ergibt das bei einem mittleren Aufprall von 2 g (zweifache Erdbeschleunigung) 75 kg x 2 g x 4000 Schritte = 600.000 kg = 60 t. Oder eine Kraft von 6.000.000 N = 6000 KN = 6 MN.

Der Laufschuh stellt nun die Verbindung zwischen unseren Füßen und dem Boden dar. Die oben erwähnte enorme mechanische Belastung kann leider sehr schnell zu Fußfehlstellungen führen. Die häufigsten Gelenk- und Muskelschmerzen haben ihre Ursache in ungeeigneten oder ausgetretenen Schuhen und ebenso in schiefgelaufenen Absätzen.

Oben und links:
Wettkampfschuh: leicht und wenig gedämpft.

Unten und rechts:
Trainingsschuh:
stabiler im Aufbau und stärkere Dämpfung.

Wer also einen Orthopäden aufsucht, sollte grundsätzlich bei Gelenk- und Muskelschmerzen seine Laufschuhe mitnehmen. Sehr häufig lassen sich die Probleme mit einem neuen, geeigneten Laufschuh lösen.

Welcher Schuh ist denn nun der Richtige?
Der richtige Laufschuh muß folgende Kriterien erfüllen:
- stoßdämpfend,
- stützend, lenkend.

Daher muß beim Schuhkauf auf folgende Punkte geachtet werden:
- Schuhkauf generell nachmittags, da die Füße dann leicht angeschwollen sind.
- Mindestens 30 Minuten Zeit nehmen zum Kauf. Mit den neuen Schuhen und alten Strümpfen im Geschäft hin und her laufen.
- Der Schuh muß passen, er darf nicht zu weit und nicht zu eng sein.
- Der Spielraum zwischen Zehen und Schuhkappen soll 1 cm betragen.
- Die Ferse muß fest sitzen, sie darf nicht schlupfen.
- Der Schuh muß dem Fuß Halt gegen.
- Läuft jemand innen den Absatz zuerst ab, so benötigt er eine Sohle, die innen festeres Material enthält als außen - und umgekehrt.
- Das Fußbett darf nicht zu weich sein. Der Fuß muß immer ausreichend gestützt werden.
- Innen soll der Schuh weich , die Schuhzunge gepolstert sein, damit der Spann vor Druckstellen geschützt wird.
- Das Obermaterial soll flexibel sein und den Fuß gut umschließen.
- Allzuleichte Wettkampfschuhe besitzen nur eine geringe Dämpfung, daher laufen selbst absolute Topstars den Marathon bei einem Ultratriathlon nicht in reinen Wettkampfschuhen.
- Der Laufschuh soll schließlich haltbar sein und einen vernünftigen Preis haben.
- Es ist nicht unbedingt der Teuerste auch der Beste. Zwischen 80 und 230 DM gibt es eine große Auswahl an guten Laufschuhen. Dabei kann der Athlet oft eine Menge Geld sparen, wenn er nicht unbedingt immer auf das neueste Modell besteht. Oft sind Schuhe breits nach 6 Monaten nicht mehr „der letzte Schrei“ und werden dann für den halben Preis im Fachhandel angeboten.

Ganz wichtig! Zum Neukauf von Laufschuhen sollten immer die alten Schuhe mitgenommen werden. Viele Fußfehlstellungen werden an gebrauchten Schuhen deutlich.

Da es trotz des heutigen großen Angebotes an guten Laufschuhen leider nicht „den“ richtigen Laufschuh gibt, der exakt alle mehr oder weniger großen persönlichen Fußfehlstellungen berücksichtigt, sollte sich jeder Triathlet mindestens mit 2-3 Paar unterschiedlichen Modellen ausstatten. Diese sind dann jeweils im Wechsel zu tragen.

Ernährung des Triathleten

200.000 Menschen treiben in Deutschland in irgendeiner Form Triathlon. Die einen als Breitensportler, um gesund und fit zu bleiben, die anderen als Leistungs- und Hochleistungssportler um ihre individuellen Möglichkeiten auszuschöpfen.

Heute weiß man, daß zur Erhaltung von Gesundheit und Fitneß eine vernünftige Ernährung erforderlich ist. Von noch größerer Bedeutung ist sie für Triathleten, da der Organismus in stundenlangem Training und vor allem im Wettbewerb höchsten Belastungen ausgesetzt ist.

Individuelle Höchstleistungen im Triathlon können deshalb nur durch ein systematisches Training und eine angemessenen Ernährung erreicht werden.

Eine nicht angemessene Ernährung ist häufig der Grund für vorzeitige Ermüdung und Ausstieg im Wettbewerb. Ebenso kann das gesamte Triathlontraining im Hinblick auf den oder die Saisonhöhepunkte in Frage gestellt werden. Triathlontraining und -wettbewerbe sind mit gesteigerten Energieumsätzen verbunden und setzen eine Reihe von Stoffwechselprozessen in Gang. Dem menschlichen Organismus müssen hierzu

a) Nährstoffe, die Energie liefern
   - Kohlenhydrate
   - Eiweiß
   - Fett

b) Wirkstoffe
   - Elektrolyte
   - Spurenelemente
   - Vitamine
   - Flüssigkeit

zugeführt werden.

Nährstoffe: Kohlenhydrate, Eiweiß, Fett

Kohlenhydrate

Sie spielen eine wesentliche Rolle beim Energiestoffwechsel des Muskels. Als Glykogen werden Kohlenhydrate im Muskel und in der Leber gespeichert. Die Menge des vorhandenen Muskelglykogens stellt einen wichtigen leistungsbestimmenden Faktor dar. Eine kohlenhydratreiche Ernährung kann den Glykogengehalt im Muskel erhöhen und damit die Ausdauerleistung beim Triathlon verbessern. Daher spielen die Kohlenhydrate bei allen Ausdauersportarten eine entscheidende Rolle.

Sie stellen den wichtigsten Energielieferanten des Körpers dar. Generell unterscheidet man:

- Einfache Kohlenhydrate, aus denen schnell und für kurze Zeit Energie gewonnen wird. Dazu gehört unser Haushaltszucker, also Trauben-, Frucht- und Rohrzucker. Sie verursachen auf längere Sicht ungünstige Blutfettwerte, d.h. erhöhte Triglyzeridwerte.

- Komplexe Kohlenhydrate oder Mehrfachzucker sind die verschiedenen Stärken, die in Getreide, Getreideprodukten, Kartoffeln, Müsli, Nudeln und Gemüse enthalten sind. Diese versorgen den Körper mit langanhaltender Energie, gleichzeitig liefern sie wichtige Mineralstoffe und Vitamine.

Für Triathleten ist es ganz wichtig, die erforderlichen Kohlenhydrate in Form von komplexen Kohlenhydraten aufzunehmen. Bei einer kohlenhydratreichen Ernährung werden die für die Energiegewinnung momentan nicht benötigten Zuckermoleküle in Glykogen umgewandelt. Diese werden in der Leber und in den Muskeln gespeichert. Das Muskelglykogen dient dabei als ein Energievorratsspeicher.

Werden diese Speicher allerdings nicht durch körperliche Bewegung abgerufen, so werden die zuviel aufgenommenen Kohlenhydrate in Fett umgewandelt und lagern sich im Körper ab.

Als Energiesspender besitzen die Kohlenhydrate zwei große Vorteile:

a) Sie liefern schnelle Energie. Kohlenhydrate können anaerob viermal so schnell und aerob zweimal so schnell Energie freisetzen wie unser zweiter Energiespeicher, das Fett.
b) Pro Liter aufgenommener Sauerstoff liefern Kohlenhydrate bei ihrer Verbrennung (Oxidation) im Mittel 8,6% mehr Energie als die Oxidation von freier Fettsäure.

Von daher wird ihre große Bedeutung für alle maximalen und hochintensiven Belastungen ersichtlich. Dagegen gewährleistet die Fettverbrennung Energien für langandauernde Leistungen von niedriger bis mittlerer Intensität. Bei diesen Vorgängen steht genügend Sauerstoff zu Verfügung.

Für einen Triathleten wichtige kohlenhydratreiche, stärkehaltige Nährstoffe:

- Getreidekörner: Hafer, Weizen, Roggen, Buchweizen, Gerste, Hirse
- Naturreis
- Vollkornprodukte: Vollkornbrot, -kekse, -pfannkuchen
- Haferflocken, Weizenflocken, Müsli, Cornflakes
- Weizenkeime
- Kartoffeln
- Nudeln
- Hülsenfrüchte: Erbsen, Linsen, Bohnen

Muskel- und Leberglykogen

Um hochintensive Ausdauerbelastungen absolvieren zu können, wird Muskelglykogen benötigt. Da dieses nur begrenzt vorhanden ist, ist auch die Zeitdauer der hohen sportlichen Belastung begrenzt.

Die Erschöpfung der Glykogenvorräte bedingt einen Leistungsabfall. Die Speicherung von Glykogenvorräten in der Arbeitsmuskulatur kann durch geschicktes Training gesteigert werden, das der gut ausdauertrainierte Athlet zwei- bis dreimal mehr Muskelglykogen zur Verfügung hat als der untrainierte. Nur, jedes Gramm Glykogen bindet auch 2,7 g Wasser und 19,5 mg Kalium.

Das Muskelglykogen wird direkt in der Muskelzelle gespeichert und auch dort verbraucht. Das Leberglykogen (60-100 g) gibt stetig Traubenzuckermoleküle an das Blut ab, um den Blutzuckerspiegel zu halten. Geht der Muskelzelle jedoch das Muskelglykogen zur Neige, dann verbrennt sie sogar Traubenzucker aus dem Blutzucker. Dieser sinkt dabei ab. Ein Blutzuckerabfall bedeutet für das zentrale Nervensystem Gefahr, da es auf die Versorgung mit Traubenzucker (= Glukose) angewiesen ist.

Dieser Unterzuckerungszustand ist bekannt als „Hungerrast". Ganz plötzliche Kraftlosigkeit, Schwindel, Schweißausbrüche, Zittern, Schwarzwerden vor Augen und Unwohlsein, kennzeichnen die Hungerrast. Gegensteuern kann man mit Biskuits, Brot oder einem Stückchen Würfelzucker.

Schlecht trainierte Athleten, die den Fettstoffwechsel noch nicht genügend trainiert haben, laufen Gefahr frühzeitig ihr Muskelglykogen und danach auch ihr gesamtes Leberglykogen zu verbrauchen. Für Triathleten ist wichtig zu wissen, daß ein einziger Fastentag das gesamte Leberglykogen aufbrauchen kann. Also, Vorsicht mit Hungertagen vor langen intensiven Trainingstagen oder gar Wettkämpfen.

Wie kann man die Muskelglykogenspeicher auffüllen und vergrößern?

Individuelle Höchstleistungen können nur dann erreicht werden, wenn die Glykogenspeicher optimal gefüllt sind. Nur so stehen dem Muskel auch möglichst lange Kohlenhydrate zur Verfügung. Als Triathlet sollte man sich das Prinzip der Superkompensation zu nutze machen. Dieses besagt, daß der Glykogenanstieg im Muskel nach einem erschöpfenden Training und anschließender (innerhalb der ersten 2-3 Stunden) kohlenhydratreicher Ernährung, überproportional groß ist, d.h. der Muskel lagert mehr Glykogen ein als vorher.

Bei normaler Kost werden die Glykogenspeicher innerhalb von 2 Tagen wieder aufgefüllt. Bei einer kohlenhydratreichen Kost, mit mehr als 60 % Kohlenhydraten, dauert dieser Vorgang nur noch 1 Tag. Bei Fortsetzung dieser kohlenhydratreichen Ernährung erfolgt eine Erhöhung dieser Vorräte.

Etwas schwieriger wird es noch höhere Glykogenvorräte anzulegen. Dazu bedarf es eines intensiven Trainings um die Vorräte abzubauen, danach 3 Tage eine sehr fett- und eiweißreiche Ernährung um sich von 4.-6. Tag kohlenhydratreich zu ernähren. Die 3 sehr fett- und eiweißreichen Tage dürften wohl den meisten Ausdauersportlern große Schwierigkeiten bereiten, da sie es ja gewohnt sind sich kohlenhydratreich zu ernähren. Zudem soll in dieser Zeit normal trainiert werden.

Diese vorgenannte Methode kann die Glykogenreserven bis auf 700-750 g anheben. Gleichzeitig ist jedoch damit eine Gewichtszunahme von rund 2 kg Wasser verbunden. Andererseits stehen nun Kohlenhydrat-Energiereserven von 3000 kcal oder 12500 kJ zur Verfügung.

Eine weniger extreme Methode, die zwar nicht ganz die hohen Glykogenvorräte erreicht wie zuvor, dafür aber leichter durchführbar ist, praktiziere ich seit vielen Jahren. Am viertletzten Tag vor einem Marathon, Mittel- oder Ultratriathlon mache ich einen glykogenerschöpfenden Lauf: 5 km einlaufen, 5-6 km im harten Tempo und 5 km auslaufen. Danach ernähre ich mich die 3 Tage bis zum Wettbewerb betont kohlenhydratreich. Also, noch etwas bewußter als sonst.

Mit Hilfe von kohlenhydratreicher Ernährung sind im Ausdauersport folgende leistungsfördernde Maßnahmen möglich:

- Glykogenvorräte durch kohlenhydratreiche Basisernährung erhöhen.
- Vor einem Wettkampf den Glykogengehalt im Muskel gezielt erhöhen, durch ein hartes Training mit anschließender kohlenhydratreichen Ernährung.
- Muskulatur während dieser Zeit mit genügend Kalium versorgen.
- Auf das Leistungsvermögen des einzelnen Muskels haben nur die muskeleigenen Glykogenvorräte Einfluß. Das Glykogen des ruhiggestellten Muskels kann nicht mobilisiert und in den arbeitenden Muskel transportiert werden, d.h. die Glykogenvorräte der Oberarmmuskulatur können nicht in die Rad- oder Laufmuskulatur transportiert werden.
- Während längerandauernder (Mittel- und Ultratriathlon) Belastung zusätzlich leicht verdauliche Kohlenhydrate zuführen.

Eiweiß

Eiweiße, auch Proteine genannt (griechisch protos, d.h. der Erste) sind die wichtigsten Stoffe. Ohne Eiweiß kein Leben. In jeder Körperzelle gibt es sage und schreibe bis zu fünftausend verschiedene Eiweißarten, überwiegend Enzyme. Diese biologischen Katalysatoren steuern alle biochemischen Prozesse in unserem Körper.

Viele Proteine haben Transportaufgaben. Der rote Blutfarbstoff (Hämoglobin) transportiert Sauerstoff, die Plasmaproteine Stoffwechselprodukte und Nährstoffe.

Eiweiße sind also für den Aufbau von Enzymen und auch Hormonen zuständig. Diese regulieren den automatischen Ablauf aller Stoffwechselvorgänge. Durch diese Um- und Aufbauprozesse geht jedem Menschen täglich Eiweiß verloren, ganz besonders den leistungsorientierten Triathleten. Dies muß wieder ersetzt werden.

Eiweiße sind aus verschiedenen Aminosäuren aufgebaut. Von den insgesamt 22 verschiedenen Aminosäuren kann der menschliche Körper 8 nicht selbst herstellen. Diese acht Aminosäuren müssen wir über die Nahrung zuführen. Je mehr essentielle Aminosäuren ein Eiweiß aufweist, umso hochwertiger ist es.

Der Eiweißgehalt unserer Nahrung zeigt den Einfluß auf die Leistungsfähigkeit sehr eindrucksvoll. Bereits bei einer nicht ganz ausreichenden Eiweißaufnahme läßt die Leistungsfähigkeit nach. Erst später zeigen sich gesundheitliche Störungen. Eiweiß nimmt im Vergleich zu Kohlenhydraten und Fetten eine Sonderstellung ein. Der menschliche Organismus ist in der Lage Eiweiß in Fett und Kohlenhydrate umzuwandeln. Dagegen kann er nicht Fett oder Kohlenhydrate in Eiweiß umwandeln. Der dazu erforderliche Stickstoff ist weder im Fett noch in den Kohlenhydraten vorhanden. Das wäre für uns Triathleten auch zu schön, da die meisten von uns Probleme haben täglich genügend Eiweiß aufzunehmen. Dazu später mehr.

Generell unterscheidet man 2 Arten von Eiweiß:

a) Tierisches Eiweiß enthalten in:
Fleisch, Wurst, Wild, Geflügel, Fisch, Milch, Ei.

b) Pflanzliches Eiweiß enthalten in:
Getreide, Hülsenfrüchten, Nüssen, Kartoffeln, Gemüse, Soja, Mais.

Biologische Wertigkeit von Eiweiß
Diese gibt an, wieviel Gramm Körpereiweiß durch das betreffende Nahrungseiweiß aufgebaut werden kann. Es gibt biologisch wertvolles und biologisch weniger wertvolles Eiweiß. Die biologische Wertigkeit ist umso höher, je ähnlicher ein Nahrungseiweiß dem menschlichen Körpereiweiß ist. Tierische Eiweiße sind prinzipiell hochwertiger als pflanzliche.

	biologische Wertigkeit
Ei	100
Rindfleisch	94
Fisch	94
Milch	88
Käse	84
Reis	70
Kartoffel	70
Weizen	56

Interessanterweise können sich jedoch Eiweißstoffe verschiedener Nahrungsmittel bei gleichzeitiger Aufnahme ergänzen und gegenseitig aufwerten. Ein biologisch weniger wertvolles Eiweiß, dem bestimmte essentielle Aminosäuren fehlen, kann durch den Zusatz eines anderen Eiweißes, das diesbezüglich Aminosäuren im Überschuß hat, ausgeglichen und damit aufgewertet werden. Dieses gilt vor allem für die Kombination: Getreideeiweiß + Milcheiweiß.
Günstige Kombinationen zur Erhöhung der Eiweißqualität:

Getreide	+ Hülsenfrüchte
Mais	+ Bohnen
Kartoffeln	+ Ei, Milch, Fisch, Fleisch
Weizen	+ Ei
Vollkornflocken	+ Milch, Joghurt, Buttermilch, Kefir
Brot	+ Wurst, Käse, Milch, Ei

Eiweiß und Triathlon

Beim Triathlon hängt der Eiweißbedarf nicht nur vom Alter und Gewicht ab, sondern auch von der beruflichen Beanspruchung und dem Trainingsaufwand. Ausdauerleistungen höherer Intensität wie sie im Triathlon beim Intervalltraining und in Wettkämpfen vorkommen, führen zu einem Verschleiß an Muskelfasern und zu strukturellen Veränderungen an den Zellmembranen. Dadurch kommt es im Belastungsstoffwechsel zu einem Eiweiß-Mehrverbrauch. Dieser Tatsache sollte man vor allem in der Regenerationsphase durch einen höheren Eiweißbedarf Rechnung tragen.

Eine ausreichende Eiweißzufuhr ist für jeden Triathleten, egal welcher Leistungsstufe er angehört von großer Bedeutung. Eiweißreiche Ernährung fördert die muskulären Leistungen sowie die Fähigkeit zu Konzentration und Koordination, sowie die allgemeine Leistungsbereitschaft, Aktivität und die Lebensfreude.

Eine eiweißarme Ernährung dagegen erschwert intensive und konzentrierte Leistungen im Triathlonsport.

Wieviel Eiweiß benötigt ein Triathlet?

Triathlon, eine Ausdauersportart mit hohem Krafteinsatz sollte ein Verhältnis der Hauptnahrungsbestandteile Kohlenhydrate/Fette/Eiweiß von 60/20/20 Energieprozenten aufweisen.

Zugegeben, ein rein theoretischer Wert. Mit diesen Zahlen kann natürlich kein Triathlet etwas anfangen. Wer rechnet schon aus, wieviel % Fett, % Eiweiß und % Kohlenhydrate man gerade zu sich genommen hat. Kein Mensch kann das in der Praxis. Selbst ein Mittagessen bestehend aus einem großen Steak, Kartoffeln und viel Salat besitzt nur einen Eiweißanteil von knapp 10 %. Es ist ungemein schwer, einen Anteil von über 10% zu erreichen.

Die Lösung kann demnach nur lauten:

möglichst wenig Fett,
möglichst viel Eiweiß,
Kohlenhydratanteil ergibt sich von allein.

In idealer Weise erfüllen die Grundnahrungsmittel diese Forderung. Dr. Ulrich Strunz betont immer wieder, daß die optimale Nahrung für den Ausdauersportler in Europa die Linse sei (23 % Eiweiß, 1 % Fett, Rest Kohlenhydrate und Ballaststoffe).

Dr. Strunz hat die ideale Blutzusammensetzung bei einer Reihe von brasilianischen Marathonläufern gefunden, die sich aus finanziellen Gründen in erster Linie von Bohnen ernährt haben.

Um den erforderlichen Eiweißanteil in unserer Nahrung zu erreichen muß täglich auf die erwähnten günstigen Eiweißkombinationen und in der Haupttrainings- und Wettkampfphase auf Eiweißkonzentrate zurückgegriffen werden. Dr. Strunz drückt es wie folgt aus: „Wir müssen wieder viel mehr Arme-Leute-Essen bevorzugen." Gemeint sind dabei besonders Linsen, Bohnen und Erbsen. Hülsenfrüchte also.

Die weitverbreitete Meinung, daß Fleisch identisch sei mit Eiweiß, ist einfach falsch. Schweineschnitzel oder Kalbfleisch enthalten gerade 20 % Eiweiß.

Mit einem erhöhten Eiweißbedarf steigt ebenso der Bedarf an Vitamin B6. Das Vitamin B6 besitzt eine Schlüsselfunktion im Eiweißstoffwechsel und verbessert die Eiweißverwertung in der Zelle.

Für Triathleten gibt es ein biologisch hochwertiges Eiweißkonzentrat mit den notwendigen Mineralstoffen nach Dr. Strunz in der Schloß-Apotheke in 8542 Roth.

Dieses Eiweißkonzentrat belastet nicht den Stoffwechsel, weil es kein Cholesterin, Purin und gesättigte Fettsäuren enhält. Es ist geschmacksneutral und läßt sich als Instant-Pulver problemlos in Getränke und Speisen einrühren.

Bei der täglichen Nahrungsaufnahme hat man weiterhin darauf zu achten, daß mit der erhöhten Eiweißaufnahme sich nicht gleichzeitig der Fettanteil erhöht. Ebenso kann der Gehalt anderer unerwünschter Begleitstoffe wie Purin und Cholesterin ansteigen.

Ein hoher Fettanteil führt zu einer erhöhten Ermüdungsbereitschaft und verschlechtert infolge des höheren Sauerstoffverbrauchs die Sauerstoffausnutzung. Purinhaltige Nahrungsmittel liefern im Stoffwechsel das Endprodukt Harnsäure. Diese kann sich in Nieren, Gelenken und Sehnen ablagern. Die Folge davon können eine erhöhte Verletzungsanfälligkeit, Nierensteine und Gicht sein.

Hohe Puringehalte sind in Innereien (Leber, Nieren) enthalten. Hohe Cholesteringehalte sind in fetter Wurst, Eiern und Innereien enthalten. Daher sollte der Verbrauch dieser Nahrungsmittel eingeschränkt werden.
Aus diesem Grunde benötigen ambitionierte Triathleten vielfach Eiweißkonzentrate. Diese weisen die aufgeführten Nachteile nicht auf.

Eiweißgehalte tierischer Nahrungsmittel:

100 g mageres Fleisch	20 g
100 g Magerquark	17 g
100 g Käse, 45 %	25 g
100 g Milch	3 g
100 g Jogurt	6 g
100 g Eiweißkonzentrat 50 % tierisch/50 % pflanzlich	85 g

Eiweißgehalt pflanzlicher Nahrungsmittel:

100 g Sojabohnen	37 g
100 g Hülsenfrüchte	22 g
100 g Haferflocken	14 g
100 g Nudeln	13 g
100 g Haselnüsse	13 g
100 g Brot	7 g
100 g Kartoffeln	2 g

Ob wir genügend Eiweiß zu uns nehmen, kann uns exakt nur eine Blutanalyse zeigen. Der Gesamteiweißanteil soll dabei für Triathleten zwischen 7,6 und 8,2 % betragen. Der Fettgehalt sollte unter 10% liegen.

Eiweißdefizite haben auch erniedrigte Hämoglobin- und Ferritinwerte zur Folge. Mehr darüber im Kapitel: Blutbefunde für Triathleten.

Wer mit zu niedrigen Eiweißwerten kämpft wie ich, sollte verstärkt die günstigen Nahrungsmittel, mehr „arme Leute Speisen“ wie Linsen, Bohnen, Mais, Erbsen und regelmäßig Eiweißkonzentrate zu sich nehmen. Die größte Wirksamkeit erzielt man mit Eiweißkonzentraten oder anderen Eiweißzulagen, wenn sie in zeitlicher Nachbarschaft zum Training eingenommen werden, d.h. 1-2 Stunden vor oder in der ersten Mahlzeit nach dem Training, da Eiweiß im Körper nicht über einen längeren Zeitraum gespeichert werden kann.

Fette

Ähnlich dem Eiweiß mit seinen essentiellen Aminosäuren, gibt es auch beim Fett eine essentielle Fettsäure, die Linolsäure. Sie kann im Körper selbst nicht produziert werden, folglich muß sie über die Nahrung zugeführt werden.

Fette, die zweimal mehr an Energie liefern können als Kohlenhydrate 1 g = 9,3 cal zu 4,1 cal, enthalten Energien in konzentrierter Form. Darüber hinaus dienen Fette als Lösungsmittel für die Vitamine A, D, E und K. Daher ist ein gewisser Anteil Fett in der Ernährung notwendig. Fette werden besonders bei längerfristigen Dauerleistungen, wie sie im Triathlon üblich sind, bei geringer bis mittlerer Intensität verbraucht. Es ist typisch für einen Ausdauersportler, daß er seinen Energiebedarf auch bei höherer Intensität noch zu einem relativ großen Anteil durch die Fettverbrennung abdeckt. Durch eine gut ausgebildete Grundlagenausdauer wird erreicht, daß auch bei intensiver Belastung die Glykogenvorräte erst noch geschont werden. Wenn man im lockeren Sauerstofflauf unterhalb von 50-60 % der maximalen Sauerstoffaufnahmefähigkeit läuft, so können bei mehrstündiger Belastung bei entsprechend gut Ausdauertrainierten gar 70-90 % des Energiebedarfs aus dem Fettstoffwechsel herrühren.

Für den Triathleten bedeutet ein guter Fettstoffwechsel eine Schonung der begrenzten Kohlenhydratspeicher. Die so gesparten Kohlenhydrate stehen dann für Belastungsspitzen zur Verfügung. Der schlecht Ausdauertrainierte, dessen Fettstoffwechsel weniger leistungsfähig ist, muß bereits bei geringer Belastung seine Energien aus dem Kohlehydratstoffwechsel gewinnen. Sein Glykogen ist früher aufgebraucht. Triathleten sollten also dafür sorgen, daß möglichst weniger als 25 % der Kalorien aus Fett stammen. Das funktioniert nur, wenn man auf fettarme Eiweißspender (magere Fleischsorten, fettarmer Käse, fettarme Molkereiprodukte) zurückgreift und möglichst wenig Nahrungsmittel mit versteckten Fetten bevorzugt.

Versteckte Fette befinden sich in:
Fleisch und Wurst, Schokolade, Käse, Kuchen, Soßen, Majonaisen, Eiern, allen panierten Speisen, Pfannkuchen, Pommes frites, Mehlspeisen u.a.

Mineralstoffe und Spurenelemente für den Triathleten

Mineralstoffe und Spurenelemente sind anorganische Stoffe, also Moleküle, die keinen Kohlenstoff enthalten, die in der Körperflüssigkeit gelöst sind. Sie werden auch als Elektrolyte bezeichnet.

Von Mineralstoffen spricht man, wenn der tägliche Bedarf für einen Nichtsportler über 100 mg liegt. Dazu gehören: Natrium (Na), Calcium (Ca), Phosphor (P), Chlor (Cl), Kalium (K), Magnesium (Mg).

Spurenelemente haben einen täglichen Bedarf von weniger als 100 mg. Dazu gehören: Eisen (Fe), Jod (J), Kobalt (Co), Kupfer (Cu) Zink (Zn) u.a.

Elektrolyte haben für die geordneten Stoffwechselvorgänge, insbesondere für den Ablauf der Muskelkontraktion, eine entscheidende Bedeutung; weiterhin in der Stützfunktion des Knochenskeletts, bei der Blutgerinnung und bei vielen Enzymreaktionen im Energie- und Proteinstoffwechsel. Da Mineralstoffe vom Körper nicht produziert werden können, müssen die Verluste durch Schweiß, Harn und Stuhl immer aufs neue ausgeglichen werden. Bereits geringe Abweichungen von der normalen Konzentration führen zu erheblichen Leistungsveränderungen. Aus diesem Grund sind für leistungsorientierte Triathleten regelmäßige Kontrollen erforderlich. Näheres zu diesem wichtigen Thema im Kapitel: Blutbefunde für Triathleten.

Bei den hohen Leistungen der ambitionierten Triathleten ist ein deutlicher Mehrbedarf erforderlich.

Den durchschnittlichen täglichen Bedarf an Mineralien von Nichtsportlern und Triathleten gibt folgende Tabelle an:

	Nichtsportler	ambitionierter Triathlet
Calcium	1 g	2 g
Kalium	2-3 g	4-6 g
Phosphor	1 g	2,5-3,5 g
Natrium	5 g	15-25 g
Magnesium	0,3 g	0,6 g
Eisen	10-18 mg	30-60 mg
Zink	10-20 mg	20-30 mg

Beim Triathleten gehen Spurenelemente und Mineralstoffe sowie andere Substanzen im Schweiß verloren. Tägliche Schweißverluste von 2-5 Liter sind in der Haupttrainings- und Wettkampfphase keine Seltenheit. Aus diesem Grund ist der Bedarf an Mineralien, Spurenelementen, aber auch des Vitamin C annähernd verdreifacht.

Calcium (Ca)
wichtig für: Knochenbildung, Muskelkontraktion, Erregungsübertragung vom Nerv auf den Muskel.
enthalten in: Milch, Käse, Joghurt, Nüssen, Vollkornprodukten, Brottrunk, Fermentgetreide.
übrigens: Schokolade, Rhabarber, Spinat beeinträchtigen die Calciumaufnahme.

Kalium (K)
wichtig für: Glykogenauffüllung, Muskelkontraktion.
enthalten in: Obst, Gemüse, Kartoffeln, pflanzlichen Nahrungsmitteln, Ferment, Brottrunk.
Regulierender Faktor der Zelle.

Phosphor (P)
wichtig für: Aufbau der Knochen, Zähne, Beteiligung an Muskel- und Gehirntätigkeit, Energiebereitstellung.
enthalten in: Milchprodukten, Fisch, Getreide, Gemüse, Eier, Kartoffeln.

Natrium (Na)
wichtig für: Wasserbildung im Körper, osmotischen Druck, Enzymfunktion.

Magnesium (Mg)
wichtig für: Muskelfunktion, Knochen, Energiebereitstellung, Nerven; Magnesium nimmt beim Eiweiß- Kohlenhydratstoffwechsel eine Schlüsselposition ein.
enthalten in: grünen Gemüsesorten, Weizenkeime, Hülsenfrüchte, Fisch, Geflügel, Obst, Fermentgetreide, Brottrunk.
übrigens: Mg ist das wichtigste Mineral. Symptome eines Mg-mangels:
Kribbeln und Wadenkrämpfe, Konzentrationsschwäche, Nervosität, Depressionen, Appetitlosigkeit.

Spurenelemente

Eisen (Fe)
wichtig für: Sauerstofftransport, Bildung von Hämoglobin und Ferritin, Stoffwechsel, Enzymbaustein.
enthalten in: Fleischwaren, Leber, Vollkornprodukten, Bierhefe, Fermentgetreide, Brottrunk, Hülsenfrüchte, Gemüse, Rübensirup.
übrigens: Ein erhöhter Eisenbedarf bei Triathleten erklärt sich durch: Eisenverluste durch Schweiß (1,2 mg/l Schweiß)
- Beim Laufen auf Asphalt sollen die roten Blutkörperchen im Fußsohlenbereich geschädigt werden. Die Neubildung roter Blutkörperchen erfordert Eisen.
- Erhöhter Sauerstoffbedarf und dadurch notwendige Erhöhung der roten Blutkörperchen - mehr Hämoglobin - mehr Eisen im Gesamtblut.
- Eisenverluste durch Menstruation bei Triathletinnen.

übrigens: schwarzer Tee behindert die Eisenresorption (Aufnahme), ebenso Kaffee. Vitamin C fördert die Eisenaufnahme.

Zink (Zn)
wichtig für: Enzymaktivierung, Sexualfunktion, Appetit.
enthalten in: Käse, Eiern, Fisch, Fleisch, Salat, grüne Erbsen.

Die häufigsten Mangelerscheinungen bei Triathleten und anderen Ausdauersportlern

Eisenmangel
Dieser zeigt sich wie folgt: Müdigkeit, Abgeschlagenheit, Lustlosigkeit, verminderte Leistungsfähigkeit.
Magnesiummangel
Muskelzuckungen- und -krämpfe, Händezittern, Krampfanfälle des ganzen Körpers.
Kaliummangel
Muskulaturschwäche, allgemeine Unlust, Schlafstörungen.
Eiweißmangel

Möglichkeiten zur Mängelbekämpfung

- **Bewußte Ernährung.**
  Die Kurzform dafür lautet:
  vollwertig, möglichst wenig Fett und möglichst viel Eiweiß.
  Weitere praktische Ernährungstips im Kapitel: Ernährungsvorschläge für Triathleten.

- **Natürliche, leistungsfördernde Nahrungsergänzung durch Kanne Brottrunk und Fermentgetreide.**

Durch regelmäßige Aufnahme von Brottrunk, einem Milchsäure-Gährungsgetränk kommt es zu einem Ausgleich des Mineralhaushaltes und Anstieg des Sauerstoffpartialdrucks. Damit verbunden ist ein verbesserter Stoffwechsel, welcher zu einer größeren Leistungsfähigkeit führt. Dr. Strunz, der sich seit Jahren intensiv mit der Stoffwechsel-Optimierung befaßt, hat herausgefunden, daß der - für Ausdauersportler so wichtige - rote Blutfarbstoff (Hämoglobin) sich im wesentlichen zusammensetzt aus:

a) einem Grundgerüst, nämlich dem Eiweiß,
b) dem eingebauten Eisen,
c) einem Katalysator oder Ferment, der beides verbindet.

Dies scheint nach seinen umfangreichen Untersuchungen im Brottrunk enthalten zu sein.

Bei hartem Training oder Wettbewerben sorgt der Brottrunk für bessere Durchblutung und Entgiftung der toxischen Gewebsfleischsäure, die Folge ist kein Muskelkater und keine Krämpfe. Somit besteht die Möglichkeit wesentlich härter und länger zu trainieren. Die Regenerationsphase ist dadurch wesentlich kürzer.

Das mineralreiche Fermentgetreide ist als Kraftausgleichsnahrung mit 4-8 Teelöffeln pro Tag ein natürlicher Kraftstoff. Über die wissenschaftlichen Hintergründe habe ich bereits im Handbuch für Triathlon berichtet.

- **Substitutionen per ärztlicher Verordnung**

Nach Angaben von Dr. Strunz wird in der Regel durch bewußte Ernährung der Elektrolythaushalt ausbalanciert, bis auf zwei markante Ausnahmen:

- Eisen
- Magnesium

Ausdauersportler scheinen demnach auf zusätzliche Substitutionen von Eisen und Magnesium angewiesen zu sein. Dieses kristallisierte sich aus zehntausenden von Blutmessungen heraus. Nur selten bestehen bei ausgewogener Ernährung zusätzliche Defizite, so Dr. Strunz weiter.

Obwohl es Magnesium und Eisenpräparate in Kaufhäusern und Drogeriemärkten zu kaufen gibt, sollte die Einnahme dieser Substanzen unter ärztlicher Kontrolle geschehen. Mehr dazu unter „Blutbefunde für Triathleten."

Eiweißkonzentrate

Bei einer vollwertigen Basisernährung stellt sich normalerweise eine ausreichende Eiweißversorgung ein. Zu achten ist jedoch auf magere Eiweißspender wie bereits erwähnt. Wird im Blut der Gesamteiweißwert von 7,6-8,2 % für Triathleten nicht erreicht, so sind Eiweißkonzentrate möglich. Diese sollten 1-2 Stunden vor oder in der ersten Mahlzeit nach dem Training in Flüssigkeiten aufgenommen werden, da sie nicht über einen längeren Zeitraum im Körper gespeichert werden können.

Sportaktiv-Müslis für Ausdauersportler oder Kraftsportler

Diese Müslis der Reform Ölmühle Weingarten sind entweder auf die Ernährungserfordernisse im Ausdauersport oder im Kraftsport abgestimmt. Aufgrund der größeren Eiweiß-, Mineral- und Spurenelementanteile kommen für Triathleten eher die Sportaktiv-Müslis Kraftsport in Frage.

PowerBar Kraftriegel

Durch den geringen Fettanteil (< 2 g) und den relativ hohen Eiweißanteil von 10 g pro 65 g Riegel wird die Energie rasch vom Körper aufgenommen. Daher eignet sich dieser Riegel besonders für den Wettkampf. In kleinen Portionen unter Zuhilfenahme von Flüssigkeit sorgt der Riegel für einen Energienachschub, der besonders für die langen Triathlonstrecken wichtig ist.

taxofit Multivitamine + Mineralien + Spurenelemente

Dieses vielseitige Präparat beinhaltet eine Reihe von Vitaminen, Spurenelementen und geringe Mengen von Mineralien.

Basica

Hierbei handelt es sich um ein basisches Mineralstoff-Spurenelement-Präparat nach dem schwedischen Ernährungsforscher Ragnar Berg, das es bereits seit über 50 Jahren gibt. Basica beruht auf der Vorstellung, daß säurebildende Nahrungsmittel wie Fleisch, Fisch, Käse, Eier und Getreideerzeugnisse zur Übersäuerung und Schlackenbildung im Organismus führen. Zudem gibt es in unserer Nahrung zu wenig Mineralien und Spurenelemente. Entsprechend der Zusammensetzung unseres Organismus aus 20 % säurebildenden und 80 % basenbildenden Elementen (Bircher-Brenner, Hay, Ragnar Berg) sollte unsere Ernährung genauso aufgebaut sein. Das ist aber nur durch eine fast reine vegetarische Ernährung möglich, die aber im Sport zu Mangelerscheinungen führen würde. Daher dient Basica zum Ausgleich einer säureüberschüssigen Kost. Die organischen Fruchtsäurereste werden im Körper restlos verbrannt, so daß die zurückbleibenden Bestandteile (Mineralien und Spurenelemente) einen Basenüberschuß hinterlassen. Besonders nach erschöpfenden Belastungen haben Sportler durch Verwendung von Basica über eine schnellere Regeneration berichtet.

Bedeutung der Vitamine für den Triathleten

Vitamine gehören für den Menschen zu den lebensnotwendigen Nahrungsbestandteilen. Vita (lateinisch) bedeutet leben. Vitamine nehmen im Kohlenhydrat-Fett- und Eiweißstoffwechsel eine Schlüsselfunktion ein, gleichzeitig wirken sie am Aufbau von Blutzellen, Hormonen und Enzymen entscheidend mit. Zusätzlich wirken sie als Infektionsschutz (Vitamin C).

Vitamine selbst enthalten keine verwertbare Energie, sie wirken jedoch bei der gesamten Energiegewinnung mit und werden dabei verbraucht. Generell unterscheidet man nach: fettlöslichen Vitaminen, dazu gehören die Vitamine A, D, E, K und die wasserlöslichen B1, B2, B6, B12, C, Folsäure, Pantothensäure und Biotin, Nicacin.

Durchschnittlicher Vitaminbedarf pro Tag von Nichtsportlern und Triathleten (nach Literaturangaben)

Vitamin	Nichtsportler	Triathlet
B1	1,3 mg	7 mg
B2	1,7 mg	10 mg
B6	1,8 mg	12 mg
B12	5 mg	6 mg
C	75 mg	750 mg
E	12 mg	15-40 mg
Niacin	18 mg	30-35 mg
Pantothensäure	8 mg	8-14 mg
Folsäure	0,16 mg	0,2-0,5mg

Insgesamt gesehen verbessern Vitamine die Gesundheit, das Leistungsvermögen und beschleunigen einige Heilungsprozesse.

Vitamin B1 (Thiamin)
wichtig für: Nervensystem, Kohlenhydratstoffwechsel.
enthalten in: Nüssen, Getreidekörnern, Hülsenfrüchten, Fermentgetreide, Weizenkeimen, Haferflocken, Schweinefleisch.
übrigens: B1-Mangel stört den Wasserhaushalt, führt zu Depressionen, Müdigkeit, Trainingsunlust.

Vitamin B2 (Riboflavin)
wichtig für: Eiweiß- und Kohlenhydratstoffwechsel, Zellatmung.
enthalten in: Milch, Käse, Getreide, Gemüse, Obst, Fermentgetreide.
übrigens: B2-Mangel führt zu Rissen an den Mundwinkeln.

Vitamin B6 (Pyridoxin)
wichtig für: Eiweißstoffwechsel.
enthalten in: Getreide, Fleisch, Leber, Hülsenfrüchten, Bananen, Milch, Kartoffeln, Fisch.

Vitamin B12 (Cobalamin)
wichtig für: Blutbildung, Wachstum, Bildung der roten Blutkörperchen.
enthalten in: Milchprodukten, Fleisch, Fisch, Fermentgetreide.
übrigens: B12-Mangel führt zu vermindertem Gehalt an roten Blutkörperchen.

Vitamin C (Ascorbinsäure)
wichtig für: Infektabwehr, Knochen, Blut, verbessert die Eisenaufnahme, scheint in seiner Funktion als Antioxidams krebsverursachende Stoffe in Nahrungsmittel und im Körper neutralisieren zu können.
enthalten in: Obst, Zitrusfrüchte, Beeren, Gemüse, Kartoffeln.
übrigens: Vitamin-C-Mangel führt zur Müdigkeit, körperlicher und geistiger Leistungsminderung. Bei Höhentraining wird eine zusätzliche Menge an Vitamin C von 1-2 g empfohlen.

Vitamin E
wichtig für: Zellschutz, Sauerstoffversorgung, Fettsäurestoffwechsel.
enthalten in: Pflanzenöle, Weizenkeime, Gemüse, Obst, Vollkornprodukten, Kartoffeln, Eiern, Fermentgetreide.

Für den Triathleten ist es wichtig zu wissen, daß durch lange Lagerung und unsachgemäße Zubereitung in der Küche der Vitamingehalt zu einem mehr oder weniger großen Teil verlorengeht. Die Schwachpunkte in der Vitaminversorgung liegen bei den Vitaminen B1, B2 und C, vor allem dann, wenn man nicht ausreichend auf vollwertige Nahrungsmittel achtet und seinen großen Teil seiner Nahrungsmittel aus den überwiegend „leeren Kalorien" aufnimmt.

Nahrungsmittel die überwiegend „leere Kalorien" enthalten:
Zucker, Alkohol, Fette, polierter Reis, Weißmehlprodukte wie Weißbrot, Brötchen, Toastbrot, Kuchen aus feinem Mehl, Torten. Limonaden, Coca-Cola, Schokolade, Süßigkeiten wie Bonbon, Eis.

Durch biochemische Reaktionen entstehen im Körper auch schädliche Moleküle. Diese können durch die Vitamine C und E gebunden und deren negative Auswirkungen ausgeschaltet werden. Dadurch wird der Alterungsprozeß von Körperzellen und ein Abfall der Leistung verzögert.

Um bei der Nahrungsaufbereitung möglichst wenig Vitamin- und Mineralverluste hinnehmen zu müssen, sollte besonderes jeder Triathlet folgendes beachten:

- Obst und Gemüse in dunklen Räumen lagern.
- Nahrungsmittel möglichst ungekocht verzehren (Rohkost, Obst, Salat.)
- Nahrungsmittel unzerkleinert waschen.
- Nahrungsmittel kalt und möglichst kurz waschen.
- Gemüse in wenig Wasser kochen. Das Kochwasser weiterverwenden.
- Warmhalten und erneutes Aufkochen von Speisen zerstört die Enzyme.

Wie hoch die maximalen Kochverluste sein können, zeigt folgende Aufstellung:

Vitamin C	100 %
Folsäure	100 %
Vitamin B1	80 %
Vitamin E	55 %
Vitamin B6	40 %
Vitamin A, D	40 %
Vitamin B12	10 %

Die Flüssigkeitsbilanz des Triathleten

Ein 75 kg schwerer Triathlet trägt etwa 45 kg Wasser mit sich herum. Die Hälfte dieses Wassers befindet sich davon allein in der Muskulatur. Die gesamten Stoffwechselfunktionen sind nun auf diesen Wasserhaushalt, in dem die Enzyme und Mineralien ihre optimale Wirkung entfalten können, abgestellt. Kleine Abweichungen hiervon führen bereits zu Änderungen im Ablauf dieser Reaktionen.

Wasserverluste führen zu stärkeren Konzentrationen z.B. des Blutes im Ablauf der Stoffwechselvorgänge und damit zur Leistungsminderung.

Körperliche Leistungen wie sie beim Triathlonsport erbracht werden, gehen mit einer hohen Wärmeproduktion einher. Mit der Verdunstung von einem Liter Wasser werden knapp 600 kcal an Wärme abgegeben, gleichzeitig schützt sich der Organismus durch die Verdunstung vor Überwärmung.

Gewichtsverluste beim Triathlon sind überwiegend Flüssigkeits- und Mineralsalzverluste. Vor allem bei schwülem Wetter können Triathleten in einer Stunde bis zu 3 Litern Schweiß verlieren. Die Schweißmenge hängt von mehreren Faktoren ab, z.B.:

- Belastungsintensität,
- Temperatur,
- Luftfeuchtigkeit,
- Trainingszustand,
- individuelle Faktoren wie mehr oder weniger starke Veranlagung zum Schwitzen.

Die Fähigkeit der Schweißproduktion ist Voraussetzung für die zu erbringende Leistung, weil die mit zunehmender sportlicher Leistung vermehrt produzierte Wärme vom Körper abgegeben werden muß. Die großen Ausdauerleistungen im Triathlon sind nur deshalb möglich, weil der Organismus in der Lage ist, das Nebenprodukt der hohen Leistung - die Wärme - über den Schweiß abzugeben. Trotz allem kann die Körpertemperatur nach einem Triathlon, auch bei gut trainierten Athleten, bis auf 40° oder gar 41° C ansteigen.

Zusammensetzung des menschlichen Sportschweißes:
Alle Zahlenwerte beziehen sich auf „mg pro Liter Schweiß“

Natrium	1200
Chlorid	1000
Kalium	300
Calcium	160
Magnesium	36
Sulfat	25
Phosphat	15
Zink	1,2
Eisen	1,2
Milchsäure	1500
Harnstoff	700
Vitamin C	50

Welche Auswirkungen haben Wasserverluste ?

Bei Wasserverlusten sinkt allgemein die Leistungsfähigkeit. Ganz allgemein gilt: Je größer der Wasserverlust, umso größer der Leistungsverlust.

Mit jedem Prozent verlorenem Körpergewicht, nimmt das Plasmavolumen (Blutvolumen) um 2,4 % ab, das Muskelwasser um 1,3 %.

Folgen des Wasserverlustes:

Der Flüssigkeitsverlust bedeutet, daß zunächst im Blut und dann auch dem gesamten Körper Wasser entzogen wird. Dadurch werden die Körperflüssigkeiten „konzentrierter“. Das Blut wird dickflüssiger und kann deshalb viele Aufgaben als Transportmittel nur noch beschränkt erfüllen, z.B.

- verminderter Sauerstofftransport zur Muskulatur, das bedeutet verminderte Energiebereitstellung und weniger Muskelleistung;
- verminderter Sauerstofftransport zur Leber, das bedeutet weniger Energie für die Leberzellen und langsamerer Abbau der Stoffwechselprodukte z.B. der Milchsäure. Demzufolge tritt eine schnellere Ermüdung ein;
- verminderter Sauerstofftransport zum Gehirn, das bedeutet verminderte Konzentrationsfähigkeit, was wiederum Fehler bei der Rad- oder Lauftechnik hervorruft;
- verminderter Wärmetransport vom Körperinneren zur Haut, das bedeutet Überhitzung des Organismus, damit ist eine Leistungsminderung verbunden.

Bei 2 % Wasserverlust, bei 75 kg Körpergewicht sind das nur 1,5 l, vermindert sich die Ausdauerleistungsfähigkeit und erzeugt ein leichtes Durstgefühl. Für uns Triathleten heißt das: Trinken bevor ein Durstgefühl aufkommt, also sobald man auf dem Rad sitzt.

Bei einem Wasserverlust von 4 % treten erhebliche Leistungsbeeinträchtigungen ein, zusätzlich eine Verminderung der Kraftleistung.

6 % Wasserverlust haben bereits Erschöpfung, Reizbarkeit und deutliche Schwächung zur Folge. Das Durstgefühl ist sehr stark.

Soweit darf man es beim Triathlon - selbst auf Hawaii- gar nicht kommen lassen. Gleiches gilt natürlich für die langen Trainingseinheiten.

Wasserverluste, die größer als 6 % sind, führen bereits zu Übelkeit, psychischen Störungen und zur mangelhaften motorischen Koordination, z.B. wanken und torkeln anstatt laufen.

Jenseits der 10 % wird der Wasserverlust bereits lebensgefährlich, eine Angelegenheit, bei der der Sport kein Sport mehr ist. Besonders problematisch sind schnell eintretende Flüssigkeitsverluste bei heißem Wetter. Sie verstärken die Leistungseinbußen noch. Langsame Flüssigkeitsverluste, wie sie dagegen bei kühler Witterung auftreten, verringern die Leistungseinbußen. Triathleten, oder ganz allgemein Sportler, die früh anfangen zu trinken und zudem viel trinken, schwitzen weniger, da ihre Blutgefäße gefüllt sind und dadurch mehr Wärme abstrahlen können. Demzufolge muß dann weniger Wärme über die Schweißverdunstung abgegeben werden.

Mit dem Schweiß gehen leider auch Mineralstoffe verloren. Daher ist es wichtig, daß nicht nur das verlorene Wasser ersetzt wird, sondern ebenso die verlorenen Mineralstoffe. Reines Wasser kann im Körper nicht gebunden werden, da zu seiner Bindung die notwendigen Mineralstoffe nicht mitgeliefert werden. Das reine Wasser wird dann über die Nieren wieder ausgeschieden, wobei weitere Mineralstoffe mit ausgeschieden werden. Die ganze Situation würde sich nur noch verschlechtern.

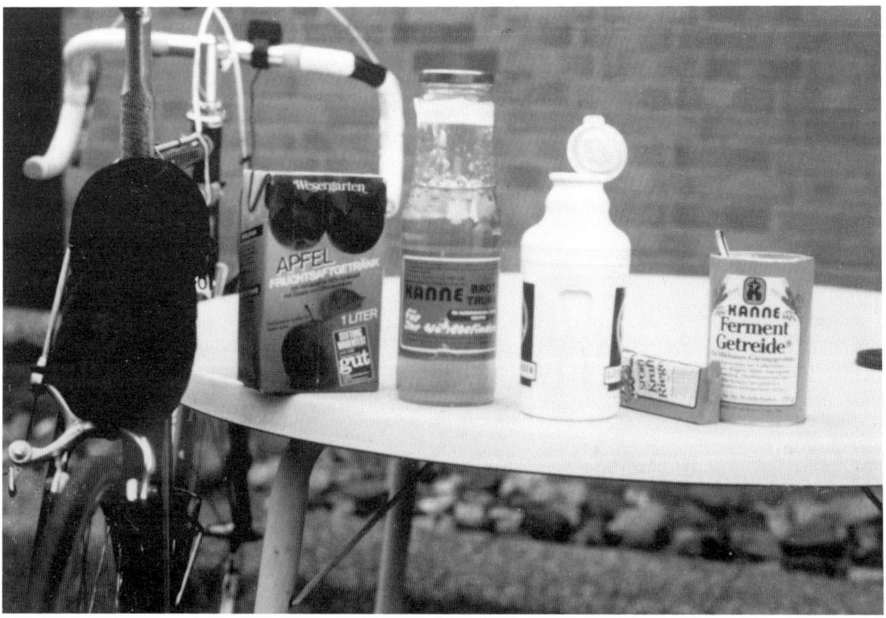

Brottrunk + Apfelsaft + Fermentgetreide

Tee, Limonaden und Cola liefern nahezu auch nur reines Wasser und sind daher als Ersatz für den verlorengegangenen Schweiß ungeeignet. Ihnen fehlen eben die erforderlichen Mineralien. Ein ideales Getränk, allein von der Mineralseite, ist ein Gemisch aus: Brottrunk + Apfelsaft im Verhältnis 1:1.

Ganz zu schweigen von den weiteren Vitaminen und vor allem der Milchsäure. Diese sorgt für einen verbesserten Stoffwechsel, der ist schließlich dafür verantwortlich, daß die „toten Punkte" bei einem Ultratriathlon entfallen. Ebenso treten bei mir seit der Brottrunkanwendung weder Krämpfe noch Muskelkater auf. Der Grund liegt wohl in der Milchsäure, die für eine Entschlackung des Gewebes sorgt.

Wie ein geeigneter Ersatz für die im Schweiß verlorengegangenen Mineralstoffe und Vitamin C geschaffen werden kann, zeigt die nachfolgende Tabelle sehr eindeutig:

In 100 ml durchschnittlich enthalten (mg)	Natrium	Kalium	Calcium	Magnesium	Vitamin C
Schweiß	120	30	16	3,6	5
Limonade	0	0	0	0	0
Cola	0	0	0	0	0
Mineralgetränk [1])	88	160	16	8	0
Mineralwasser [2])	78	8	211	22	0
Brottrunk [3])	44	25,5	12,2	7,2	0
Apfelsaft [4])	3	214	9	5,5	10,5
Gemisch 1:1 Brott.:Apfels.	23,5	120	10,6	6,3	5,2

1) Mineralgetränk Mineral plus 6
2) Rheinfels-Quelle Mineralwasser
3) Kanne Brottrunk
4) Apfelsaft Granini

Leistungssteigerung durch richtige Ernährung

In der Vorwettkampfphase

Triathlon ist eine Kombination aus Ausdauer und Kraft. Da beim Training ein Kompromiß für das ideale Verhältnis von Ausdauer und Kraft gefunden werden muß, bedeutet dies für die Ernährung in den Frühjahrsmonaten ein ausgewogenes Verhältnis zwischen Kohlenhydraten und Eiweiß zu finden.

Die einfachste Formel nach Dr. Strunz lautet: „Soviel Eiweiß wie möglich, so wenig Fett wie möglich."

Da kaum ein Triathlet seine Mahlzeiten mit der Küchenwaage zubereiten kann – vor allem dann nicht, wenn man auswärts oder in Kantinen speist –, ist es wichtig zu wissen, welche Nahrungsmittel zu meiden und welche zu bevorzugen sind.

Zu meiden sind Nahrungsmittel, die nur „leere Kalorien" liefern.

Die bereits zuvor aufgeführten Nahrungsmittel sollen nicht soweit verdammt werden, daß Triathleten nun weder ein weißes Brötchen noch ein Stück Kuchen oder gar einen Pfannkuchen essen dürfen. Die Vorliebe von Ausdauersportlern für Kuchen ist ja hinlänglich bekannt. Es soll auch niemand zu einem freudlosen Asketen animiert werden. Vielmehr kommt es darauf an, sich dieser Negativliste bewußt zu sein, um bei einer entsprechenden Auswahlmöglichkeit den Vollkornkuchen zu essen anstatt der vielleicht verführerisch aussehenden Sahnetorte.

Wer sich insgesamt bewußt ernährt, der darf auch mal sündigen. Nur sollte uns bewußt sein, daß auf Dauer ein Hochleistungsmotor nicht mit minderwertigem Sprit fahren kann. Ein guttrainierter Triathlet ist nun mal nicht von Natur aus sechsmal leistungsfähiger als ein Nichtsportler, sondern aufgrund seines guten Ausdauertrainings und seiner bewußten Ernährungsweise.

Bei der Auswahl der richtigen Nahrungsmittel haben wir neben der richtigen Verteilung der Kohlenhydrate, Eiweiße und Fette genauso auf ausreichende Mineralstoffe, Spurenelemente und Vitamine zu achten. Gleiches gilt für die richtigen Flüssigkeiten.

Empfehlenswerte, geeignete Nahrungsmittel für Triathleten:

a) Kohlenhydratreiche, stärkehaltige Nahrungsmittel
  - Hülsenfrüchte (Bohnen, Linsen, Erbsen)
  - Getreidekörner (Hafer, Weizen, Roggen, Gerste, Hirse, Naturreis, Buchweizen)
  - Vollkornprodukte (Brot, Kekse)
  - Weizenkeime
  - Haferflocken, Müsli ohne Zuckerzusatz, Cornflakes
  - Kartoffeln
  - Bierhefe, Fermentgetreide
  - Teigwaren (Nudeln, Spaghetti, Makkaroni)

b) Eiweißreiche Nahrungsmittel (fettarm)
- fettarmer Käse
- Speisequark, mager
- fettarme Milch, fettarme Milchprodukte
- Joghurt, Hüttenkäse
- mageres Fleisch, Kalb, Rind, Hase, Reh
- Geflügel
- Fisch
- Hülsenfrüchte

c) Fette (hochwertige)
- Sonnenblumenöl
- Leinöl
- Sojaöl
- Diät-Margarine
- Makrelen und Seelachs

d) Obst
- alle Obstsorten
- Trockenobst ungeschwefelt

e) Flüssigkeiten
- Milch
- Obst- und Gemüsesäfte
- Brottrunk, Gemisch: Brottrunk, Apfelsaft, Mineralwasser

Verteilung der Mahlzeiten

Fünf Mahlzeiten sind besser als drei

Mehrere kleinere Mahlzeiten über den Tag verteilt sind günstiger als wenige große, da sie die Verdauungsorgane weniger belasten. Zudem verwertet der menschliche Organismus die kleineren Mengen besser und ökonomischer.

Prof. Nöcker empfiehlt in „Die Ernährung des Sportlers" fünf Mahlzeiten mit folgender Energieverteilung:

1. Frühstück ca. 20 % der Tagesenergie
2. Frühstück ca. 15 % der Tagesenergie
3. Mittagessen ca. 25 %
4. Nachmittag ca. 15 %
5. Abendessen ca. 25 %

Eine Trainingseinheit sollte man frühestens 90 Minuten nach einer Mahlzeit beginnen. Bei der letzten Mahlzeit am Abend ist darauf zu achten, daß diese nicht zu spät eingenommen wird, da es ansonsten zu Schlafstörungen kommen kann.

Da Triathleten überwiegend Ausdauer trainieren, sollten die nachfolgenden Mahlzeiten überwiegend kohlenhydratreich ausfallen, um eine rasche Glykogenspeicherung zu ermöglichen. Nach intensiven Schwimm-, Rad- oder Laufeinheiten sollten dagegen schwerpunktmäßig eiweißhaltige Nahrungsmittel aufgenommen werden. Überhaupt ist es für alle Triathleten ein Problem, ihre Ernährung mit 20 %

Eiweißanteilen zu versehen. Um dieses Ziel zu erreichen bedarf es besonderer Beachtung der empfohlenen Eiweißlieferanten. In vielen Fällen ist es erforderlich mit Eiweißkonzentraten den entsprechend hohen Anteil von 7,6-8,2 % Eiweißanteil im Blut zu erreichen.

Wer nach einer Trainingseinheit nicht in der Lage ist feste Nahrung aufzunehmen, der sollte als erstes für einen entsprechenden Flüssigkeitsausgleich sorgen. Hier bietet sich leicht die Möglichkeit Eiweißpulver in das Getränk einzurühren. Danach kann man der leichten Kost wie Obst, Joghurt, Quark mit Obst den Vorrang einräumen.

An Getränken empfiehlt sich die zuvor genannten Flüssigkeiten aufzunehmen. Keineswegs sollte aus den hier bereits aufgeführten Gründen Cola, Limonaden oder andere Getränke mit „leeren Kalorien“ bevorzugt werden.

Praktische Ernährungsvorschläge für Triathleten

Die folgenden Vorschläge sind als Orientierungshilfen zu verstehen und können je nach Trainingsbedingungen beliebig ausgetauscht werden.

Frühstücksvorschläge:
Vollkornbrot mit fettarmen Aufschnitt, Käse 30-40 % Fett i.Tr., Rübensirup, Honig, Magerquark, Milch, Fruchtsaft, Cornflakes oder Müsli aus Vollkornflocken mit Obst und Milch.
Frischkornbrei aus frisch vermahlenem Hafer, kurz in Wasser aufgekocht und mit Frischobst und Rosinen garniert, dazu 2 TL von dem mineralreichen Fermentgetreide und 0,2 l Kanne Brottrunk.

2. Frühstück bzw. Nachmittag: Zwischenmahlzeit
Milch, Obst, Joghurtspeisen, Vollkornbrot mit magerem Aufschnitt oder Rübensirup, Vollkornkekse/-kuchen, Bisquit, Mineralwasser + Apfelsaft + evtl. Eiweißkonzentrat (50 % tierisch / 50 % pflanzlich)

Mittagessen:
Suppen mit Fermentgetreide als Würzmittel, frische Salate, Gemüse ohne Mehlschwitze, besonders Bohnen, Mais, Erbsen, Linsen, Kartoffeln, Reis, Nudeln, Fisch, mageres Fleisch, Eierspeisen, die Zubereitung sollte jeweils fettarm sein, 0,1 l Brottrunk.
Frischobst, Milchspeisen, Quark.

Abendessen:
Vollkornbrot mit Käse oder fettarmem Belag, Frischkostsalate, Kartoffel-, Reis-, Nudel- oder Getreidegerichte.
Obst, Kompott

Getränke:
Mineralstoffreiche Getränke als Ausgleich zum Schweißverlust.
Mineralwasser, Apfelsaft+Brottrunk, Orangensaft.

Leistungsorientierte Triathleten sollten 500-1000 g Brot pro Tag während der Haupttrainingsphase essen, damit die Mineralstoffe, Spurenelemente und Vitamine ausgeglichen werden. Außerdem ist der Organismus dadurch in der Lage, die Stoffe (Schlacken), die zu Muskelverkrampfungen und damit zu Leistungseinbußen führen, durch ausreichende Enzyme den Gesamtorganismus zu entgiften.

Der Brottrunk beinhaltet sehr viele Mineralstoffe, Spurenelemente und essentielle Aminosäuren sowie Vitamine. Alles in aufgeschlossener Form, d.h. verfügbargemacht durch monatelange enzymatische Einwirkung bei der Herstellung. Diesen Zustand nennt man den „lebendigen Gelatverband".

Weiterhin findet man den Gelatverband im Gemüse, im Obst und im Brot, also in den „lebendigen" Nahrungsmitteln. Im Brot entwickelt sich dieser durch die Hefe und den Sauerteigprozeß in Verbindung mit dem Backvorgang. Brotenzyme wiederum sind in ihrer Qualität hervorragend geeignet z.B. Giftstoffe, Alkohol sowie toxische Gewebssäure abzubauen.

Die biologische Brotgetreidemilchsäure sorgt für einen verbesserten Stoffwechsel. Der Brottrunk besitzt in 1 ml 5 Millionen Michsäurebakterien.

Das optimale Gewicht des Triathleten ist ein nicht zu unterschätzender Faktor für die Leistungsfähigkeit des Sportlers. Vor allem beim Laufen und auch beim Bergauf-Radfahren wird die Leistung durch ein Übergewicht deutlich vermindert. Ebenso schwitzen übergewichtige Athleten mehr, da die entsprechende Speckschicht die Wärmeabgabe verschlechtert. Diese Sportler schwitzen auch mehr und benötigen bei warmer Witterung mehr Flüssigkeit. Vorteile ergeben sich dagegen nur beim Schwimmen im kalten Wasser.

Das optimale Wettkampfgewicht wird sich in der Regel bei einer ballaststoffreichen Kost, die zudem wenig Fett und Zucker enthält, in der Vorwettkampfzeit von allein einstellen. Von Abmagerungskuren ist abzuraten, da diese meist Mineral- und Vitaminmangelzustände zur Folge haben. Darüber hinaus behindern sie einen systematischen Trainingsaufbau.

Ernährung in der Wettkampfphase

Die Devise für die letzten Tage vor einem Triathlon lautet: Erhöhung der Kohlenhydratzufuhr durch Fett- und Eiweißeinschränkung. Das Ziel ist die optimale Erhöhung der Glykogenvorräte nach dem Prinzip der Superkompensation.

Annahme: Wettkampftag Samstag:
Werden am Dienstag beim letzten harten Abschlußtraining (5 km einlaufen + 5 km hartes Tempo + 5 km auslaufen + 25 km scharfes Radtraining + 5 km lockeres Kurbeln) die Glykogenvorräte erschöpft und am Mittwoch, Donnerstag und Freitag bevorzugt Kohlenhydrate gegessen, so erreicht man eine wesentliche Erhöhung der Glykogenvorräte in der Lauf- und in der Radmuskulatur. Das Zwischen-

schalten von zusätzlich drei Tagen Sonntag, Montag, Dienstag, einer fett- und eiweißreichen Ernährung (Saltin Diät) kann zu einer noch stärkeren Glykogeneinlagerung führen. Diese zweite Ernährungsvariante muß unbedingt vorher im Training getestet werden, um die Verträglichkeit zu überprüfen. Allerdings ist eine maximale Erhöhung des Muskelglykogens nur vor Mittel- und Ultratriathlons sinnvoll, da hier die Glykogenspeicher auch voll ausgeschöpft werden. Denn eine maximale Erhöhung des Muskelglykogens ist mit einer Gewichtszunahme von 2-2,5 kg verbunden.

Für die letzten Tage vor dem Triathlon gilt:

- 5-6 kleinere Mahlzeiten gleichmäßig über den Tag verteilt belasten weniger die Verdauungsorgane.
- Blähende und schwer verdauliche Nahrung meiden, z.B. Hülsenfrüchte, grobe Kohlarten, Mayonnaise, grobes Vollkornbrot. Dabei stets auf eigene positive Erfahrungen zurückgreifen.
- Kohlenhydratanteil erhöhen durch: Einschränkung von Wurst, Fleisch, Käse, Eier, also Fetten. Achtung! Auch versteckte Fette sind Fette! Bevorzugung leicht verdaulicher Nahrung wie: Kartoffeln, Nudeln, Reis, Getreideerzeugnisse; Einnahme kohlenhydratreicher Fertigpräparate.

Richtige Nahrungsmittel auch richtig, d.h. schonend zubereiten!

Durch unsachgemäße Zubereitung können gut verträgliche Nahrungsmittel schwer verträglich werden z.B. durch frittieren.

Geeignete Zubereitung: Kochen, Garen, Dämpfen, Dünsten, Garen in der Folie, in beschichteten Pfannen oder im Tontopf.

Die Ernährung am Wettkampftag und während des Wettkampfes

Zwei bis drei Stunden vor dem Triathlon sollte eine leichte, kohlenhydratreiche Mahlzeit eingenommen werden, wie z.B. Weiß-Graubrot mit Marmelade oder Rübensirup, Nudeln, Obst und Obstsäfte + Brottrunk.

Bei hohen Außentemperaturen oder langen Wettkämpfen (Mittel-Langdistanz) eine halbe Stunde vor dem Start zusätzlich 0,5 l Flüssigkeit trinken.

Beim Kurztriathlon ist im allgemeinen keine feste Nahrungsaufnahme erforderlich. Andererseits schadet 1/2 Banane auch nicht. Die Notwendigkeit der Flüssigkeitsaufnahme richtet sich ganz nach der Witterung. Bei kühler Witterung reicht die Aufnahme von etwas Wasser oder Tee. Bei warmer Witterung werden von den Veranstaltern zumeist Elektrolytgetränke gereicht. Häufig sind diese zu konzentriert. Daher empfehle ich für die Kurzdistanz die Mitnahme des Eigengetränks: 1/2 Apfelsaft + 1/2 Brottrunk.

Beim Mitteltriathlon sollte jeder Triathlet während des Radfahrens geeignete Kohlenhydrat- und Eiweißspender in fester Form zu sich nehmen. Bananen, PowerBar und sonstige Energieriegel kommen dafür in Frage. Wichtig ist die ständige Zufuhr von Flüssigkeiten. Bereits zu Beginn des Radfahrens sollte der Athlet damit beginnen, besonders dann, wenn hochsommerliche Temperaturen vorherrschen; also, bevor sich das Durstgefühl einstellt. Ratsam ist es für jeden sich vor dem Wettbewerb über die Art der Getränke zu informieren. Sollten diese auf der Rad- und Laufstrecke später in zu starker Konzentration gereicht werden, so ist zusätzlich Wasser mit aufzunehmen um diese Getränke dann wechselweise zu trinken.

Auf der Laufstrecke gilt es annähernd soviel an Flüssigkeit aufzunehmen, wie der Körper Schweißverluste zu verzeichnen hat. Das funktioniert dann, wenn man in regelmäßigen Abständen 0,1-0,2 l aufnimmt. Je höher die Außentemperatur, umso kürzer müssen die Abstände zur Flüssigkeitsaufnahme sein. Durch die regelmäßige Zufuhr an Mineralstoffgetränken wird ein größerer Leistungsabfall und die mehr als unangenehmen Muskelkrämpfe vermieden.

Bei Ultratriathlonwettbewerben wie Roth oder Hawaii muß feste Nahrung aufgenommen werden. Zugeführt werden sollten mit Vorrang leichtverdauliche Nahrungsmittel in Form von Biskuits, Bananen, Früchtebrot oder Energiebarren. Müsliriegel und Schokoladen sind nicht empfehlenswert, da der Verdauungstrakt zu lange damit belastet wird. Um herauszufinden, was einem am besten bekommt, muß diese Nahrungsaufnahme bei den langen Trainingseinheiten mehrfach geprobt werden. Schmecken soll es ja nebenbei bemerkt auch noch. Auf der 180-km-Radstrecke gilt es einen Teil der verbrauchten Energien zu ersetzen. Das geht halt nur über eine regelmäßige Nahrungsaufnahme. Im Wettbewerb sollte in dieser Hinsicht kein unnötiges Risiko eingegangen werden.

Für die Flüssigkeitsaufnahme gilt das gleiche wie beim Mitteltriathlon. Bei extremer Hitze gilt nur eins, trinken, trinken und nochmals trinken. In Hawaii kommt es zu Schweißverlusten von ca. 2 l pro Wettkampfstunde, von daher ist die Flüssigkeitsaufnahme in Form von Elektrolytgetränken, jede 5 Meilen oder 8 km, unbedingt erforderlich. Bislang hat meines Wissens nur ein einziger Triathlet versucht, ohne eine Flüssigkeitsaufnahme in Hawaii über die Runden zu kommen. Auf halber Radstrecke war der Traum ausgeträumt. Kaum zu glauben! Auf der abschließenden Laufstrecke ist eine feste Nahrungsaufnahme nicht mehr erforderlich, Bisquits oder mal ein Stück Banane schaden allerdings nicht, da sie sehr leicht verdaulich sind. Die Getränkeaufnahme ist hier wieder entscheidend. Da eine eigene Versorgung aus verständlichen Gründen nicht möglich, ja sogar verboten ist, muß man halt das nehmen was angeboten wird. Elektrolytgetränke, Wasser und Cola werden überall gereicht. Diese sind dann sogar leicht mischbar. Wie wir bereits erfahren haben, nimmt der Körper ein leicht elektrolytisches Getränk besser auf als reines Wasser. Cola sorgt dabei kurzfristig für ein Anheben des Blutzuckerspiegels. Erfolgt die Colazufuhr nicht in kurzen regelmäßigen Abständen, so tritt anstatt des Anstieges ein Abfall des Blutzuckerspiegels auf.

Ein rapider Leistungsabfall wäre damit vorprogrammiert. Bei hohen Außentemperaturen gibt es eine Möglichkeit Schweißverluste zu vermindern und gleichzeitig eine erholsame Erfrischung zu genießen. Man schüttet sich einfach Wasser über den Kopf und Nacken und kühlt Arme und Beine mit Wasserschwämmen.

So leitet man überschüssige Hitze ab und erfrischt den überhitzten Körper. Eine Kopfbedeckung evtl. mit einem Tuch zur Nackenbedeckung verstärkt diesen positiven Effekt.

Ernährung in der Regeneration

Unmittelbar nach Überqueren der „Finishline“, der Ziellinie, beginnt für jeden Triathleten die Regeneration. Hier gilt es, die Wasser-, Mineral-, Spurenelement- und Vitaminverluste möglichst rasch zu ersetzen. Ebenso ist darauf zu achten, daß die verbrauchten Eiweißstrukturen durch regelmäßige eiweißreiche Nahrung wieder aufgebaut werden. Ähnliches gilt selbstverständlich auch für die Ernährung nach einer harten Trainingseinheit.

Nach einer intensiven Ausdauerleistung besitzt die Muskulatur eine erhöhte Aufnahmebereitschaft für Kohlenhydrate. Der Erholungsprozeß wird durch die Wiederauffüllung der Glykogendepots beschleunigt.

Bei Athleten, die nach einem Wettkampf wenig Appetit zeigen, eignen sich am besten kohlenhydrathaltige Getränke oder Suppen. Mit diesen kann der Triathlet erst einmal seinen Durst stillen und gleichzeitig Elektrolyte und Kohlenhydrate zuführen, z.B. Obstsäfte, Brottrunk.

Die Normalisierung des Elektrolyt- und Eiweißhaushaltes kann je nach Anstrengung bis zu einigen Tagen dauern. Während dieser Zeit sollte besonders auf kalium- und magnesiumreiche Kost geachtet werden. Also Gemüse, Obst, Getreidemahlzeiten, Hülsen- und Trockenfrüchte. Nicht zu vergessen die Spurenelemente wie Eisen und Kupfer. Leider eignen sich dazu heute nicht mehr die natürlichen Mineralwasser. Diesen hat man zumeist aus optischen und geschmacklichen Gründen das Spurenelement Eisen entzogen. Neben der Bevorzugung von Getränken, die Spurenelemente enthalten wie fettarme Milchgetränke, reine Buttermilch und Kefir empfiehlt sich der ergänzende Einsatz einer niedrigdosierten Mineralstoff- und Spurenelementmischung aus dem Reformhaus z.B. Basica mit 20 verschiedenen Elementen.

Nachdem am Wettkampftag Nahrungsmittel eingesetzt werden, die den Verdauungstrakt nur wenig belasten, empfiehlt sich für die nächsten Tage ballaststoffreiche Kost.

Ein nicht geringer Teil der Triathleten sehnt sich nach einem Wettbewerb regelrecht nach einem kalten Bier. Alkohol wird vom Körper sehr schnell aufgenommen, aber schnell wieder ausgeschieden. Flüssigkeitsverluste sind durch die Aufnahme von Alkohol nicht auszugleichen. Das heißt, vor dem Bier - möglichst alkoholfrei - zuerst andere Getränke aufnehmen.

Der Kreislauf des Triathleten

Wer mit Ehrgeiz Triathlonwettbewerbe bestreitet, der benötigt für sein Vorbereitungsprogramm nicht nur individuelle Trainingspläne, Leistungstest, Wissen über eine sportgerechte Ernährung, sondern auch Gewißheit über die Richtigkeit seines sportlichen Tuns. Diese Gewißheit liefern uns Ergebnisse von Blutuntersuchungen, die jeder Triathlet ein- bis zweimal jährlich, bei Topathleten auch häufiger, durchführen lassen sollte. Möglichkeiten dazu gibt es beim Hausarzt, Internisten oder Sportmediziner.

Die Auswertung dieser Blutuntersuchungen liefern wichtige Hinweise auf das Trainingsprogramm und den Ernährungsplan. Während ein Leistungstest eine eindeutige Aussage macht, ist der Befund einer Blutuntersuchung meistens nicht so leicht zu entziffern. Diese Tatsache ist im wesentlichen ein Grund dafür, warum sich bislang nur wenige Athleten einer regelmäßigen Blutuntersuchung unterziehen. Da ansonsten Arztbesuche für Triathleten mehr als selten sind, sollten wir auch wegen der entstehenden Kosten kein allzu schlechtes Gewissen haben.

Viele Triathleten bringen sich aufgrund fehlender Informationen selbst um die Chance, ihr individuelles Leistungsvermögen voll auszuschöpfen. Bis vor einiger Zeit habe ich selbst zu der Gruppe der Unwissenden oder nur unzulänglich Informierten in dieser Beziehung gehört und dadurch so manche Probleme bekommen.

Ein Problem für viele Athleten ist sicherlich, daß sie keinen Sportmediziner in ihrem Verein oder in ihrer Nähe wohnen haben. In den mittelgroßen Städten und Zentren dürfte die Suche nicht so schwierig sein. Ein Allgemeinmediziner kann zwar die nötigen Blutuntersuchungen veranlassen, ist aber aufgrund seiner Ausbildung zumeist bei speziellen sportlichen Anforderungen überfragt.

Im folgenden soll versucht werden, die für den Triathleten wichtigsten Blutwerte zu erläutern und entsprechende Vergleichswerte anzugeben. Wenn man sich jetzt die einzelnen Blutwerte vom Arzt bzw. der Sprechstundenhilfe geben läßt, so sollte jeder diese einordnen können und mit seinem Arzt das weitere Vorgehen besprechen.

Vorab seien kurz das Körpergewicht, der Ruhepuls und der Blutdruck angesprochen. Alle drei gehören selbstverständlich nicht zu den Blutbefunden, sollten trotzdem regelmäßig kontrolliert werden, zumal sie ohne großen Aufwand von jedem Athleten selbst durchzuführen sind.

Das optimale Körpergewicht

Dieses stellt sich in der Regel während der trainingsintensiven Vorbereitungsphase von allein ein. Besonders während des Radschwerpunktes fliegt der Winterspeck nur so weg. Ansonsten gewährleisten eine ballaststoffreiche Ernährung das günstigste Wettkampfgewicht. Es sei denn, das Übergewicht liegt im zweistelligen Bereich. Dann hilft nur eine langfristige Umstellung der Eßgewohnheiten. Beim optimalen Gewicht sollte man sich nicht so sehr von Formeln und Regeln leiten lassen, sondern mehr vom Gefühl und Verstand. Natürlich sollte das Körpergewicht schon „deutlich" unter dem sogenannten Normgewicht liegen. Das Normgewicht errechnet sich aus:

Normgewicht = Körpergröße - 100
z.B. = 187 - 100 = 87
= 170 - 100 = 70

Demnach hat ein 1,87 m großer Mensch ein Normgewicht von 87 kg, ein 1,70 m großer eben 70 kg.

Der Ruhepuls

Morgens vor dem Aufstehen eine halbe oder eine ganze Minuten am Handgelenk die Pulsschläge zählen, ist die einfachste Methode. Präziser ist selbstverständlich die Messung mit einem Pulsmesser. Die Ruhepulswerte sind von einer Reihe von Faktoren abhängig:

Herzgröße, Alter, Trainingszustand, Klima, Nahrungsaufnahme und auch die psychische Verfassung. Untrainierte haben einen Ruhepuls zwischen 60 und 80. Ausdauersportler sollten unter 60 liegen. Leistungssportler liegen bei 40 bis 50.

Interessant ist die Aussage von Prof. Neumann, daß keine direkte Abhängigkeit des Ruhepulses von der sportlichen Leistungsfähigkeit besteht.

Wichtige Informationen in bezug auf das Training liefert der Ruhepuls. Steigt dieser plötzlich um mehr als 10-15 Schläge pro Minute an, so liegt eine Erkrankung vor bzw. bahnt sich an. Liegt der Ruhepuls um 5 und mehr Schläge höher als in den voraufgegangenen Tagen, so ist nur ein leichtes, regeneratives Training angesagt. In Hawaii liegt der Ruhepuls aufgrund der klimatischen Verhältnisse um einge Schläge höher als daheim.

Der Blutdruck

Beim Blutdruck, der vom Herz erzeugt wird, unterscheiden wir zwei Größen: Systole (Zusammenziehung) nennt man die Phase, in der sich das Herz zusammenzieht; Diastole (Dehnung) die Phase, in der sich das Herz ausdehnt. Bluthochdruck beginnt bei: systolisch über 160 mm Hg, diastolisch über 95 mm Hg und ist für den Organismus eine Gefahr.

Ausdauertraining, wie es beim Triathlon überwiegend betrieben wird, senkt den Blutdruck und ist daher für den gesamten Organismus von großem Vorteil. Heute kann in jeder Apotheke der Blutdruck überprüft werden.

Das Blut

Der menschliche Körper enthält ca. 5-6 Liter Blut, d.h. Blutplasma, Blutkörperchen und andere Elemente. Blutplasma sind die flüssigen Bestandteile des Blutes. Darin befinden sich zahlreiche anorganische oder mineralische Substanzen. Aufgrund langjähriger Messungen hat man Referenz- oder NORMALWERTE für Frauen und Männer festgelegt. Diese gelten - wie sollte es auch anders sein - für „Normalmenschen" oder Nichtsportler.

Einen Ausdauersportler erkennt man nicht zuletzt an seinen Blutwerten. Bereits das gesamte Blutvolumen nimmt bei regelmäßiger sportlicher Betätigung zu. Das hat zur Folge, daß die relative Konzentration der roten Blutkörperchen oft niedriger ist als bei Nichtsportlern. Triathlontraining führt zu einem günstigen Verhältnis zwischen dem „guten" HDL Colesterin und dem „schlechten" LDL Colesterin. Brottrunk verstärkt dieses positive Verhältnis noch zusätzlich. Demzufolge ist das Risiko frühzeitiger Arterienverkalkung sehr gering. Es sei denn, daß es durch übermäßige Aufnahme von Einfachzucker (Süßigkeiten, Fette, Alkohol) zu ständig überhöhten Triglyzeridwerten kommt. Der Blutzuckerwert ist bei Ausdauersportlern im allgemeinen erfreulich niedrig.

Leicht erhöhte „Harnsäurewerte“ sind unter Ausdauersportlern keine Seltenheit. Dr. Ernst van Aaken hat bereits 1982 bei vielen Spitzenkönnern aus der Langlaufszene Harnsäurewerte von 7,5, 7,9 und sogar 8,2 festgestellt. Bei der Harnsäure handelt es sich um nicht weiter zerlegbare Giftstoffe, die über die Nieren ausgefiltert werden. Werden diese nicht genügend ausgeschieden, so steigt die Konzentration im Blut.

Die „Erythrozyten“ (rote Blutkörperchen) befördern den Sauerstoff zu den Zellen und Kohlendioxid auf dem Rückweg zu den Lungenflügeln. Die „Leukozyten“ (weiße Blutkörperchen) stellen die Antikörper unseres Immunsystems dar. Die „Thrombozyten“ (Blutplättchen) dienen der Blutgerinnung, besonders wichtig bei Verletzungen.

„Harnstoffwerte“ über 50 mg/dl lassen auf ein Übertraining schließen.

Das „Hämatokrit“ gibt das Verhältnis zwischen dem Volumen der roten Blutkörperchen und dem Gesamtvolumen des Blutes in Prozent an. Der Normalwert beim Mann befindet sich im Bereich von 40-50 %, bei Frauen zwischen 35-45 %. Spitzensportler weisen zumeist die geringsten Werte auf ohne jedoch den Grenzwert zu unterschreiten. Die Erklärung ist wohl in der allgemeinen Erhöhung des Blutvolumens bei den sehr gut ausdauertrainierten Athleten zu suchen.

Die wichtigsten Blutwerte für Triathleten

Für den Triathleten sind folgende Blutwerte besonders wichtig und daher ein- bis zweimal im Jahr zu überprüfen. Als Überprüfungstermin eignet sich einmal der Vorbereitungszeitraum sowie eine Kontrolluntersuchung während des Wettkampfzeitraumes.

Hämoglobin (HgB)

Die roten Blutkörperchen führen ein sogenanntes Chrom-protein mit sich, das eisenhaltige Hämoglobin. Dieses Hämoglobin sichert den Sauerstofftransport und die -abgabe im Körper. Dieses geschieht von der Lunge ins Gewebe, also über das Blut. Ein entsprechender Gehalt an roten Blutkörperchen ist also Grundvoraussetzung für eine gute Leistungsfähigkeit. Man zählt bei Menschen zwischen 3,9 und 5,9 Millionen rote Blutkörperchen (Erythrozyten). Etwa 900 g Hämoglobin tragen die roten Blutkörperchen mit sich herum, d.h. 14-18 g/dl beim Mann und 12-16 g/dl bei der Frau.

Ab einem HgB-Wert von unter 12 g/dl spricht man von Blutarmut (Anämie). Für einen Triathleten ist es wünschenswert einen hohen HgB-Gehalt im Blut zu haben, um dadurch mehr Sauerstoff aufnehmen bzw. transportieren zu können. Der HgB-Wert sollte möglichst hoch, d.h. nach Angaben von Dr. Strunz über 16 g/dl liegen. Da das Hämoglobin ein Eiweißkörper ist, der mit Eisen angereichert werden muß, empfiehlt der Rother Doc zur Verbesserung des HgB-Wertes folgendes: reichliche Eiweißaufnahme + Eisensubstitution + Brottrunk als „Vermittler".

Eine andere Möglichkeit, den Körper dazu zu bringen, mehr Hämoglobin zu erzeugen, ist es ein Höhentraining durchzuführen. Dort über 1800 m, in der sauerstoffärmeren Höhenluft, bringt man den Körper dazu mehr HgB zu produzieren. Über einen kürzeren Zeitraum kann man dann im Flachland bei einem entscheidenden Wettkampf bessere Leistungen erbringen. Nach Angaben von Dr. Strunz bedeutet ein Punkt beim Hämoglobingehalt eine zeitliche Verbesserung von 4 Minuten bei einem Marathonlauf.

Wichtig beim HgB ist der Zusammenhang mit dem Eisenstoffwechsel.

Eisen

Bei einem Großteil der Ausdauersportler ist ein Eisenmangel zu beklagen. Dieser macht sich in Lustlosigkeit, fehlender Motivation und in größeren Leistungseinbußen bemerkbar. Zum besseren Verständnis sollte man wissen, daß sich insgesamt ca. 4 g Eisen im menschlichen Körper befinden. Davon der größte Teil (65 %) im Hämoglobin und Myoglobin. 16 % im Ferritin und 10 % in der Leber. Nur 0,1 % des Eisengesamtgehaltes findet man gebunden an ein bestimmtes Eiweiß im Blut selbst, das sogenannte „Serumeisen". Das Serumeisen gibt demnach am wenigsten Auskunft über die „Eisenreserven" des Körpers an, er gibt eigentlich nur verläßlich Auskunft über die momentan zirkulierende Eisenmenge.

Ist das Serumeisen erniedrigt, so besteht ein Eisenmangel. Dauert dieser Mangelzustand an, wird zunächst das Eisen aus dem kleinen Körperspeicher nämlich den Körperzellen von Leber, Knochenmark, Milz und Muskulatur aktiviert, um diesen Mangel auszugleichen. Erst nach noch längerer Zeit eines fortdauernden Eisenmangels wird das Eisen aus dem „großen Speicher" und zwar aus dem roten Blutfarbstoff entnommen.

Dadurch sinkt dann zum Schluß der Hämoglobinwert, die Sauerstoffaufnahme und der -transport werden beeinträchtigt. Das hat die Lustlosigkeit und mangelnde Leistungsfähigkeit zur Folge. Der reine Eisenwert, der innerhalb von Stunden wechseln kann, sollte für Triathleten über 80 µg/dl liegen.

Ferritin

Ferritin ist ein Protein (Eiweiß) das zum Eisentransport dient. Die Konzentration des Ferritins im Blut ist ein zuverlässiger Indikator des Eisenspiegels. Der Ferritingehalt steht in einem bestimmten Verhältnis zur Eisenmenge im Knochenmark. Für Triathleten sollte der Ferritinwert über 130 µg/dl betragen.

Eine Anmerkung zur Blutüberprüfung:
Am Untersuchungstage ist körperliche Ruhe unabdingbar. An den zwei Vortagen sollten keine intensiven Trainingseinheiten absolviert werden, diese könnten einzelne Werte verfälschen.

Gesamteiweiß

Über die Wichtigkeit der Eiweißaufnahme ist im Kapitel Ernährung berichtet worden. Ebenso wichtig ist eine ausreichende Eiweißaufnahme für den so entscheidenden Hämoglobinwert. Die Normwerte für die Serumsanalyse liegen zwischen 6,6 und 8,7 %. Triathleten sollten aus den vorgenannten Gründen Werte zwischen 7,8 bis 8,2 % anstreben. Ein für viele schwieriges Unterfangen. Ich persönlich laufe diesem Wert seit langem „hinterher" ohne ihn bislang erreicht zu haben.

Ein zu niedriger Gesamteiweißanteil im Blut kann einfach auf eine allzu proteinarme Ernährung zurückzuführen sein. Hier gilt es ganz bewußt eiweißreiche Nahrungsmittel zu sich zu nehmen. Ergänzen sollte man seine Nahrung durch Eiweißkonzentrate, wobei sich eine Aufteilung von 50 % tierischen und 50 % pflanzlichen Eiweißen nach intensiven Studien von Dr. Strunz als günstig herausgestellt hat.

Die Rolle des Eiweißes im Ausdauersport ist lange Zeit gering eingeschätzt worden. Dieses Bild wurde gerade korrigiert. So wurde im Oktober 1991 beim Weltkongreß der Sportmediziner verkündet, daß Ausdauerathleten ihren Energiebedarf bereits in den ersten Stunden zu 19 % aus dem Eiweißstoffwechsel decken - eine bisher ungehörte Zahl.

Jedem Teilnehmer des Münchener Marathon 1992 wurde ein Begleitzettel ausgehändigt, auf welchem erstmals auf die große Bedeutung von Eiweiß im Ausdauersport hingewiesen wurde.

Genauere Aussagen lieferte Dr. Randy Ice, der das Race Across America (Radrennen quer durch Amerika mit knapp 5000 km) betreut: „Ein Athlet, der 1 Stunde 16 km/h läuft, hat 36 g Eiweiß verbraucht."

All dies zeigt, daß der Ausdauersportler, um gesund und leistungsfähig zu bleiben, sehr viel mehr Wert auf eiweißreiche Ernährung wie Linsen, Bohnen, Hirse, Reis legen muß.

Schließlich besteht ja auch das ganze Immunsystem des Menschen aus Eiweiß.

Magnesium

Die Normalwerte für Serumanalysen beim Magnesiumgehalt betragen ca. 0,8-1,0 mmol/l. Ultratriathleten sollten dafür sorgen, daß der Wert mindestens bei 0,9 liegt. Zu niedrige Magnesiumwerte können folgende negative Erscheinungen zur Folge haben: Leistungsabfall, Unruhe, Reizbarkeit, Schlafstörungen, Konzentrationsstörungen, Wetterfühligkeit.

Die zuvor angeführten Untersuchungen sind für Triathleten die wichtigsten. Oft werden eine Reihe weiterer Untersuchungen am Blut vorgenommen, über deren Zweckmäßigkeit sich streiten läßt.

Ein wohldurchdachter Blutbefund zeichnet sich nicht unbedingt durch eine Vielzahl von Einzelergebnissen aus, sondern vielmehr durch eine begrenzte Anzahl der wesentlichen - der aussagefähigsten Werte.

Zusammenstellung der wichtigsten Blutwerte

	Normwerte Männer	Frauen	Soll-Werte Triathleten
Hämoglobin	14-18g/dl	12-16g/dl	> 16 g/dl
Eisen	80-150	60-140µg/dl	> 80 µg/dl
Ferritin			> 130 µg/l
Gesamt-Eiweiß	6,6-8,7 g/dl		7,8-8,2 mmol/l
Magnesium	0,8-1,0 mmol/l		0,9-1,0 mmol/l
Kalium	3,6-5,4 mmol/l		4,6-5,4 mmol/l
Calcium	2,1-2,9 mmol/l		2,5-2,9 mmol/l
Erythrozyten (rote Blutk).	3,9-5,9 Mill/µl		
Leukozyten (weiße Blutk.)	4000-10.000/µl		
Trombozyten (Blutplättchen)	150.000-350.000/µl		
HDL Cholesterin	> 35	> 45mg/dl	
LDL Cholesterin	< 150 mg/dl		wie Normwerte
Triglyceride	< 150 mg/dl		
Harnstoff	10-50 mg/dl		
Harnsäure	< 7	< 6 mg/dl	
Blutzucker	70-110 mg/dl		
Hämatokrit	40-50 %	35-45 %	

Normwerte der Uni Münster

Ein Minimalprogramm an Blutwerten für den Triathleten ist:

HgB Hämoglobin
Ferritin
Gesamt-Eiweiß
Magnesium
Harnstoff zur Trainingssteuerung (> 50 Übertraining)

Was tun bei Krankheit und Verletzungen?

Triathlon gehört aufgrund seiner Vielseitigkeit zu den schonenden Sportarten. Schonend für das gesamte Stütz- und Bewegungssystem des Menschen, also die Muskeln, Bänder und Sehnen. Beim ausgewogenen Triathlontraining erfolgt ein stetiger Wechsel in der Muskelbelastung. Trotz allem können auch im Triathlon Verletzungen auftreten. Durch entsprechende Vorsorgemaßnahmen können diese seltenen Verletzungen noch weiter reduziert werden. Daran sollte uns allen gelegen sein.

Vorab einige Bemerkungen zum Training bei kleineren Erkrankungen. Oberstes Gebot muß stets sein: „TRIATHLON dient der GESUNDHEIT“ und nicht etwa: „Die Gesundheit dient dem Triathlon.”

Das bedeutet konkret, bei fieberhaften Erkältungen, Grippe oder Magen- und Darminfektionen sollte jegliches Training unterbleiben.

Der Körper ist bereits durch diese Krankheit geschwächt, eine weitere Schwächung durch Training würde die Krankheit nur noch verschlechtern. Nach dem Abklingen der Infektion ist es sinnvoll, noch zwei Tage zu pausieren, und dann erst mit einem leichten Radtraining zu beginnen.

Das Laufen, die Sportart, bei der die meisten Verletzungen entstehen können.

Beim Laufen sind die beiden häufigsten Verletzungsursachen:

- Zu schnelle Steigerung des wöchentlichen Trainingsumfanges.
- Tempo- oder Intervalltraining.

Durch ein Verständnis dafür, wie solche Verletzungen entstehen, können diese in den meisten Fällen vermieden werden.

- Die Steigerung des Laufumfangs sollte pro Woche nicht mehr als 10 % betragen. Dieses gilt vornehmlich für das Grundlagenausdauertraining während des Vorbereitungszeitraumes.

Also Steigerungen von z.B. 40 über 44, 49, 54, 59, 65, 71, 78, 86 km. Sprünge von z.B. 40 km auf dann 80, 90 km sind also verletzungsgefährdend und sollten unterlassen werden. Hat man allerdings einmal sein Niveau in kleinen Schritten bis auf z.B. 60 km gesteigert, so sind anschließend selbstverständlich größere Umfangssprünge möglich.

Wichtig ist die langsame Anpassung des Stütz- und Bewegungssystems an die umfangreichere Belastung. Erst wenn diese vollzogen ist, ist Intervalltraining sinnvoll.

Hauptursachen für Verletzungen beim Intervalltraining:

- Ungenügendes Aufwärmen bzw. Auslaufen. Die richtige Reihenfolge dabei ist: 10-15 Minuten locker eintraben mit einigen kurzen Steigerungen, Stretching, Intervalle.....10-15 Minuten locker austraben, Stretching.
- Zu viele harte Trainingstage, zuviele Wettkämpfe.
- Zu hohes Tempo bei den langen Anpassungsläufen. Hier muß gelten: Je länger der Lauf, umso geringer das Tempo.
- Zu viele Tempowochen. Intervalltraining nicht länger als 10-12 Wochen hintereinander ausführen. Danach einige Wochen mit dem Tempotraining aussetzen.
- Nie bis zum „Anschlag“ trainieren.
- Fehlende Regeneration in den Herbst- und Wintermonaten.
- Ungeeignete Laufschuhe (s. Kapitel: Laufausrüstung)

Radfahren

Abgesehen von Radstürzen ist das Radfahren nun mal weit schonender für das Stütz- und Bewegungssystem als das Laufen. Der Athlet hat nicht mehr sein Körpergewicht zu tragen. Beim Radfahren werden andere Muskelgruppen als beim Laufen belastet. Auch hier gilt es sich besonders vor Intervallfahrten ausgiebig ein- und später ebenso auszufahren. Daß mit Helm gefahren wird, versteht sich von ganz allein, sowohl im Wettbewerb als auch beim Training. Durch das Radfahren wird die Rückenmuskulatur gestärkt, der Arm- und Schulterbereich stabilisiert. Beides unterstützt den Triathleten beim Schwimmen.

Verletzungsgefahren drohen beim Radfahren durch:

- Nicht körpergerechtes Rennrad, z.B. zu niedriger oder zu hoher Sattel, zu kurzer oder zu langer Lenkervorbau, falsche Rahmenhöhe.
- Fahren in zu hohen Gängen und damit zu geringer Drehzahl. Dieses führt zu Kniebeschwerden.
- Fehlende Sicherheitspedale.
- Falsche Radbekleidung; Nieren besonders bei kühlen Temperaturen schützen; selbst beim Wettkampf bei kühler Witterung mit trockener Bekleidung fahren.
- An unübersichtlichen Stellen und Streckenabschnitten Geschwindigkeit verringern.

Bei Radstürzen sind Hautabschürfungen und Prellungen die häufigsten Folgen. Vorausgesetzt, daß ein Helm getragen wurde. Von leichten, wenig blutenden Schürfwunden geht die Gefahr der Infektion durch Wundstarrkrampferreger aus. Da diese sehr gefährlich werden können, sollte man sich grundsätzlich dagegen impfen lassen.

Bei den Schwellungen und einfachen Überdehnungen reichen meist kalte Umschläge. Diese sollten mit Brottrunk getränkt werden. Überhaupt eignet sich Brottrunk hervorragend, um äußere Schwellungen zu beseitigen. Die geschwollenen Partien sind möglichst häufig mit dem Milchsäure-Gährungsgetränk einzureiben. Bei anhaltenden Schwellungen und Schmerzen sollte jeder Athlet einen Arzt aufsuchen, um möglicherweise Bänder- oder Sehnenverletzungen behandeln zu lassen.

Schwimmen

Auch hierbei ist die Verletzungsgefahr mehr als gering. Wer sich vor dem Schwimmen regelmäßig ein wenig stretcht und zudem auf den ersten 300-400 m locker einschwimmt, wird von möglichen Verletzungen verschont bleiben.

Bei kühler Witterung, niedrigen Wassertemperaturen und längeren Schwimmstrecken ist allerdings ein Neoprenanzug als Schutz vor Auskühlung unbedingt angebracht.

Wer die aufgeführten Verletzungsursachen kennt und die Vorbeugemaßnahmen beherzigt, der wird auf Dauer von Verletzungen im Triathlonsport verschont bleiben.

Verbotene Möglichkeiten zur Leistungssteigerung bei Triathleten

Über die erlaubten Möglichkeiten zur Leistungssteigerung ist an anderer Stelle geschrieben worden. Diese sollten genutzt werden, um die individuellen sportlichen Möglichkeiten auszuschöpfen.

Die verbotenen Möglichkeiten zur Leistungssteigerung werden als Doping bezeichnet. Mit Medikamenten wird dabei die körperliche Leistungsfähigkeit gesteigert.

Dopingmittel beeinflussen die Funktionsweise des Organismus nachhaltig. Der Athlet ist dabei nur noch teilweise in der Lage Entscheidungen selbständig zu treffen. Er wird zu einer von „außen gesteuerten laufenden oder radfahrenden Maschine".

Diese Art der Erbringung von Leistungen hat nach meiner Meinung nichts, aber auch gar nichts mehr mit Sport zu tun.

Sport im Sinne der körperlichen Ertüchtigung kann ich beim Doping nicht erkennen. Ebenso der Wunsch des Menschen sich mit anderen Menschen messen zu wollen, hat nichts mit Doping gemeinsam.

Die Einnahme von Dopingmittel aller Art ist nach meiner Meinung aus folgenden Gründen verwerflich:

- Gedopte Sportler verschaffen sich auf eine mehr als unfaire Art Vorteile.
- Mit unerlaubten Mitteln soweit sie denn überhaupt im Triathlon wirksam eingesetzt werden können, betrüge ich mich selbst. Die damit erbrachte sportliche Leistung ist nicht von mir persönlich erbracht, sondern von dem Chemiegiganten XY.
- Leistungsvergleiche und Leistungen verlieren dadurch an Glaubwürdigkeit.
- Der schwerwiegenste Grund gegen alle Dopingmittel ist das gesundheitliche Risiko. Selbst heute kann kaum jemand abschätzen, wie stark die negativen Auswirkungen sich in 10 oder 20 Jahren bemerkbar machen werden.

Durch normale Willenskraft ist das zur Verfügung stehende Leistungsvermögen nur bis zu vier Fünftel nutzbar. Das restliche Fünftel stellt eine „eiserne Reserve" des Körpers dar. Diese werden erst in Extremsituationen wie Lebensgefahr, Angst oder Wut verfügbar. Durch Medikamente greift man nun diese „eisernen lebenserhaltenden Reserven" an. Die Folgen sind nicht mehr kontrollierbar und können zum Zusammenbruch oder gar zum Tode führen. Die Wirkung der Medikamente beruht auf Herabsetzung der natürlichen Schmerzgrenze und Verdünnung des Blutes.

Bleibt also für jeden Triathleten als essentielles Mittel nur das eine Rezept: TRAINING, TRAINING, TRAINING!

Prof. Georg Kroeger, Dipl. Soziologe

Umgang mit Deiner Persönlichkeitsstruktur – ein Erfolgsfaktor –

Erfolg-Versuch einer Definition

Zunächst wollen wir den Versuch starten, den Begriff Erfolg zu definieren. Du bist sicherlich erfolgreich, wenn Du Deine gesteckten Ziele im Rahmen eines von Dir fixierten Zeitraumes erreichst. Auf diese wohl triviale aber verständliche Formel können wir uns einigen. Mit anderen Worten: Wenn Du ab jetzt Stufenplan Null in fünf Jahren den Gipfel triathletischen Seins - Finisher auf Hawaii - erklimmst, kannst Du Dich in die Kategorie Erfolg - zumindest in diesem Teilsegment Deines Lebens - einstufen.

Es gibt in der Zwischenzeit eine ganze Reihe von wissenschaftlichen Untersuchungen, die sich mit dem Faktor „Erfolg“ befassen. Alle Untersuchungen kommen zu einem ähnlichen Resumee; daß Menschen, die in der Lage sind, ihre Fähigkeiten und Fertigkeiten realistisch einzuschätzen, gepaart mit einem kalkulierbaren Risiko, mit großer Wahrscheinlichkeit Erfolg haben werden. Das gilt für alle Bereiche des Lebens. Unwegsamkeiten auf dem Weg zum Ziel sollen ebenso kalkulierbare Faktoren sein.

Soweit zur Theorie. Für die Praxis ist Hermann Aschwer zuständig, der auf der Grundlage Deiner individuellen Orientierung die notwendigen Schritte pragmatisch aufzeigt.

Motivation - die Triebfeder

Es gibt nicht „das Motiv“, sondern Dein Handeln wird ständig durch eine Fülle von Motiven ausgelöst. Mit Sicherheit kannst Du Dein „Hauptmotiv“ für den Triathlon-Sport beschreiben. Aber bei weiteren Überlegungen kommen andere Motive dazu. Das wiederum hängt kausal mit Deiner sozialen Situation zusammen. Motive sind in der Regel defizitärer Art, also auf der Grundlage irgendeines „Mangels“ zu betrachten. Das ist sicherlich ein Faktor, den Du in Deinem Leben schon öfter verspürt hast.

Erreichte Ziele motivieren nicht mehr; das heißt nichts anderes, als daß Du Dir neue Ziele stecken mußt. Wenn Du diese neugesteckten Ziele ansteuerst, hilft Dir eine positive Denkweise.

Positives Denken - der Verstärker

Du verfügst über eine nahezu absolute Freiheit Deiner Gedanken, deshalb kannst Du denken, was Du willst. Mit Hilfe Deines Willens kannst Du Deine Gedanken lenken, leiten und disziplinieren.

Die Summe Deiner Gedanken prägt Deine Meinung, Deinen Standpunkt, hat Einfluß auf Stimmungslagen und beeinflußt auf die Dauer der Zeit sogar Deine Eigenschaften.

Je stärker Du in der Summe Deiner Gedanken positiv denkst, um so mehr ergeben sich positive Einflüsse auf Dein Ich.

Deine Gedanken werden von der Umwelt inspiriert. Unsere Umwelt ist relativ und ist in ihrem Dasein von Deiner subjektiven Betrachtungsweise abhängig. Deshalb gehört zum positiven Denken auch eine positive Betrachtungsweise der Umwelt.

Persönlichkeitsstruktur - die Unterschiedlichkeit

In meinem persönlichen Umfeld habe ich die unterschiedlichsten Triathleten, also Menschen mit unterschiedlichen Persönlichkeitsstrukturen kennengelernt. Nur wenige haben ihre gesteckten Ziele erreicht.

Die meisten sind sprichwörtlich „auf der Strecke“ geblieben, haben aufgegeben, sind ausgestiegen, oder träumen immer noch vom „Ironman“ - der ein Traum bleiben wird.

„Macht überhaupt nichts“, werden die einen sagen, andere hingegen werden sich - wieder einmal mehr - den Vorwurf gefallen lassen „schon wieder etwas angefangen und nicht zu Ende geführt“.

Natürlich mußt Du erst einmal testen, probieren, also erstmal einsteigen. Aber wenn Du genug geschnuppert hast, den einen oder anderen „Jedermann-Triathlon“ erfolgreich beendet, die Lust und die Zeit weiterzumachen hast, dann: „Zieh durch“! Der pragmatische Umgang mit Deiner Persönlichkeitsstruktur soll Dir dazu verhelfen.

Bei diesen Überlegungen können wir uns der Einfachheit halber auf zunächst drei Persönlichkeitsraster beschränken:

Introvertiertheit

Erkennungsmerkmale:

Förmlichkeit, Genauigkeit, planerisches Vorgehen, feste Zeiteinteilungen, distanziertes Verhalten, eher verschlossen, systematisches Handeln, Abstraktionsvermögen, zukunftsbezogenes Denken und Handeln.

Wenn Du diese Eigenschaften mehrheitlich bei Dir erkannt hast, solltest Du diesem Naturell folgen, indem Du zum Beispiel Trainingspläne so detailliert wie möglich erarbeitest. Das fällt Dir bestimmt nicht schwer, handelst Du doch in der Regel immer nach Plan, gepaart mit festen Zeiteinteilungen. Ernährungspläne sowie Laktatmessungen usw. werden Deine Programmplanung abrunden. Dein Trainingsbuch wird im wesentlichen Dein täglicher Begleiter sein, es macht Dir nichts aus, Deine „Einheiten“ alleine zu absolvieren, Du bist unabhängig vom Trainingspartnern.

Gefahren der Introvertiertheit:
Du läßt Dich zu sehr von Deiner Trainingsplanung leiten, ziehst auch dann eine geplante Einheit durch, wenn Du Dich nicht wohl fühlst. Dadurch sind mögliche Verletzungs- und Krankeitsgefahren gegeben. Also: bei kühler Witterung oder Regen zukünftig nicht aufs Rad steigen, nur um Deine geplanten Kilometer abzuleisten. Meine introvertierten Trainingspartner wurden oft von Erkältungen, insbesondere Bronchitis, geplagt. Ein gutes Korrektiv für die Vorbeugung solcher „Trainingsbuch-Abhängigkeiten" sind Trainingspartner mit anderen Persönlichkeitsstrukturen.

Extrovertiertheit

Erkennungsmerkmale:
Sucht Überlegenheit, entscheidet oft spontan und emotional, mißt sich gerne an und mit anderen, neigt zu Verallgemeinerungen, legt Wert auf Äußerlichkeiten, Gegenwartsbezogenes Denken und Handeln.

Deine Stärke liegt in der Improvisation. Das Training wird lustbetont und oft spontan durchgeführt. Fühlst Du Dich gut, verdoppelst Du Deine Einheiten. Fühlst Du Dich nicht gut, läßt Du das Training auch mal „sausen", gehst stattdessen ins Triathlongeschäft und kaufst Dir wieder einmal das neueste Outfit. Gerade das Outfit ist für Dich und Dein Wohlbefinden ausgesprochen wichtig. Schließlich willst Du etwas darstellen. Dagegen ist eigentlich auch nichts einzuwenden.
Gefahren der Extrovertiertheit:
Jede Trainingseinheit artet zum Wettkampf aus. Du bist in gewisser Weise abhängig von Trainingspartnern, um denen stets zu zeigen, wo es „langgeht". Eine Überpowerung mit allen unangenehmen Folgen bleibt nicht aus.

Meine extrovertierten Trainingspartner hatten oft Achillesfersenprobleme durch unkontrolliertes Lauftraining bis hin zu Ermüdungsbrüchen.

Vielleicht beendest Du auch deine Triathlonkarriere, weil Du über Deinen finanziellen Verhältnissen lebst. Es muß nicht jedes Jahr ein neues Rennrad sein.

Ambovertiertheit

Erkennungsmerkmale:
Sucht und findet menschliche Nähe, lebt gruppenbezogen, harmoniebedürftig, gesellig, vermeidet radikale Änderungen, hat ein Gespür für Menschen, oft sehr beliebt, vergangenheitsbezogenes Denken und Handeln.

Du bist nicht unbedingt der große Kämpfertyp, sondern suchst eher den ausgleichenden Kompromiß. Das macht Dich zwar sympathisch, Du kannst allerdings den Triathlonsport in seiner Komplexheit nur dann ausüben, wenn Du von Gleichgesinnten umgeben bist. Es wird Dir sicherlich guttun, einem Verein mit familiärer Atmosphäre anzugehören. Für Dich ist wichtig, daß Du den Kontakt zu Deinen Trainingspartnern auch über den Triathlon hinaus pflegst. Während der Introvertierte den Trainingspartner zweckgebunden betrachtet, der Extrovertierte den potentiellen Gegener im Trainingspartner sieht, ist es bei Dir eine Freundes- und Schicksalsgemeinschaft.

Gefahren der Ambovertiertheit:

Wenn Dir das letztgenannte - nämlich der Aufbau eines triathletischen Freundeskreises - nicht gelingt, steigst Du vielleicht wieder aus, denn Du bist kaum bereit bzw. nicht in der Lage, das Training alleine durchzuziehen. Es kann auch sein, daß Du Dich lieber im Vereinshaus aufhälst, um ein „Schwätzchen" zu halten, anstatt aufs Rad zu steigen.

Meine ambovertierten Trainingspartner waren vergleichsweise selten verletzt, trainierten nur, wenn andere mitmachten.

Quintessenz

Es handelt sich hier um einen Orientierungsrahmen. Mir geht es darum, Dir die Möglichkeiten und Grenzen aufzuzeigen.

Wenn Du so signifikant in Deiner Persönlichkeitsstruktur ausgeprägt bist wie beschrieben, dann fällt es Dir sicherlich leichter, Deinen persönlichen Erfolg daraus abzuleiten. Mehrheitlich sind aber die Menschen sogenannte „Mischtypen", wobei Du Deine individuelle Mischung erkennen wirst.

Nur wer sich selbst erkannt hat, hat die großartige Chance, sein Handeln richtig einzuordnen und entsprechend damit umzugehen.

Literatur

v. Aaken: Laufbuch der Frau. Meyer & Meyer Verlag, Aachen.

v. Aaken: Programmiert für 100 Lebensjahre. Pohl Verlag, Celle.

Aschwer, H.: Mein Abenteuer Hawaii-Triathlon. Meyer & Meyer Verlag, Aachen.

Aschwer, H.: Handbuch für Triathlon. Meyer & Meyer Verlag, Aachen.

Breuer-Schüder, R.: Leistungssteigerung durch gezielte Ernährung. Meyer & Meyer Verlag, Aachen.

Castella, R.: Laufen - mein Leben. Meyer & Meyer Verlag, Aachen.

Diem, Carl-J.: Tips für Laufanfänger. Meyer & Meyer Verlag, Aachen.

Gambril, Don L.: Handbuch für den Schwimmsport. Meyer & Meyer Verlag, Aachen.

Galloway, J.: Richtig Laufen mit Galloway. Meyer & Meyer Verlag, Aachen.

Giehrl, J.: Richtig Schwimmen. BLV Verlagsgesellschaft, München.

Hahn, K.: 60 Marathon-Strecken hat 1 Stunde. Jahn & Ernst Verlag, Hamburg.

Kleine, W.: Langlauf in der Kritik. Meyer & Meyer Verlag, Aachen.

Konopka, P.: Richtig Rennradfahren. BLV Verlagsgesellschaft, München.

Konopka, P.: Sporternährung. BLV Verlagsgesellschaft, München.

Martin/Coe: Mittel- und Langstreckentraining. Meyer & Meyer Verlag, Aachen.

Meyer zu Stieghorst-Kastrup: Medizinisches Wörterbuch. Bassermann Verlag, Niedernhausen.

Schmidt/Hillebrecht: Übungsprogramme zur Dehn- und Kräftigungsgymnastik. Meyer & Meyer Verlag, Aachen.

Starischka, W.: Fit und gesund. Falken Verlag, Niedernhausen.

Steffny, H.: Marathontraining. Hanns Krach Verlag, Mainz.

Fachzeitschriften

Triathlet: Winning International, 22, Rue de la Concorde, B-1050 Brüssel.

Triathlon: Vereinigte Fachverlage, Postfach 2760, 6500 Mainz.

Laufzeit: Journal für Laufen, Triathlon und Fitneß, Storkower Str. 147, O-1055 Berlin.

Sporttitel von Meyer & Meyer

Adventure Sports
Haetzel - The Big Race across America
Köppern - Bungee-Springen
Krohn - Beach Volleyball
Schädle-Schardt - Klettern

Athleten und Trainer
Castella - Laufen – mein Leben
Coe - Running Free
Galloway - Richtig laufen mit Galloway
Hinault - Eine Radsportkarriere
Lydiard - Laufen mit Lydiard
Martin/Coe - Mittel- und Langstreckentraining
Sleamaker - Systematisches Leistungstraining
Waitz - Grete Waitz – Worldclass

Badminton
Lemke/Meseck - Badmintontraining
Lemke/Meseck - Handbuch für Badminton

Baseball
DBV, Regelheft Softball
Niedlich - Handbuch Baseball
Schmeilzl/Church - Baseballtraining
Voss - Regelheft Baseball

Basketball
Mikes - Handbuch Basketball
Neumann - Basketballtraining
Niedlich - Streetballtraining

Bewegungserziehung
Bischops/Gerards - Tips für Sportspiele
Bischops/Gerards - Tips für neue Wettkampfspiele
Bischops/Gerards - Tips für Sport in der Lebensmitte
Bischops/Gerards - Tips für Gesundheit durch Sport
Bischops/Gerards - Tips fürs Aufwärmen im Sport
Bischops/Gerards - Tips für Kinderfußball
Blume - Akrobatik mit Kindern
Diem - Auf die ersten Lebensjahre kommt es an
Dietrich - Die Großen Spiele
Dombrowski - Leichtathletik mit Grundschulkindern
Kapustin - Familie und Sport
Kapustin - Schule und Sportverein
Kapustin - Sport für Erwachsene mit geistiger Behinderung
Rheker - Spiel und Sport für alle
Stein - Kleinkinderturnen ganz groß
Zimmer - Bewegung, Sport und Spiel mit Kindern
Zimmer - Kinder brauchen Bewegung
Zimmer - Sport und Spiel im Kindergarten

Duathlon
Hottenrott - Duathlontraining

Ernährung/Gesundheit
van Aaken - Programmiert für 100 Lebensjahre
Baumann - Psychologie im Sport
Hoberman - Sterbliche Maschinen
Jung - Sport und Ernährung
Meyer - Schlank
Neumann - Ernährung im Sport
Shangold - Sportmedizin für Frauen
Williams - Rekorde durch Doping?

Fußball
Bischops/Gerards - Handbuch Kinder- und Jugendfußball
Bischops/Gerards - Tips für Kinderfußball
Bischops/Gerards - Tips für Spiele mit dem Fußball
Jackschath/Cramer - Fußballpsychologie
Kollath - Fußballtechnik in der Praxis
Sneyers - Fußballtraining

Golf
Flanagan - Golf – Spiel mit Kopf

Gymnastik/Körperarbeit
Blume - Akrobatik
Blume - Akrobatik mit Kindern
Jordan - Gymnastik mit dem Pezziball
Kirch - Handbuch Rock 'n' Roll
Moegling - Handbuch Tai Chi Chuan
Ott/Schmidt - Aquagymnastik
Pieter/Heijmans - Taekwondo
Polet-Kittler - Yoga
Polet-Kittler - Tips für Yoga
Rosenberg - Handbuch Gymnastik und Tanz
Schmidt - Dehn- und Kräftigungsgymnastik
Schmidt - Rücken- und Rumpfgymnastik
Schmidt - Gymnastik für Kinder und Jugendliche
Schwabowski - Rhythmische Sportgymnastik
Unger - Handbuch Kraftsport und Bodybuilding
Unger - Handbuch Muskeltraining
Wessel-Therhorn - Jazzdancetraining